¡A que sí!

ENHANCED FOURTH EDITION

¡A que sí!

Mª Victoria García Serrano
University of Pennsylvania

Cristina de la Torre
Emory University

Annette Grant Cash
Georgia State University

CENGAGE

Australia • Brazil • Japan • Korea • Mexico • Singapore • Spain • United Kingdom • United States

CENGAGE

¡A que sí!, Enhanced Fourth Edition
Mª Victoria García Serrano, Cristina de la
Torre, and Annette Grant Cash

Product Director: Beth Kramer

Senior Product Managers: Lara Semones
and Martine Edwards

Managing Developer: Katie Wade

Content Coordinator: Joanna Alizio

Associate Media Developer: Patrick Brand

Executive Market Development Manager:
Ben Rivera

Manufacturing Planner: Betsy Donaghey

Rights Acquisitions Specialist: Jessica Elias

Text Designer: Emily Friel, Integra

Cover Image: ©istockphoto.com/jrphoto6;
©istockphoto.com/The Palmer; ©Image
source/Getty Images; ©istockphoto.com/
holgs; ©Nivek Nesto/Getty Images;
©istockphoto.com/Vallarie E;
©istockphoto.com/Holger Mette

Art and Design Direction, Production
Management, and Composition:
PreMediaGlobal

For product information and technology assistance, contact us at
**Cengage Customer & Sales Support, 1-800-354-9706
or support.cengage.com.**
For permission to use material from this text or product, submit all
requests online at **www.cengage.com/permissions.**

Library of Congress Control Number: 2013950921

ISBN-13: 978-1-285-84925-6

ISBN-10: 1-285-84925-6

Cengage Learning
20 Channel Street
Boston, MA 02210
USA

Cengage is a leading provider of customized learning solutions
with employees residing in nearly 40 different countries and sales in more
than 125 countries around the world. Find your local representative at:
www.cengage.com.

Cengage products are represented in Canada by
Nelson Education, Ltd.

To learn more about Cengage platforms and services, register or access
your online learning solution, or purchase materials for your course,
visit **www.cengage.com.**

Printed in the United States of America
6 7 8 9 10 11 12 23 22 21 20 19

SUMARIO

ÍNDICE

© Victoria García Serrano

UNIDAD	CAPÍTULO	LECTURA/AUDICIÓN/PELÍCULA

UNIDAD	CAPÍTULO	LECTURA/AUDICIÓN/PELÍCULA

UNIDAD	CAPÍTULO	LECTURA/AUDICIÓN/PELÍCULA

Rob Wilson/Shutterstock.com

urmoments/Big Stock Photo

Gronk/Big Stock Photo

PREFACIO

Overview

¡A que sí! is a very colloquial expression that serves both as an affirmation and a dare, and always requires a response. This remains a most appropriate title for a textbook that challenges students' abilities while empowering them in the use of the Spanish language. The main goals of the program are to build students' oral proficiency while increasing their awareness of Hispanic culture, and to practice reading, listening, and writing. Written in Spanish, *¡A que sí!* is designed according to the ACTFL guidelines for an intermediate/advanced conversation course. It may be adapted to either the semester or the quarter system, and even used for a whole year with the addition of other materials. The book intentionally contains more material than can be covered during one quarter or semester in order to give instructors flexibility in choosing the selections best suited to the level and interests of their students.

The *¡A que sí!* program consists of a textbook with twelve chapters and an *Instructor's Edition*. The enhanced fourth edition provides students with an opportunity for in-depth exploration of relevant contemporary issues and revolves around four main themes: Espacios: Públicos y privados; Encuentros y desencuentros; Patria Nación: Acercamientos; and De acá para allá. Each thematic unit is now supported by an authentic short film with accompanying and engaging activities to inspire creative thinking and conversation. Ancillary materials include an audio program *(posted online for students)*, recorded in the different accents of several Spanish-speaking countries, and a *Cuaderno* containing vocabulary exercises as well as a complete grammar review with corresponding practice activities. There also is a separate *Cuaderno* answer key available. The *iLrnAdvance* is an online tool that contains writing activities that correlate to the *Cuaderno*, online versions of the *Cuaderno*'s grammar explanations, quizzes, web search activities, additional film suggestions, Pronunciation Podcasts and grammar tutorial videos. Students also can access a content uploading, sharing, and commenting tool called *Share it!* that will be used with the new blogging activity.

The *!A que sí!* enhanced fourth edition contains short films and related activities that can be accessed through *iLrnAdvance*, the online digital solution that accompanies the *¡A que si!* program and on the accompanying Video on DVD that is provided with the Instructor's Edition.

Program Organization

The textbook is divided into four thematic units, each with three chapters. The chapters contain several texts each. Each lesson includes interactive vocabulary exercises, several reading selections, a film, content exercises, discussion questions, communicative strategies, pair and group activities, and creative writing or speaking activities. In addition, there is a listening activities section to accompany the audio program, which prepares students for the audio selections and then checks their comprehension. The audio program itself consists of twelve recordings from a variety of forms (narration, dialogues, etc.), evenly distributed throughout and reflecting the theme of the chapter in which they appear.

The *Cuaderno* contains vocabulary exercises and grammar reviews with corresponding exercises for students to complete at home. The exercises provide students with individual vocabulary and grammar practice outside the classroom and serve to prepare them for quizzes and exams. Students may purchase a separate printed answer key to self-correct the *Cuaderno* exercises. Students also may complete the exercises using the online version of the *Cuaderno*, available through *iLrnAdvance*.

Thematic Division

¡A que sí!, enhanced fourth edition, retains the original organization around four high-interest themes that have been successful in allowing both for different perspectives on and in-depth discussions of the chosen topics—**Espacios: Públicos y privados**, **Encuentros y desencuentros**, **Patria/Nación: Acercamientos**, and **De acá para allá**.

The new incorporation of four, authentic, short films better develops the thematic units. These short films include:

• Unidad I: "Perú, Nebraska"

Un grupo de peruanos visita la ciudad de Perú, Nebraska, para explicarles a sus homónimos de Norteamérica en qué consiste ser peruano.

• Unidad II: "Un juego absurdo"

Enamorado, un joven describe científicamente el proceso para acercarse a una chica durante una fiesta.

• Unidad III: "Minería contaminante a cielo abierto en Colombia"

Un grupo de actores y actrices colombianos denuncian los efectos de la minería de oro en el medio ambiente.

• Unidad IV: "Victoria para Chino"

Historia —basada en la vida real— sobre un grupo de inmigrantes que cruza la frontera ilegalmente a los Estados Unidos y sufre consecuencias trágicas.

These themes were selected for their general contemporary relevance and their ability to raise students' awareness and understanding of Hispanic and global issues. The strong human-interest component of the readings helps foster lively exchanges, and the often-controversial opinions presented make for a very stimulating classroom environment. By reading a variety of selections on each theme, students are able to explore many facets of each topic, master related vocabulary, and think critically about the issues in order to discuss them with some authority. Since instructors may not teach the same selections each semester and most likely will not teach all of the selections included in the book, the readings not covered in class serve as a possible source of enrichment. These texts can be used for tasks such as extra-credit work or reports.

Chapter Structure

The chapters include reading selections from different genres (short stories, poems, novel excerpts, essays, newspaper articles, even blogs), cartoons, song lyrics, audio segments, and films. This diversity of authentic materials exposes students to different current modes of expression in Spanish. Each selection (text, audio, or film) is preceded by a brief opening paragraph that introduces the author or the work and provides the context in which the work was written. The introduction is followed by a vocabulary section that varies depending on the type of text, the ones for readings being more extensive and followed by exercises.

For each reading, there are two vocabulary sections—**Palabra por palabra** and **Mejor dicho**. The first highlights frequently used Spanish words that appear in the reading. The second vocabulary section gives students the chance to examine false cognates and other problematic words. The exercises and activities that follow allow students to practice the terms and, in so doing, to expand their vocabulary. Aside from the oral exercises for pair or group classroom work, there also are written exercises in the *Cuaderno* for independent practice. Before the featured text itself, the **¡Alto! Antes de leer** section presents reading strategies and pre-reading questions that draw on students' prior knowledge. The reading selection that follows contains footnotes that facilitate student comprehension. Our rationale for glossing is to provide translations or synonyms for the less frequently used words, thereby removing unnecessary obstacles and encouraging students to engage in a closer reading. In **Después de leer**, there is an **¿Entendido?** section, which is designed to be assigned as homework. As the title implies, its purpose is to check students' basic comprehension of the reading using a variety of formats and to prepare them for the ensuing classroom discussion. **En mi opinión** is a thought and analysis section appropriate for in-class completion.

In addition to the reading selection and its accompanying vocabulary and activities, the **Estrategias comunicativas** section presents a list of colloquial expressions used by native speakers in daily life to respond to given situations or liven up their speech. This is a very important section, as it is precisely in common exchanges such as these where students often have the most trouble expressing themselves. The **En (inter)acción** activities provide opportunities for the practical use of the communicative strategies. The activities in this section also encourage student interactions around issues presented in the texts.

The audio section focuses on understanding and interpreting. For each audio selection, there are three activities. **Ya lo sabes**, completed before students hear the passage, explores students' prior knowledge of the topic. **¿Te enteraste?** checks student comprehension of the selection, and **Un paso más** offers questions for group discussions about what was heard.

The final section of each lesson is **Tu (video)blog**, a new component for the enhanced fourth edition of *¡A que sí!* that offers creative suggestions for writing practice and/or making video recordings related to the unit themes. This is an opportunity to use the vocabulary and grammatical structures presented and reviewed in the text and the *Cuaderno* for creative writing and/or speaking. The *Share it!* feature of the *iLrnAdvance* will help students load, edit, and share their work.

The specific grammar points to be reviewed in the *Cuaderno* are listed in the **Repaso gramatical** box, found after each **Tu (video)blog** prompt. This box contains references to the page numbers of the *Cuaderno*, where grammar explanations are in Spanish and, if appropriate, are illustrated by charts and tables. The grammar points presented in the *Cuaderno* may be revisited throughout the lesson for reinforcement.

A lesson pertaining to a film is presented at the end of each chapter. Like the audio selections, the film activities focus on understanding and interpreting the content. The film should be seen outside of class (see *Instructor's Manual* for further details). Students again are given the opportunity to draw on their own experiences in the **Antes de ver la película** section. Students are asked to take note of structures or events with the **Durante la película** questions. **Después de ver la película** questions may be answered individually or in groups to check comprehension and discuss the issues presented in the movie, as well as varying student interpretations of the events.

New to the enhanced fourth edition is the addition of a short film to enhance the thematic emphasis of each unit. Occurring every four chapters, the short film section, **Cortometraje**, allows for greater viewing flexibility: the short films can be viewed in or out of class via *iLrnAdvance* and have closed captioning in Spanish. Activities constructed for the new section include important comprehension checks, such as **Antes de ver** and **Durante la proyección**, as well as opportunities for collaborative work and emphasis on developing varied cultural perspectives in **Después de ver**. Each **Después de ver** section encourages students to share ideas together using the *Share It!* feature in *iLrnAdvance* to further explore the themes and cultural implications of the films.

Lastly, there is a **Glosario** at the end of the text for quick vocabulary reference, and a list of basic and very useful connecting expressions (**Expresiones básicas**) on the back cover of the book.

Summary

Conversation courses are extremely demanding to teach. They are neither lecture nor drill courses, and therefore require a higher than usual degree of skill and energy on the instructor's part to elicit active student participation. *¡A que sí!*, enhanced fourth edition, presents varied, up-to-date readings that bring many new and talented voices into the classroom. This enhancement includes contemporary, independent short films easily accessible for students online with robust and engaging activities. The addition of the short films challenge students to think critically as they debate and analyze many fundamental contemporary issues from different cultural perspectives. Most importantly, *¡A que sí!*, enhanced fourth edition offers students the opportunity to improve their oral proficiency as well as their listening, reading, and writing skills while increasing their awareness not only of Hispanic cultures but also of their own cultural heritage.

Acknowledgments

This text is the result of collective and collaborative efforts. The authors, therefore, owe many a debt of gratitude. First of all, we thank all those who gave us permission to reproduce their work (writers, artists, singers, painters, photographers, etc.) for their generosity and understanding of our purpose. We also are indebted to many colleagues at Penn, Emory, and Georgia State for insightful comments, as well as to our students. All of our materials have been class tested, and we appreciate the many suggestions we received while experimenting with new approaches, texts, exercises, and activities for the enhanced fourth edition of *¡A que sí!* Three individuals stand out for their contributions to this edition: María Davis and Rosario Vickery for their experienced observations about our materials, and Alex Woodhouse who kindly contributed both photographs and unstinting technical support.

We would particularly like to thank our reviewers:

Rudyard Alcocer, *Georgia State University*

Alma Aguilar, *James Madison University*

Diana Alvarez-Amell, *Seton Hall University*

Leticia Alivira-Watson, *Albany State University*

Karen Berg, *College of Charleston*

Astrid Billat, *Meredith College*

Elizabeth Combier, *North Georgia College and State University*

Jennifer Corry, *Berry College*

Guadalupe Cruikshank, *Pima Community College-Downtown*

Maria Davis, *Oxford College*

Lisa Dillman, *Emory University*

Sandra Fernandez, *Grand Valley State University*

Juan Carlos Galeano, *Florida State University*

Karen Goldman, *Chatham University*

Andrew Gordus, *Old Dominion University*

Jana Gutierrez, *Auburn University*

Maria Jaramillo, *Fitchburg State College*

David Julseth, *Belmont University*

Sandra Kingery, *Lycoming College*

Ryan Long, *University of Oklahoma*

Gillian Lord, *University of Florida*

Alison Maginn, *Monmouth University*

Ramonita Marcano, *University of Pennsylvania*

Patti Marinelli, *University of South Carolina*

Connie Martinez, *University of North Texas*

Kevin Mccabe, *George Mason University*

Dr. Nelly McRae, *Hampton University*

Maria del Milagro Lozada Cerna, *University of Pennsylvania*

Maria Muniz, *University of North Texas*

Teresa Perez-Gamboa, *University of Georgia*

Maria Previto, *Washington State University*

Anne Prucha, *University of Central Florida*

Jessica Ramirez, *Grand Valley State University*

Benjamin Smith, *Minnesota State University*

Cristina Sparks-Early, *Northern Virginia Community College Manassas Campus*

Carmen Sualdea, *Florida State University*

Carla Swygert, *University of South Carolina*

Rosa Tezanos-Pinto, *Indiana University-Purdue University Indianapolis*

Andrea Topash-Rios, *University of Notre Dame*

Mirna Trauger, *Muhlenberg College*

Dora Vargas, *Lee University*

Keith Watts, *Grand Valley State University*

Kirk Widdison, *Illinois State University*

Wendy Woodrich, *Lewis and Clark College*

The editorial and production teams at Cengage Learning were not only exceptionally knowledgeable and helpful but also flexible and open to our questions and suggestions. We are indebted to Heather Bradley Cole, Lara Semones, Joanna Alizio, and especially to our fourth edition editor Karen Haller Beer, whose good humor and graciousness carried us through more than a few critical moments. Max Ehrsam provided innovative contributions to our new **Cortometraje** sections. Our task was made easier by dealing with all of these expert professionals.

Finally, we again thank our respective families. Without their unwavering faith, infinite patience, and unqualified support, enhanced fourth edition would never have been finished.

Mª Victoria García Serrano
Cristina de la Torre
Annette Grant Cash

México, América Central y el Caribe

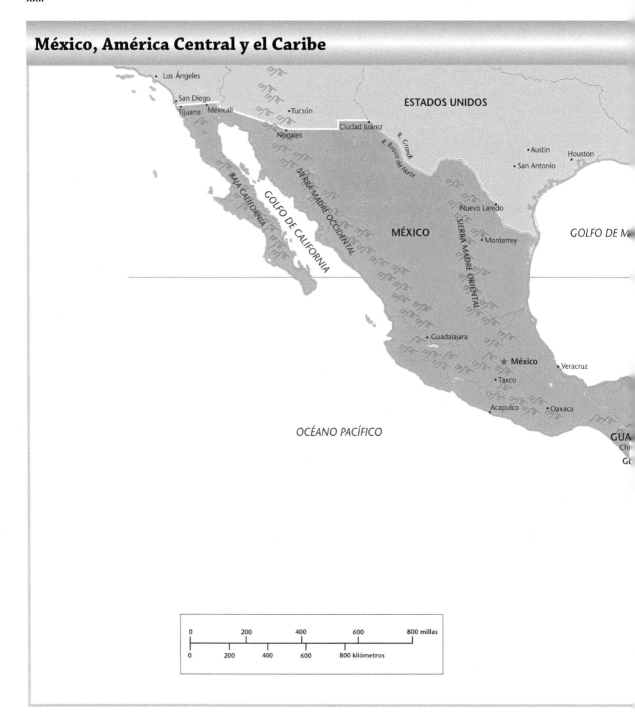

OCÉANO ATLÁNTICO

LAS BAHAMAS

TRÓPICO DE CÁNCER

Miami •

Estrecho de Florida

Canal de Yucatán

La Habana ★
• Matanzas
• Pinar del Río
Cienfuegos

Cancún

CUBA

Camagüey

Santiago de Cuba • Guantánamo

REPÚBLICA
DOMINICANA

elice

HAITÍ

PUERTO RICO

Port-au-Prince ★
Santo Domingo
San Juan ★

lmopán

ILICE

★ Kingston

Mayagüez •
Ponce

ISLAS VÍRGENES

JAMAICA

ANTIGUA

GUADALUPE

HONDURAS

DOMINICA

Copán

MARTINICA

Tegucigalpa

MAR DEL CARIBE

SANTA LUCÍA

n Salvador

SAN VICENTE

NICARAGUA

ANTILLAS MENORES

ADOR

León • ★ Managua

ARUBA

CURAÇAO

BARBADOS

L. de Nicaragua

BONAIRE

GRANADA

COSTA RICA

Barranquilla

ISLA DE MARGARITA

TRINIDAD
Y
TOBAGO

Puntarenas • ★ San José

Canal de Panamá

Cartagena

Maracaibo

Colón

Puerto España ★

PANAMÁ

★ Panamá

Caracas

GOLFO
DE
PANAMÁ

COLOMBIA

VENEZUELA

R. Orinoco

R. Magdalena

• Medellín

Georgetown ★

• Manizales

GUYANA

★ Bogotá

• Cali

BRASIL

América del Sur

MAR CARIBE

Barranquilla
Cartagena
Maracaibo
Puerto España
TRINIDAD Y TOBAGO

Caracas
R. Orinoco

Medellín
Manizales
Bogotá
Cali

VENEZUELA

Georgetown
GUYANA
Paramaribo
Cayenne
SURINAM
GUAYANA
FRANCESA

OCÉANO ATLÁNTICO

COLOMBIA

ECUADOR

Quito
Guayaquil
Iquitos

ECUADOR

PERÚ

Cajamarca

Machu Picchu

Lima
Ayacuchó
Cusco
L. Titicaca
Arequipa
Arica
Iquique

R. Amazonas
Manaus
Belem

R. Madera

BRASIL

Recife

Salvador

BOLIVIA
La Paz
Sucre
Potosí

Brasília

Belo Horizonte

OCÉANO PACÍFICO

Antofagasta

Salta

PARAGUAY
Asunción

São Paulo
Río de Janeiro
Santos

CHILE

Tucumán

Córdoba
Mendoza
Rosario

R. Paraná
R. Uruguay
Porto Alegre

Valparaíso
Santiago
Concepción

Buenos Aires
La Plata

URUGUAY
Montevideo

Río de la Plata

ARGENTINA

Bahía Blanca

TRÓPICO DE CAPRICORNIO

Puerto Montt

CORDILLERA DE LOS ANDES

ISLAS MALVINAS

| 0 | 200 | 400 | 600 | 800 millas |
| 0 | 200 | 400 | 600 | 800 kilómetros |

Punta Arenas
TIERRA DEL FUEGO
Cabo de Hornos
Estrecho de Magallanes

España

MAR CANTÁBRICO

FRANCIA

Avilés· ·Gijón
Santander
La Coruña· ·Oviedo   Bilbao· San Sebastián
Santiago de   PRINCIPADO   CANTABRIA
Compostela· DE ASTURIAS   PAÍS   PIRINEOS   ANDORRA
GALICIA   ·Lugo Cordillera Cantábrica   VASCO
·León   COM. FORAL
·Pontevedra   Burgos· DE NAVARRA
·Vigo   ·Palencia ·   LA RIOJA   ARAGÓN   CATALUÑA
CASTILLA Y LEÓN   ·Lérida
·Braga   Zamora· R. Duero Valladolid· Sistema Ibérico Zaragoza
·Oporto   ·Tarragona ·Barcelona
·Salamanca   Sierra de Guadarrama
PORTUGAL   Segovia·   MAR
Sierra de Gredos ·Ávila MADRID★   MEDITERRÁNEO
·Coimbra   Madrid   MENORCA
R. Tajo   ·Toledo   MALLORCA
·Cáceres   CASTILLA-LA MANCHA   Valencia· ISLAS   ·Palma de
EXTREMADURA   BALEARES Mallorca
Lisboa   ·Mérida   R. Júcar COMUNIDAD
★   ·Badajoz R. Guadiana Almadén· Ciudad Real ·Albacete VALENCIANA EIVISSA (IBIZA)
·Setúbal   FORMENTERA
Sierra Morena   ·Alicante
·Linares   ·Murcia
·Córdoba R. Guadalquivir ·Jaén   REGIÓN ·Cartagena
OCÉANO   ·Sevilla   DE MURCIA
ATLÁNTICO   ANDALUCÍA ·Granada
·Huelva   Sierra Nevada ·Almería   ISLAS CANARIAS   LANZAROTE
Jerez de la ·Málaga   Santa Cruz   ·Arrecife
·Cádiz Frontera   ·de la Palma FUERTEVENTURA
Algeciras· Estrecho de Gibraltar   LA PALMA Santa   ·Puerto
Tánger· Ceuta (Esp.)   LA GOMERA ·Cruz   del
Melilla (Esp.)   TENERIFE ·Las Palmas Rosario
GRAN CANARIA
MARRUECOS   ·Malabo
CAMERÚN
GUINEA
ECUATORIAL
ÁFRICA

GABÓN

0   50   100   150 millas
0   50   100   150   250 kilómetros

ESPACIOS: PÚBLICOS Y PRIVADOS

INTRODUCCIÓN

Hay un refrán que dice: "Cuando estés en Roma, haz como los romanos". En esta unidad te invitamos a conocer distintos espacios del mundo hispano (**Primeras impresiones**), a familiarizarte con las costumbres (**Celebraciones**) y a desarrollar el arte de *estar* en sus diversas ciudades (**Recorridos por la ciudad**). Comenzamos con una mirada al interior de un hogar, pero el énfasis estará en los espacios públicos donde tiene lugar gran parte de la vida de los hispanohablantes. Vamos a recorrerlos en varios países, abarcando desde la plaza mayor hasta los restaurantes, desde los museos hasta el ruedo taurino. Examinaremos distintos aspectos del entorno urbano. Destacaremos diferentes vivencias cotidianas. Exploraremos el ambiente que determina el ritmo y la textura de la vida, a la vez que nos condiciona y define.

Gran parte del encanto de viajar radica en aprender a funcionar en situaciones desconocidas y sentirnos capaces de resolver las incógnitas de un entorno nuevo. Nuestro recorrido aspira a anticipar algunas de las sorpresas que esperan al viajero, ayudarlo a interpretar la nueva realidad y facilitar así su feliz integración al país extranjero. Se trata, pues, de una preparación para visitar los sitios que muchos estudiantes de español recorrerán en sus programas de estudio en el extranjero o en sus viajes.

A lo largo de esta unidad vas a ponerte en el lugar de un(a) estudiante de español que va a pasar un semestre en un país hispano —tú eliges el que más te interese— y vas a ir anotando tus impresiones y aventuras en un blog.

Que yo sepa

En grupos de tres estudiantes, contesten las preguntas siguientes. Después, informen a la clase sobre lo que han hablado.

1. ¿Cómo se preparan Uds. para visitar otro país? ¿Qué es lo primero que hacen al llegar?

2. ¿Qué aspectos les interesan más de otras culturas: las comidas, las celebraciones, la arquitectura, el arte, los deportes, la música, los horarios, las costumbres o los valores?

3. ¿Cuál debe ser nuestra actitud ante lo nuevo o desconocido? Expliquen.

4. Imaginen que han conocido a un estudiante extranjero que acaba de llegar a la universidad. ¿Adónde lo llevarían? Hagan una lista de por lo menos tres lugares que debe conocer en los alrededores.

5. Explíquenle a alguien que no conoce su país o cultura tres cosas que se consideran bien o mal vistas, y por qué.

6. Mencionen tres lugares icónicos de los Estados Unidos. ¿Conocen algunos del mundo hispano?

CAPÍTULO 1

PRIMERAS IMPRESIONES

Heinle Grammar Tutorial:
- The verbs **ser** and **estar**
- Present indicative tense
- Present indicative tense: spelling-change & irregular verbs
- **Gustar** and similar verbs

Hospitalidad, boleros y café recién colado

MAURICIO VICENT

Los espacios que habitamos son uno de los aspectos más determinantes y reveladores de nuestra identidad personal y cultural. En ellos dejamos huellas de nuestros gustos y hábitos, creencias religiosas y políticas, recursos económicos y creatividad. En definitiva, podemos decir que ellos nos reflejan. Mauricio Vicent, corresponsal del periódico español *El País* en La Habana, da cuenta de esa reverberación en los hogares cubanos.

Palabra por palabra[1]

la advertencia	*warning*	**el orgullo**	*pride*
al + *infinitivo*	*when/on* + gerund	**pese a**	*in spite of, despite*
chismoso(a)	*gossipy, a gossip (person)*	**la pobreza**	*poverty*
emocionarse	*to be moved (emotionally)*	**prestar, pedir prestado***	*to lend, borrow*
el hogar	*home*	**el (la) vecino(a)**	*neighbor*
humilde	*humble*	**la vivienda**	*housing, home, dwelling*

¡Ojo! ***me prestó** = *she/he lent me*; **le presté** = *I lent him/her*; **me pidió prestado** = *she/he borrowed from me*

Mejor dicho

realizar	*to carry out, do, make*	Decidió **realizar** un viaje alrededor del mundo.
	to fulfill, accomplish	Gracias a mis padres **realicé** mis sueños. Los hice realidad.
darse cuenta de (que)	*to notice, realize*	**Me di cuenta de que** sería un viaje muy largo.

---

[1] Al estudiar estas palabras, aprende también el género de los sustantivos, indicado por los artículos definidos, para no cometer errores de concordancia.

saber	to know specific information such as dates, facts, events . . .	**Sabemos** bastante de geografía.
saber + si/qué/ quién/cuándo...	to know whether/what/who/when . . .	Ninguno de los jóvenes **supo quién** era Olga Guillot.
saber + infinitivo	to know how to do something	Mi compañero no **sabía** bailar.
conocer	to be familiar with something or someone; to know by experience	¿A cuántos novelistas chilenos **conoces**?

1-1 Práctica

Hagan las actividades siguientes, prestando atención a las palabras del vocabulario.

1. Escribe una definición falsa o verdadera de una de las palabras del vocabulario. Después, lee la definición a la clase, que decidirá si es falsa o verdadera.

2. En parejas, deduzcan el significado de las palabras siguientes según el vocabulario aprendido.

   a. hogareño(a)   d. el chisme   g. emocionante

   b. el vecindario   e. la humildad   h. un préstamo bancario

   c. a pesar de   f. advertir

3. Dividan la clase en dos grupos. Trabajen con su grupo para escribir preguntas sobre los temas de abajo, usando los verbos **saber** y **conocer**. Escriban una hoja de respuestas posibles para entregársela al (a la) profesor(a). Después, háganle las preguntas al otro grupo. El (La) profesor(a) debe llevar la cuenta de las respuestas correctas para determinar cuál de los grupos resulta ganador.

   Ejemplo: ¿**Saben** qué países han ganado la Copa Mundial de Fútbol más de una vez?
   ¿**Conocen** a alguna cantante colombiana?

   a. la literatura latinoamericana   d. el fútbol

   b. la música latina   e. las capitales de los países hispanohablantes

   c. el cine español

4. En grupos de tres estudiantes, digan si utilizarían **realicé** o **me di cuenta de** delante de las siguientes palabras. Si son posibles los dos verbos, expliquen cuál sería el significado de la oración en cada caso.

   a. el peligro   f. que era tarde

   b. una gira en bicicleta   g. mis deseos

   c. mi error   h. sus talentos

   d. un experimento   i. la encuesta (survey)

   e. la situación

Antes de leer

1-2 **¡Alto!**

Haz lo indicado a continuación.

1. **Atención** y **fotografía** son palabras muy similares en español y en inglés. Las palabras que se escriben igual o casi igual en las dos lenguas y significan lo mismo se denominan **cognados**. Haz una lista de diez cognados más de la lectura siguiente para compararla con las de tus compañeros en clase. Asegúrate de usar el contexto para comprobar el significado de la palabra. ¡Ojo con los cognados falsos!

2. Lee el primer párrafo. ¿Es narrativo, descriptivo, argumentativo, expositivo o poético? ¿Qué tipo de texto esperas leer?

3. ¿En qué te fijas al entrar en una casa? Describe la cosa más rara que hayas visto al visitar la casa de alguien.

4. ¿Qué cuadros, pósters o fotografías tienes colgados en tu cuarto? ¿Y qué tenías cuando eras pequeño(a)?

Hospitalidad, boleros y café recién colado

MAURICIO VICENT

Los primeros adornos que encuentras al entrar en algunas casas de Cuba son una lengua atravesada[1] por una espada y un ojo que te observa. Con estos amuletos protectores se pretende neutralizar las malas voluntades que pueda traer el visitante, aunque también son una advertencia para el chismoso y para aquel que quiere ver o saber demasiado.

Otros resguardos[2] inquietantes acompañan a no pocos cubanos en sus hogares: una hoja de tuna[3] clavada en la puerta trae desenvolvimiento;[4] si una muñeca está sentada en el sofá, no es para que los niños jueguen, representa a un poderoso ancestro; y en esa piedra con ojos de caracol que ves en el recibidor vive Elegguá, la deidad africana que abre los caminos.

De las paredes de otras casas en Cuba cuelgan retratos barbados de Fidel Castro, o imágenes del Sagrado Corazón de Jesús, o fotografías de familiares que se fueron a Miami, según sea la religión de cada cual. A partir de ahí, cualquier cosa puede pasar.

Conozco un palacete en el barrio habanero de Miramar que es hoy una cuartería donde viven diez familias. La mansión, propiedad de un prestigioso médico que se marchó en 1959, está subdividida y vuelta a subdividir, y la habita gente bastante normal. En su mayoría, obreros y empleados de empresas estatales, pero también hay un *jinetero*[5] y vive un profesor de la universidad. El hijo de éste se llama Vladimir Gómez y, casualmente, estudia cuarto año de medicina.

En su casa, como en muchas otras de la capital, hay viejas mesas y sillones de caoba[6] al lado de los objetos más *kitsch* que puedas imaginar: un tapiz de acrílico en el que un león está a punto de devorar a su presa; un sofá de estilo forrado en plástico para que dure más. Sobre el dintel de la entrada principal, el cristal roto de un soberbio vitral ha sido sustituido por un trozo de cartón.[7] Y no faltan las flores artificiales en un vaso.

En Cuba, la calle es una extensión del propio hogar. Como apenas hay tráfico, desde pequeños, los niños juguetean en la acera y, al caer la tarde, los adultos celebran a la fresca interminables partidas de dominó, casi siempre bañadas en ron.

---

[1]**atravesada** *pierced* [2]**resguardos** = aquí, objetos protectores [3]**tuna** *prickly pear* [4]**desenvolvimiento** = habilidad para resolver los problemas de la vida [5]**jinetero** = joven dedicado a la prostitución [6]**caoba** *mahogany* [7]**cartón** *cardboard*

"Hospitalidad, boleros y café recién colado" by Mauricio Vicent, *El PAÍS Semanal*, nº 1394, Domingo 16 de junio 2003, pg. 72. © Mauricio Vicent/EL PAÍS 2003. Used with permission.

Dicen que lo que más extrañan los que se van a Miami es que en la isla se vive con las puertas abiertas.

Una vecina le dice a otra: "Prueba este boniatillo".[8] Antes, la otra le ha prestado una libra de frijoles, o un *tin* de aceite o un puñado de simple sal. Pese al mordisco[9] de la crisis, la hospitalidad cubana no ha desaparecido: la gente se ayuda en la desgracia[10] y no hace ninguna falta avisar antes de visitar a un conocido.

Otra cosa que llama la atención en Cuba es que hasta en el hogar más humilde se respira dignidad. No importa que las paredes estén descascaradas,[11] ni que la cubertería de plata de la familia haya sido empeñada[12] hace tiempo, ni que la nevera[13] de la casa sea un mamotreto[14] General Electric con 45 años de uso. Los cubanos siempre se salvan; por grande que sea la precariedad, mayor es su orgullo.

En el poblado oriental de Baracoa, a mil kilómetros de La Habana, una anciana lleva zapatillas deportivas de tres dólares. Contrastan con las baldosas del suelo pulidísimo que pisa, de una geometría y color increíbles, testimonio de otros tiempos mejores. La mujer viste bata de casa y tiene un cuerpo arrugado y escuálido, pero va muy limpia. Es difícil saber cómo lo hacen, pero los cubanos siempre parecen estar limpios y arreglados aunque escasee el jabón y la buena ropa esté fuera del alcance de la mayoría.

En dos de cada tres casas, en La Habana y en la Cuba profunda, conviven jóvenes y ancianos. La gente se hace cargo de sus mayores, no los abandona. Puedes verlos arreglando una bicicleta en medio de la sala, o ayudando en la cocina o avisando a la familia cuando comienza la telenovela.[15]

Las casas de los privilegiados son de mampostería[16] y dentro abundan las porcelanas y los dorados.

Las de los más pobres son de madera pelona[17] y en ellas los varones andan sin camisa y algunos están tatuados. A la hora que llegues, alguien te brindará café, siempre acompañado de un vaso de agua fría. Es una cultura: en muchos hogares hay tazas para el diario y tazas de café para las visitas, que fácilmente pueden ser reliquias museables.

Mientras cuelan la infusión,[18] si lo pides te enseñarán el álbum familiar. Probablemente hallarás fotos de clubes sociales donde los abuelos iban a bailar danzones[19] y cha-cha-chá, y quizá en una vieja postal sepia hay una mulata sentada en una mecedora de rejilla[20] cogiendo la mano de su esposo asturiano.[21]

Si un pariente se fue hace poco a Estados Unidos, no faltará la foto de éste, con el cuello cuajado de prendas de oro, rodeado de comida o frente a un lujoso carro. También puede ser que el anfitrión[22] se emocione y te ponga un bolero de Descemer Bueno: "Enciéndele una vela a tu primer amor, que se ha marchado sin decir adiós". Descemer, me dicen, es el nombre de su madre, pero al revés: Mercedes.

© Robert van der Hilst

© Robert van der Hilst

---

[8]**boniatillo** *sweet potato pudding* [9]**mordisco** *bite* [10]**desgracia** = infortunio [11]**descascaradas** *the paint has flaked off* [12]**empeñada** *pawned* [13]**nevera** = refrigerador [14]**mamotreto** = objeto grande y anticuado [15]**telenovela** *soap opera* [16]**mampostería** *masonry* [17]**pelona** = sin pulir [18]**cuelan la infusión** *they brew the coffee* [19]**danzones** = un tipo de baile [20]**mecedora de rejilla** *wicker rocking chair* [21]**asturiano** = de Asturias, región de España. Muchos de sus habitantes emigraron a Latinoamérica a fines del siglo XIX y durante el siglo XX. [22]**anfitrión** *host*

Después de leer

1-3 ¿Entendido?

Contesta las siguientes preguntas de acuerdo con el contenido de la lectura.

1. ¿Qué dos funciones cumple la imagen de "una lengua atravesada por una espada" en un hogar cubano?

2. ¿Cuáles son algunos adornos sorprendentes que hay en las viviendas?

3. ¿Qué tipo de retratos adornan las paredes? ¿Cuál es su mensaje?

4. ¿Cómo suelen estar amuebladas las casas de la isla?

5. ¿Qué es lo que más extraña la gente que se ha ido a Miami?

6. ¿En qué aspectos se observa la pobreza del país?

7. ¿Cuáles son dos rasgos personales que caracterizan a muchos cubanos?

8. ¿Cómo es la vejez de los ancianos en Cuba distinta a la de los ancianos norteamericanos?

9. ¿Cómo y con qué se sirve siempre el café?

10. ¿Qué es un bolero?

1-4 En mi opinión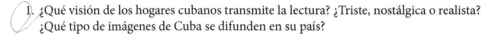

En grupos de tres estudiantes, utilicen las preguntas siguientes como punto de partida para entablar una conversación.

1. ¿Qué visión de los hogares cubanos transmite la lectura? ¿Triste, nostálgica o realista? ¿Qué tipo de imágenes de Cuba se difunden en su país?

2. ¿Cómo describirían Uds. los hogares típicos norteamericanos o los de otros países que conozcan? Compárenlos con los descritos en la lectura.

3. ¿Qué prácticas hospitalarias conserva su comunidad, estado o país? Den ejemplos concretos.

4. Seleccionen una de las prácticas culturales mencionadas en la lectura y compárenla con las costumbres suyas. Por ejemplo, ¿le ofrecerían café a una visita a cualquier hora del día? Expliquen su respuesta.

5. ¿Se reúnen algunas veces en familia a ver la televisión? ¿Qué tipo de programa ven? ¿El tener más de un televisor en casa es bueno o malo para la convivencia familiar? Justifiquen su opinión.

6. ¿Es la pobreza motivo de vergüenza? ¿Creen que se puede ser feliz siendo pobre? Expliquen.

7. ¿Qué objetos tienen valor para Uds.?

Estrategias comunicativas para pedir opiniones o sugerencias

¿Alguna idea?	*Any ideas?*
¿Tú qué dices?	*What do you say?*
¿A ti qué te parece…?	*What do you think . . . ?*
¿Qué opinas de…?	*What is your opinion of . . . ?*
¿Se te ocurre algo?	*Can you think of anything?*
¿Tienes alguna sugerencia al respecto…?	*Do you have any suggestions regarding . . . ?*

1-5 En (inter)acción

Realicen las siguientes actividades según se indica.

1. **Estudios en el extranjero.** Imagínense que tu compañero y tú ya han sido aceptados en un programa para estudiar español en un país hispano. Ahora tienen que decidir si se van a hospedar en la casa de una familia o en una residencia estudiantil. Utilicen las expresiones de **Estrategias comunicativas** mientras discuten las ventajas e inconvenientes que ofrece cada opción. Después, expliquen a la clase las razones de su decisión.

RESIDENCIA UNIVERSITARIA
ERASMO

Calle Canarias 38, Murcia
Teléfono 968-533 78 90

© Cengage Learning

2. **Pertenencias** *(Belongings)*. Apunta en una hoja de papel cinco cosas que hay en tu cuarto, pero no pongas tu nombre. Mezcla tu lista con las de tus compañeros. Que alguien elija una de las listas y lea los elementos apuntados en ella a la clase. Comenten lo que se puede deducir de ella, por ejemplo si se trata de un chico o una chica, si es alguien introvertido o deportista, etcétera.

3. **Contraste visual.** Daniela Rossell es una fotógrafa mexicana que se ha hecho famosa por las fotos que ha realizado de la clase alta de su país. Según dijo: "En lugar de documentar la vida de los indígenas, la pobreza urbana o exóticas escenas populares, he elegido explorar el hábitat, las costumbres y tradiciones de la minoría más pequeña de México, los ultra-ricos". Estas fotos las reunió para la exposición titulada "Ricas y famosas". Busquen esas fotos u otras de México o de Cuba en internet y tráiganlas a clase para comentarlas.

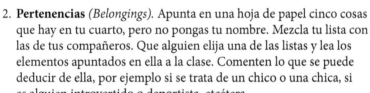
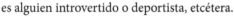

© Victoria García Serrano

1-6 Tu (video)blog

Imagínate que has llegado a la ciudad hispana donde vas a pasar un semestre estudiando español y ya has visto la vivienda en donde te alojarás. Primero descríbela y luego comenta la impresión que te causó.

Repaso gramatical
- Preliminares: **Cuaderno**, pág. 59
- El presente de indicativo de los verbos regulares: **Cuaderno**, pág. 70
- El verbo **ser**; El verbo **estar**; Contraste: **ser** y **estar** + adjetivo: **Cuaderno**, págs. 71–73
- Haber: **Cuaderno**, pág. 74

Práctica escrita
- **Cuaderno**, págs. 70, 74

Práctica oral
- **Cuaderno**, págs. 70, 76

Picar a la española

COLMAN ANDREWS

Colman Andrews, fundador de la revista *Sauveur*, escribe sobre tendencias culinarias contemporáneas, en especial las costumbres gastronómicas de otros países. En 2010 publicó una biografía de Ferran Adrià, el famoso chef de El Bulli, un restaurante catalán que repetidamente ha sido designado el mejor del mundo. En "Picar a la española" nos ofrece su impresión de una de las prácticas peculiares de España: el tapeo.

Palabra por palabra

apetecible	*tempting, appetizing, mouthwatering*	**resultar** + adjetivo*	*to find, seem, be*
enterarse (de)	*to find out, hear, learn about*	**ser capaz de** + infinitivo	*to be capable of*
evitar	*to avoid*	**la servilleta**	*napkin*
el horario	*schedule*	**soler (ue)**	*to be accustomed to,*
mostrar (ue)	*to show, display*		*be in the habit of*
probar	*to try, taste*	**tener sentido****	*to make sense*
el resultado	*result*		

¡Ojo! *Ese restaurante es bueno, pero **resulta** un poco caro. = That restaurant is good, but I find it (it seems, is) a little expensive.*

En español, el sujeto de **tener sentido no puede ser una persona.

You don't make sense se diría "Lo que tú dices no **tiene sentido**".

Mejor dicho

gratis	*free*	que no cuesta dinero	Las tapas ya no son **gratis**.
estar libre	*free*	estar desocupado(a)	Teresa, ¿estarás **libre** esta tarde?
	free	estar fuera de la prisión	Los dos detenidos ya estaban **libres**.
ser libre	*free*	que uno puede elegir su conducta y acciones, y es responsable de ellas	Lamentablemente, no todo el mundo es **libre**.

pedir	*to ask for or order something, request*	¿Por qué no **pedimos** una ración de tortilla?
preguntar	*to request information from someone*	**Pregúntale** a la camarera si tienen agua con gas y cerveza sin alcohol.
preguntar por	*to inquire about someone or something*	Nos **preguntó por** un restaurante llamado El Parrón.

¡Ojo! *To ask a question* se dice **hacer una pregunta**.

1-7 Práctica

Hagan las siguientes actividades, prestando atención a las palabras del vocabulario.

 1. En parejas, escriban tres preguntas con los términos o las expresiones de **Palabra por palabra**. Luego, cambien de pareja y háganse las preguntas que han escrito. Sigan formando nuevas parejas hasta que todos hayan podido contestar la mayoría de las preguntas.

   Ejemplo: **ser capaz de** + infinitivo
   ¿En cuántos minutos **eres capaz de comer**?
   ¿Qué **eres incapaz de comer**?

 2. En grupos de tres estudiantes, escriban una lista con cinco cosas que deberían ser **gratis** (en la universidad, la ciudad, el país...). Luego expliquen sus razones.

   Ejemplos: el agua, el transporte público, la conexión a internet... porque...

 3. En parejas, digan si las siguientes personas, animales o cosas **son/están libres** o no.
   a. un caballo salvaje
   b. alguien que acaba de ser liberado
   c. los elefantes del zoológico
   d. un asiento vacío en un teatro
   e. una pareja de casados

 4. En parejas, utilicen **pedir**, **preguntar** o **preguntar por** al decir lo que hacen en estas situaciones.

   Ejemplo: En una tienda has encontrado unos pantalones que te gustan, pero no sabes cuánto cuestan.
   Le **pregunto** el precio al dependiente.
   a. Hace tiempo que no sabes nada de una amiga. Te encuentras con su madre en la calle.
   b. Acabas de llegar a una ciudad que no conoces. Ahora estás en la oficina de turismo.
   c. Entras en una cafetería. Quieres saber si sirven chocolate caliente.
   d. Has terminado de cenar en un restaurante y quieres irte.
   e. No sabes quién ganó el partido de baloncesto.

Antes de leer

1-8 ¡Alto!

Haz lo indicado a continuación.

1. Considera el título: "Picar a la española". ¿Qué temas de la lectura puedes deducir de él? ¿A qué parte de la oración *(part of speech)* pertenece **picar**? ¿Es un adjetivo, un adverbio…?

2. Presta atención a las formas verbales de la lectura y haz una lista de seis de ellas. ¿Qué persona gramatical predomina: yo, nosotros, ellos? ¿Y en qué tiempo están esas formas?

3. ¿Es importante lo que/cuándo/cómo/dónde comemos? ¿Qué revela esto de una persona o cultura?

4. ¿Qué sabes de la comida española? ¿Y de la mexicana? ¿Son muy diferentes de las que tú comes?

Kevin George/Shutterstock.com

Una ración es suficiente para dos o tres personas.

Picar a la española

COLMAN ANDREWS

Lo único que no me gusta de las tapas es que nunca sé bien cuándo comerlas. Las tapas, como ya sabrán todos los que hayan estado en España alguna vez, son aperitivos,[1] delicias culinarias. Se sirven en sitios llamados tascas o tabernas y van acompañadas de conversación animada (hacen falta dos personas, como mínimo, para tapear como es debido), de copas de jerez[2] o de chatos de vino local, por lo regular tinto. La cerveza también sirve.

Al principio las tapas eran el equivalente español de lo que se conoce como *beer nuts* o *trail mix* en inglés: aceitunas, almendras, anchoas o jamón.[3] Su propósito era también similar: animar[4] a los clientes a quedarse más tiempo y seguir bebiendo. Las tapas se servían en platillos[5] lo suficientemente pequeños para encajar[6] encima de la estrecha apertura de una copa de jerez —evitando así la presencia de moscas[7] distraídas. A veces, si se trataba de jamón o cualquier otra cosa apropiada, se utilizaban pequeñas tostadas redondas que podían igualmente situarse sobre la copa. De ahí el nombre *tapas*, del verbo *tapar*, que quiere decir *cubrir*.

Parece ser que la costumbre de servir estas tapas (gratis en los viejos tiempos) se originó en los bares de la Andalucía del siglo XVIII. En esta región del suroeste del país se encuentra Sevilla, ciudad que muchos expertos consideran aún hoy la capital española de las tapas, y Jerez de la Frontera, donde se produce el vino que lleva su nombre, buen amigo de cualquier aperitivo.

Hoy día las tapas se comen hasta en los más remotos rincones de la península y todos, menos los turistas más remilgados y quisquillosos,[8] tarde o temprano

Davor Pukljak/Shutterstock.com

---

[1]**aperitivos** *appetizers* [2]**jerez** *sherry* [3]**aceitunas… jamón** *olives, almonds, anchovies, or cured ham* [4]**animar** *to entice* [5]**platillos** *saucers* [6]**encajar** *to fit* [7]**moscas** *flies* [8]**remilgados y quisquillosos** *skittish and fussy*

sucumben a sus encantos. Los limitados bocados de antaño[9] han sido reemplazados por un enorme repertorio de platos, muchos cientos de ellos, desde pedazos de queso manchego[10] y firmes trozos de tortilla española[11] a elaboradísimas croquetas y sofisticadas zarzuelas de mariscos.[12] También se encuentran comidas típicas como paella valenciana[13] y callos madrileños,[14] servidas en diminutas porciones. Básicamente cualquier cosa, menos los postres,[15] sirve de tapa con tal que la cantidad sea pequeña.

Como sucede con cualquier otro tipo de bar, hay tascas de muchas clases, desde las más refinadas hasta las más escandalosas. Lo que tienen en común es que casi siempre resultan bastante desordenadas[16] a los ojos de un extranjero. En todas se encuentran pequeños recipientes de metal que guardan servilletas de papel encerado;[17] es perfectamente aceptable tirarlas al suelo después de haberse limpiado la boca y los dedos. El resultado, tras dos o tres horas de entusiasta tapeo comunal en una tasca concurrida,[18] puede parecer poco apetecible. Pero… ¡ánimo!, cuantas más servilletas cubran el suelo, mejores serán las tapas.

No hay dos bares de tapas que sirvan la misma variedad. Algunos lugares se especializan en un solo plato —como jamón, queso, incluso champiñones o caracoles[19]— preparado de diferentes modos. En otros sitios, en cambio, es posible encontrar más de treinta o cuarenta platos distintos.

No es difícil enterarse de qué sirven exactamente en una tasca específica. Algunos bares ponen sus menús en la puerta, otros anotan las tapas del día en una pizarra situada estratégicamente, muchos muestran sus delicias en cacerolas de barro sobre el mostrador.[20] (Algunos platos se hacen en el momento, pero la mayoría de las tapas se comen del tiempo.[21]) Estas condiciones facilitan el proceso de decidir. El cliente puede ver lo que hay antes de pedir y, si no habla muy bien el español, puede simplemente señalar con el dedo. En los sitios más amplios y elegantes las tapas se sirven en las mesas, lo cual puede ser muy conveniente si hay más de tres personas en su grupo, pero los verdaderos aficionados

Tortilla, calamares, chorizo… ¿y qué más puedes identificar?

prefieren picar de pie, con las tapas a la vista.

El ritual del aperitivo, que incluye también porciones generosas de bebida y conversación, se conoce como tapeo. Aunque se puede practicar a cualquier hora, ya que las tapas están disponibles desde la mañana hasta la medianoche, lo común es entregarse a este agradable pasatiempo entre el mediodía y las dos de la tarde, y entre las ocho y las diez de la noche. ¿Cree Ud. que eso interfiere con la hora de comer y de cenar? Es evidente que no ha ido aún a España. Si todo lo que se ha dicho de las tapas hasta ahora le ha parecido bien (quizá a excepción de las servilletas sucias y arrugadas[22] en el suelo) las horas pueden representar el primer obstáculo.

No cabe duda que los españoles no comen ya tan tarde como solían. Se almuerza alrededor de las dos y, por consiguiente, la cena no aparece sino hasta las diez de la noche. La idea de las tapas, según los expertos, es entretener[23] el hambre hasta tan tarde. El punto flaco de esa teoría es que cuando uno se acostumbra al horario, no hay problema. Si se desayuna a las diez es normal comer a las dos y media. Cenar a las diez tiene perfecto sentido si no se abandonó la mesa hasta las cuatro de la tarde. Traducido a horas norteamericanas se reduce a desayunar a las siete y media y comer al mediodía. En ese caso poca gente se aparecería en el bar de la esquina en busca de buñuelos de bacalao[24] o de un platito de angulas[25] ¡a las nueve y media de la mañana!

Cualquier buen español señalaría de inmediato que muchos fanáticos de las tapas las consumen en lugar de la comida o de la cena, sólo que más temprano. Sería la versión ibérica del *fast food*, o lo que los dueños de los restaurantes norteamericanos llaman ahora *grazing*. Y no es mala idea si no fuera porque a mí las tapas, especialmente cuando las como de pie, no me parecen una comida. Soy perfectamente capaz de zamparme[26] seis u ocho de estas minucias y después sentarme a comer "de verdad" en algún sitio. Lo que cuesta[27] admitir es que, cualquiera que sea la calidad de la comida formal, siempre acabo prefiriendo las tapas.

---

[9]**bocados de antaño** = las tapas de antes [10]**manchego** = de la Mancha, región de España [11]**tortilla española** = *omelet de huevos y patatas* [12]**zarzuelas de mariscos** *shellfish stews* [13]**paella valenciana** *yellow rice with chicken or seafood* [14]**callos madrileños** *tripe stew typical of Madrid* [15]**postres** *desserts* [16]**desordenadas** *messy* [17]**encerado** *waxed* [18]**concurrida** = con mucha gente [19]**champiñones o caracoles** *mushrooms or escargot* [20]**mostrador** *counter* [21]**del tiempo** *at room temperature* [22]**arrugadas** *crumpled* [23]**entretener** *to stave off* [24]**buñuelos de bacalao** *cod puffs* [25]**angulas** *baby eels* [26]**zamparme** *downing (consuming)* [27]**lo que cuesta** *what is hard*

Después de leer

1-9 ¿Entendido?

Completa las oraciones siguientes según el contenido de la lectura, pero emplea tus propias palabras.

1. Las tapas son…

2. Se sirven en…, normalmente entre las… y las… de la tarde, y entre las… y las… de la noche.

3. Hay muchas variedades, como por ejemplo,…

4. Para tapear bien hay que ir con… y pedir de beber…

5. La costumbre surgió en… porque…

6. El verbo **tapar** quiere decir…

7. Hay servilletas en el suelo porque…

8. Algunos turistas norteamericanos tienen problemas con… de las tapas.

9. Si no sabemos cómo se llama una tapa, podemos pedirla…

10. En algunas tascas escriben en una pizarra…

11. Los verdaderos aficionados…

© Victoria García Serrano

¡Buen provecho!

1-10 En mi opinión 👤👤👤

En grupos de tres estudiantes, utilicen las preguntas siguientes como punto de partida para entablar una conversación.

1. ¿A qué hora comen? ¿Siguen siempre el mismo horario? ¿Comen de todo? ¿Les gusta probar nuevas comidas? ¿Por qué sí o no?

2. ¿Suelen pedir aperitivos en un restaurante? ¿Cuáles son sus favoritos?

3. ¿Les gusta picar mientras ven la televisión? ¿En el cine? ¿Cuando estudian? ¿En las fiestas? ¿Qué pican en esos casos?

4. ¿Qué comidas de otros países han probado? ¿Qué es lo más exótico que han comido? ¿Qué quiere decir **un gusto adquirido**? ¿Cuáles son algunos de estos gustos adquiridos? ¿Qué tapas de las mencionadas les resultarían difíciles de comer?

5. ¿Qué relación hay entre el tema de la comida y las tradiciones de un país?

Estrategias comunicativas para disculparse

Muchas gracias, pero…	*Thank you very much, but . . .*
Se lo agradezco muchísimo, pero…	*I really appreciate it, but . . .*
Discúlpenme, pero es que…	*Forgive me, but it's just that . . .*
Lo siento mucho, pero…	*I am very sorry, but . . .*
Me encantaría (probarlo/la, verlo/la…), pero en este momento…	*I would love to (try it, see it, . . .), but right now . . .*

1-11 En (inter)acción

Realicen las siguientes actividades según se indica.

Mercado de abastos, Huaraz (Perú)

 1. **¡Qué apuro!** Supongan que una familia hispana los ha invitado a comer y les sirve algo que no les gusta nada, por ejemplo angulas *(baby eels)*, gusanos *(worms)* o pulpo *(octopus)*. En parejas, busquen dos maneras de salir de la situación sin ofender a la familia. Utilicen algunas de las expresiones de **Estrategias comunicativas**.

 2. **Sobre gustos no hay nada escrito.** Algunos de nuestros gustos culinarios son muy personales y no tienen que ver con ninguna tradición cultural. Por ejemplo, hay gente que combina naranjas con cebollas. Hagan una encuesta entre sus compañeros para averiguar qué combinación es la más extravagante, deliciosa o repulsiva.

3. **Contraste fotográfico.** Con toda la clase, contrasten la presentación de los alimentos en los mercados hispanos con la de su país.

Mercado de Otavalo, Ecuador

Big Stock Photo

John Coletti/Jon Arnold Travel/PhotoLibrary

1-12 Tu (video)blog

Comenta tus primeras comidas en el nuevo país. Describe el menú, los precios (si fue en un restaurante), la compañía, las sorpresas (si hubo alguna) y cualquier otro detalle de interés.

Repaso gramatical
- El presente de indicativo de los verbos irregulares: **Cuaderno**, pág. 78
- **Gustar** y verbos afines: **Cuaderno**, pág. 82

Práctica escrita
- **Cuaderno**, págs. 80, 84

Práctica oral
- **Cuaderno**, págs. 82, 85

Bares a millares

ANTONIO GÓMEZ RUFO

Andrea Seemann/Shutterstock.com

Un bar, según el diccionario, "es el lugar donde se toman bebidas y cosas de comer, especialmente de pie o sentados delante del mostrador". Aunque la definición es acertada, no explica la popularidad de los bares y la asiduidad con que la gente los frecuenta en las sociedades hispanas. En "Bares a millares" Gómez Rufo (n. 1954, Madrid) nos ofrece una definición más completa que la del diccionario, ya que nos habla de la función social y los distintos usos que tienen estos establecimientos para mucha gente.

Artículo de Antonio Gómez Rufo, "Bares a mogollón," publicado en *La Guía del Ocio*, Madrid, España, 1989, pg. 53. Used with permission.

1-13 Ya lo sabes

Contesta las preguntas siguientes.

1. ¿Qué indica el número de bares, gasolineras o bancos que hay en una ciudad? ¿Qué tipo de establecimientos predomina alrededor del campus universitario?

2. ¿Qué connotaciones tiene la palabra **bar** para ti? ¿Qué sabes de los bares de otros países?

3. ¿Cómo clasificarías tú los bares? Menciona tres tipos distintos.

Narración

Escucha atentamente la siguiente narración. Presta atención al contenido y a la pronunciación. Escúchala tantas veces como lo necesites. Después, haz los ejercicios que aparecen a continuación.

Palabras útiles*

encuesta *poll, survey* **de costumbre** *usual, regular* **quedamos** *agree to meet*
caña = vaso mediano **chato** = vaso pequeño **trato** *deal* **acoger** *to welcome*
sin más = sin motivo **sobremesa** = tiempo que pasa la gente conversando después de comer **ocio** *leisure time*

---

*Las palabras aparecen en el orden en el que las vas a oír.

1-14 ¿Te enteraste?

Elige la opción que mejor corresponda con el contenido de la audición. ¡Ojo! Puede haber más de una opción correcta.

1. Antonio Gómez Rufo supone que en Madrid hay más bares que en…

     a. cualquier país europeo.   b. toda Europa.   c. todo el mundo.

2. Según una encuesta, el tercer lugar donde los madrileños (los que viven en Madrid) prefieren estar es en…

     a. la calle.   b. su casa.   c. su bar de costumbre.

3. Por lo general, enfrente de una vivienda española suele haber…

     a. un bar.   b. dos bares.   c. tres bares.

4. Según la audición, uno entra en un bar (una cafetería, una taberna, una tasca…)…

     a. porque tiene sed o hambre.

     b. porque ha quedado con alguien allí.

     c. sin tener una razón específica.

5. Todas las mañanas el autor baja a tomarse un café en el bar de enfrente porque…

     a. es de mejor calidad que el de las máquinas que han puesto en su oficina.

     b. así puede comer algo también.

     c. no quiere cambiar de costumbre.

6. Según el autor, los otros europeos deberían…

     a. ser más civilizados.

     b. tener menos horas de ocio.

     c. adoptar una de las costumbres españolas.

1-15 Un paso más

ȚȚȚ **A.** En grupos de tres estudiantes, expresen su opinión al contestar las preguntas siguientes:

1. ¿Cuántas horas libres tienen Uds. al día? ¿Y a la semana? ¿Qué hacen Uds. durante sus horas de ocio? ¿Es lo mismo **estar ocioso** que **ser perezoso**?

2. En grupos de cuatro estudiantes, discutan a qué tipo de bares o restaurantes van cuando salen con…

     a. sus padres.   d. sus abuelos.

     b. sus hermanos.   e. su compañero(a) de cuarto.

     c. su mejor amigo(a).   f. alguien por primera vez.

3. Ir a un bar en España se considera, según lo que han oído, una "costumbre civilizada". ¿Qué opinan Uds. de esa afirmación? ¿Creen que es así en los Estados Unidos? ¿Por qué?

4. ¿Preferirían Uds. poder beber a los dieciocho años y no conducir hasta los dieciocho, como en España y otros países? ¿Indica esto que las sociedades hispanas tienen una actitud diferente hacia el alcohol y hacia los coches? Expliquen su respuesta.

5. Según el artículo, ¿en España va la gente a los bares con el propósito de emborracharse? Busquen en internet el significado de **botellón**, un fenómeno reciente que el autor no menciona, y comenten su conexión con el tema de esta audición.

B. Hagan una encuesta para averiguar a qué actividades dedica su tiempo libre la juventud norteamericana. Primero, añadan otras actividades a la lista que aparece a continuación. Segundo, distribuyan las actividades (a, b, c, etcétera) entre los estudiantes. Tercero, pregúntenles a todos sus compañeros si realizan esa actividad específica. Cuarto, escriban en la pizarra el número de respuestas que han obtenido en las tres categorías. Al final, entre todos comenten los resultados de la encuesta.

	por lo general	a veces	nunca o casi nunca
a. conectarse a internet	○	○	○
b. asistir a conciertos	○	○	○
c. ir de compras	○	○	○
d. hacer crucigramas	○	○	○
e. leer	○	○	○
f. salir con un(a) amigo(a) o ir a su casa	○	○	○
g. bailar	○	○	○
h. trabajar de voluntario	○	○	○
i. ir al gimnasio	○	○	○
j. asistir a partidos (de fútbol, béisbol…)	○	○	○
k. ir al cine	○	○	○
l. pasear por la ciudad	○	○	○
m. disfrutar de la naturaleza	○	○	○
n. jugar a juegos electrónicos	○	○	○
o. no hacer nada	○	○	○

Bar El Chino (ARGENTINA, 2003)

Película   **Director:** Daniel Burak   **Duración:** 100 minutos   **Clasificación:** ninguna

Jorge y Martina trabajan en los medios de comunicación. Martina conoce a Jorge cuando decide entrevistarlo para un programa de televisión. Más tarde colaborarán en el rodaje de un documental sobre un bar de Buenos Aires, en el vecindario de Pompeya, donde se reúne la gente del barrio a cantar y tocar tangos. Ahí se conservan valores tan queridos de los porteños (así se les dice a los residentes de Buenos Aires) como el fervor tanguero, el culto a la amistad y la fidelidad a las tradiciones, que ayudan a resistir y defenderse de los golpes de la vida. La película nos cuenta cómo se filmó el documental, cómo evolucionó la relación entre Jorge y Martina, y cómo afectó a los personajes la crisis económica de finales del siglo XX y principios del XXI.

Antes de ver la película

Haz lo indicado a continuación.

1. Busca en internet:
   a. información sobre la historia del tango.
   b. dos reseñas de la película para comentarlas en clase.
2. Si has visto programas como *Dancing with the Stars*, tenlos en cuenta al mirar la película para comparar y contrastarlos con lo que ves.

Durante la película

1. Nota características del habla porteña. Por ejemplo, ¿qué quieren decir **polvo**, **gallego**, **pulpería**, **boliche** y **guita**? Escribe cinco palabras o expresiones nuevas que escuches en la película.
2. Presta especial atención a los aspectos culturales evidentes, tales como el modo de saludarse de los hombres y el modo de conducirse profesionalmente. Anota algunos otros.
3. Fíjate en los temas y las letras de las canciones. ¿Tienen alguna relación con el argumento de la película o sólo sirven para mostrar el folclore local?
4. En Argentina consideran esta película apta para todos los públicos. ¿Estarías tú de acuerdo con esa clasificación o le darías otra?

Después de ver la película 👤👤👤

En grupos respondan a lo siguiente.

1. Mencionen algunas de las tensiones que surgen entre los personajes y digan qué resolución tuvieron.
2. Escojan una escena que consideren crucial y coméntenla.
3. ¿Creen que Martina hizo bien al final? Expliquen su respuesta.
4. Discutan con sus compañeros las distintas reseñas que han traído a clase y si están de acuerdo con lo que dicen o no.
5. Se ha dicho que la diferencia entre un espacio y un lugar es el significado que podemos darle a este último. ¿De qué modo adquiere significado un sitio hasta convertirse para nosotros en lugar? Den ejemplos basados en sus propias experiencias.
6. Inventen un final diferente para la película y compártanlo con la clase.
7. Si tuvieran que filmar un documental sobre un lugar, ¿sobre cuál lo harían? ¿Por qué?

CAPÍTULO 2

CELEBRACIONES

Heinle Grammar Tutorial:
- Reflexive verbs and pronouns
- Adverbs

El mexicano y las fiestas

OCTAVIO PAZ

Octavio Paz (1914–1998), ganador del Premio Nobel de Literatura en 1990, ha sido un ensayista influyente y uno de los poetas más prestigiosos de la literatura hispana. Fue embajador de México en los Estados Unidos, Japón y la India, y profesor en las universidades de Harvard, Cambridge y Pittsburgh.

El texto seleccionado procede de su libro *El laberinto de la soledad* (1950), obra seminal que ha sido ampliamente comentada y traducida. En los ensayos de esta colección, Paz analiza los rasgos distintivos de la cultura mexicana. A continuación se reproduce un fragmento del capítulo titulado "Todos santos, día de muertos", que contiene observaciones sobre las fiestas y el pueblo mexicano.

Palabra por palabra

burlarse de	*to make fun of*	**la fiesta**	*holiday, celebration, party*
el desperdicio	*waste*	**gastar**	*to spend (money)**
disfrazarse de	*to disguise oneself, dress up as*	**gritar**	*to shout, yell, scream*
		el lujo	*luxury*
emborracharse	*to get drunk*	**la revuelta**	*revolt, rebellion*

¡Ojo! **To spend time se dice **pasar (el) tiempo**.*

Mejor dicho

conocer (en el pretérito)	*to meet for the first time*	Lo **conocí** en Toledo durante la fiesta del Corpus Christi.
encontrarse (ue) con	*to come across, run into*	¡Qué milagro! Acabo de **encontrarme con** Joaquín en la calle Mayor.
reunirse	*to have a meeting, get together*	La junta **se reunirá** a las 12:00.

pasarlo bien	*to have a good time**	Siempre **lo pasamos bien** en Cuernavaca.
divertirse (ie, i)	*to have a good time,* amuse oneself*	Los Hernández **se divirtieron** como locos en la Fiesta del Grito.
disfrutar (de), gozar (de)	*to enjoy*	Hay que ver lo que **disfrutan de** la comida picante. Elena **gozó** mucho durante su visita a las pirámides mayas.

¡Ojo! ***Tener buen tiempo** significa *to have good weather.*

2-1 Práctica

Hagan las actividades siguientes, prestando atención a las palabras del vocabulario.

 1. En parejas, contesten estas preguntas:

   a. ¿Cuáles son algunas fiestas que se celebran en su país o ciudad? ¿En qué fechas se celebran? ¿Qué tipo de fiestas son: religiosas, patrióticas, etcétera?

   b. Mencionen algunas actividades típicas de estas ocasiones: Navidad, Año Nuevo, Pascua *(Easter)*, San Valentín, el Día de la Madre.

   c. ¿Cuándo se divierten más: el 4 de julio o el 31 de octubre? Expliquen. ¿Qué hicieron para celebrar esos días el año pasado?

   d. ¿Han visto los programas de televisión como *Saturday Night Live* o *The Daily Show*? ¿De qué o de quiénes se burlan estos programas?

   e. Cuéntense detalladamente dónde y cuándo conocieron a su mejor amigo(a).

   f. ¿Se han encontrado alguna vez con alguien famoso? Comenten el encuentro.

   g. En general, ¿se reúnen con alguien después de clase? ¿Dónde y cuándo se reúnen con los amigos?

 2. En su armario han encontrado los objetos siguientes. En grupos de tres estudiantes, mencionen las posibilidades que presentan para **disfrazarse de** alguien o **de** algo.

   Ejemplo: una sábana *(sheet)* blanca
   Con ella puedes **disfrazarte de** fantasma o **de** romano(a).

   a. una guitarra eléctrica   d. una capa roja

   b. un vestido negro largo   e. una traje verde

   c. dos dientes largos   f. unas gafas y un bigote

3. En parejas, formen oraciones con los términos indicados. Utilicen para el término de la izquierda **pasarlo bien** o **divertirse**, y para el de la derecha **disfrutar de** o **gozar de**.

   Ejemplo: la playa / el sol
   Lo paso muy bien en la playa porque disfruto del sol.

   a. las vacaciones / las horas de ocio   e. mis amigos / su compañía

   b. las discotecas / la música   f. el invierno / la nieve

   c. las montañas / el aire puro   g. los museos / el arte

   d. los viajes / las aventuras

Antes de leer

2-2 **¡Alto!**

Haz lo indicado a continuación.

1. Las palabras que tienen una raíz *(stem)* común forman familias de palabras. Intenta adivinar *(guess)* el significado de las palabras siguientes:

   festejar, los festejos, las festividades

   las burlas, burlón/burlona

   lujoso(a)

   la borrachera, borracho(a)

2. Lee el primer párrafo de la lectura, prestando atención al tipo de lenguaje que utiliza el autor. ¿Dirías que es coloquial, poético, periodístico...? ¿Te resultó difícil leerlo? ¿Por qué sí o por qué no?

El mexicano y las fiestas

OCTAVIO PAZ

El solitario mexicano ama las fiestas y las reuniones públicas. Todo es ocasión para reunirse. Cualquier pretexto es bueno para interrumpir la marcha del tiempo y celebrar con festejos y ceremonias hombres y acontecimientos.[1] Somos un pueblo ritual. [...] El arte de la Fiesta, envilecido[2] en casi todas partes, se conserva intacto entre nosotros. En pocos lugares del mundo se puede vivir un espectáculo parecido al de las grandes fiestas religiosas de México, con sus colores violentos, agrios[3] y puros, sus danzas, ceremonias, fuegos de artificio,[4] trajes insólitos[5] y la inagotable[6] cascada de sorpresas de los frutos, dulces y objetos que se venden esos días en plazas y mercados.

Nuestro calendario está poblado[7] de fiestas. Ciertos días, lo mismo en los lugarejos[8] más apartados que en las grandes ciudades, el país entero reza, grita, come, se emborracha y mata en honor de la Virgen de Guadalupe o del General Zaragoza.[9] Cada año, el 15 de septiembre[10] a las once de la noche, en todas las plazas de México celebramos la Fiesta del Grito; y una multitud enardecida[11] efectivamente grita por espacio de una hora [...] Durante los días que preceden y suceden al 12 de diciembre,[12] el tiempo [...] nos ofrece un presente redondo y perfecto, de danza y juerga,[13] de comunión y comilona[14] [...]

Pero no bastan[15] las fiestas que ofrecen a todo el país la Iglesia y la República. La vida de cada ciudad y de cada pueblo está regida[16] por un santo, al que se festeja con devoción y regularidad. Los barrios y los gremios[17] tienen también sus fiestas anuales, sus ceremonias y sus ferias. Y, en fin, cada uno de nosotros —ateos,[18] católicos o indiferentes— poseemos nuestro santo, al que cada año honramos. Son incalculables las fiestas que celebramos y los recursos y tiempo que gastamos en festejar. [...]

[...] Nuestra pobreza puede medirse por el número y suntuosidad[19] de las fiestas populares. Los países ricos tienen pocas: no hay tiempo, ni humor.[20] Y no son necesarias; las gentes tienen otras cosas que hacer y cuando se divierten lo hacen en grupos pequeños. [...] Pero un pobre mexicano, ¿cómo podría

---

[1]**acontecimientos** *special events* [2]**envilecido** *degraded* [3]**agrios** lit., *sour,* fig., *harsh* [4]**fuegos de artificio** *fireworks* [5]**insólitos** = inusuales [6]**inagotable** *inexhaustible* [7]**poblado** = lleno [8]**lugarejos** = pueblos pequeños [9]**Zaragoza** = General mexicano que derrotó a los franceses en la Batalla de Puebla el 5 de mayo de 1862 [10]**15 de septiembre** = Día de la Independencia de México [11]**enardecida** = entusiasmada [12]**12 de diciembre** = el día de la Virgen de Guadalupe, patrona de México [13]**juerga** *merriment, partying* [14]**comilona** = mucha comida [15]**no bastan** = no son suficientes [16]**regida** *ruled* [17]**gremios** = asociaciones de trabajadores [18]**ateos** *atheists* [19]**suntuosidad** = lujo [20]**humor** = aquí, deseos

"Todos Santos, día de muertos," by Octavio Paz, from *El laberinto de la soledad.* Fondo de Cultura Económica, 1984, pp. 42-48. Reprinted by permission.

vivir sin esas dos o tres fiestas anuales que lo compensan de su estrechez[21] y de su miseria? Las fiestas son nuestro único lujo; ellas sustituyen, acaso[22] con ventaja, al teatro y a las vacaciones, al *week end* y al *cocktail party* de los sajones,[23] a las recepciones de la burguesía y al café de los mediterráneos.

En esas ceremonias —nacionales, locales, gremiales o familiares— el mexicano se abre al exterior. Todas ellas le dan ocasión de revelarse y dialogar con la divinidad, la patria, los amigos o los parientes. Durante esos días el silencioso mexicano silba, grita, canta, arroja petardos,[24] descarga su pistola al aire. Descarga su alma.[25] [...] La noche se puebla de canciones y aullidos.[26] Los enamorados despiertan con orquestas a las muchachas. Hay diálogos y burlas de balcón a balcón, de acera a acera. Nadie habla en voz baja. Se arrojan los sombreros al aire. [...] Brotan[27] las guitarras. En ocasiones, es cierto, la alegría acaba mal: hay riñas, injurias, balazos, cuchilladas.[28] También eso forma parte de la fiesta. [...] Lo importante es salir, abrirse paso,[29] embriagarse[30] de ruido, de gente, de color. México está de fiesta. [...]

tipograffias/Shutterstock.com

Desfile celebrado con motivo del Bicentenario de la Independencia de México, 2010. Las mujeres llevan el traje típico de Tehuana, del estado de Oaxaca.

En ciertas fiestas desaparece la noción misma de Orden. El caos regresa y reina la licencia.[31] Todo se permite: desaparecen las jerarquías habituales, las distinciones sociales, los sexos, las clases, los gremios. Los hombres se disfrazan de mujeres, los señores de esclavos, los pobres de ricos. Se ridiculiza al ejército, al clero, a la magistratura.[32] Gobiernan los niños o los locos. [...]

Así pues, la Fiesta no es solamente un exceso, un desperdicio ritual de los bienes[33] penosamente acumulados durante todo el año; también es una revuelta [...]

La sociedad comulga[34] consigo misma en la Fiesta. Todos sus miembros vuelven a la confusión y libertad originales. La estructura social se deshace y se crean nuevas formas de relación, reglas[35] inesperadas, jerarquías caprichosas. [...] Las fronteras[36] entre espectadores y actores, entre oficiantes y asistentes, se borran.[37] Todos forman parte de la Fiesta, todos se disuelven en su torbellino.[38] Cualquiera que sea su índole,[39] su carácter, su significado, la Fiesta es participación. Este rasgo[40] la distingue finalmente de otros fenómenos y ceremonias: laica[41] o religiosa, [...] la Fiesta es un hecho social basado en la activa participación de los asistentes. [...]

© Cengage Learning

Diciembre

semana	lunes	martes	miércoles	jueves	viernes	sábado	domingo
49	● Nueva 5	◑ Creciente 13	**1** San Eloy	**2** Santa Bibiana	**3** San Fco. Javier D. Navarra	**4** Santa Bárbara	**5** San Sabas (II Adviento)
50	**6** San Nicolás de Barí D. Constitución	**7** San Ambrosio	**8** Inmaculada Concepción	**9** Santa Leocadia	✱ Ntra. Sra. Loreto	**11** San Dámaso	**12** Ntra. Sra. Guadalupe (III Adviento)
51	**13** Santa Lucía	**14** San Juan de la Cruz	**15** San Cándido	**16** Santa Adelaida	**17** San Lázaro	**18** Ntra. Sra. Esperanza	**19** San Urbano V (IV Adviento)
52 ❄ Invierno	**20** Santo Domingo S.	**21** San Anastasio	**22** San Honorato	**23** San Juan de Kety	**24** San Delfín	**25** Natividad del Señor	**26** San Esteban
53	**27** San Juan Apóstol	**28** Santos Inocentes	**29** San David	**30** San Sabino	**31** San Silvestre	○ Llena 21	◐ Menguante 28

¿Se celebra en diciembre el día de tu santo?

---

[21]**estrechez** = pobreza [22]**acaso** = quizás [23]**sajones** = británicos/norteamericanos [24]**petardos** *firecrackers* [25]**Descarga su alma.** *He relieves his soul.* [26]**aullidos** *howls* [27]**brotan** *are brought out* [28]**riñas... cuchilladas** *quarrels, insults, shots, stabbings* [29]**abrirse paso** *to make one's way* [30]**embriagarse** = emborracharse [31]**licencia** *disorder* [32]**clero, magistratura** *clergy, judges* [33]**los bienes** = el dinero [34]**comulga** *becomes one* [35]**reglas** *rules* [36]**fronteras** *boundaries* [37]**se borran** *are blurred* [38]**torbellino** = confusión [39]**índole** = tipo [40]**rasgo** = característica [41]**laica** = no religiosa

Después de leer

2-3 ¿Entendido?

Explica, identifica o define con tus propias palabras las oraciones/los términos siguientes, sacados de la lectura.

1. Colores, danzas, ceremonias, fuegos de artificio, trajes, frutos, dulces

2. La Virgen de Guadalupe

3. La Fiesta del Grito

4. El Día de la Independencia de México

5. El día del santo

6. "Los enamorados despiertan con orquestas a las muchachas".

7. "... la alegría acaba mal".

8. La fiesta es también una revuelta.

9. Desaparecen las distinciones sociales y sexuales.

10. "... la Fiesta es participación".

El Ballet Folklórico de México en Beijing, China, 2010

2-4 En mi opinión

En grupos de tres estudiantes, utilicen las preguntas siguientes como punto de partida para entablar una conversación.

1. El 15 de septiembre es el Día de la Independencia de México; el 5 de mayo se conmemora la Batalla de Puebla; y el 12 de diciembre es el día de la Virgen de Guadalupe. ¿Por qué les dan tanta importancia los mexicanos a estos acontecimientos o a estas personas? ¿Es igual en otros países? ¿Qué acontecimientos o personas se honran con un día festivo en su país?

2. "A través de la Fiesta la sociedad se libera de las normas que se ha impuesto. Se burla de sus dioses, de sus principios y de sus leyes: se niega a sí misma". ¿Pueden relacionar esta oración de Octavio Paz con alguna fiesta en particular de su país o de cualquier otro? ¿Qué hace la gente ese día que no haría en otro momento o en otro lugar?

3. ¿Creen que son importantes las fiestas públicas? ¿Por qué sí o por qué no? ¿Qué función tienen las fiestas en la sociedad? Comparen la función de una fiesta pública con la de una privada.

4. Comenten los aspectos económicos de las fiestas. ¿En qué se gasta el dinero la gente esos días? ¿Quién corre con los gastos de las celebraciones? ¿Quién se beneficia económicamente?

5. A veces Octavio Paz recurre a los estereotipos en este ensayo. ¿Pueden señalar algún ejemplo?

testing/Shutterstock.com

Estrategias comunicativas para comparar y contrastar hechos o cosas

En comparación con...	*Compared to/with . . .*
En contraste con...	*In contrast to . . .*
Comparados(as) con...	*Compared to/with . . .*
Mientras que...	*While . . .*
(No) Son muy parecidos(as) o similares.	*They are (not) very similar.*
No tienen ni punto de comparación.	*There's absolutely no comparison.*
A diferencia de...	*Unlike . . .*

2-5 En (inter)acción

Realicen las siguientes actividades según se indica.

1. **Casi, casi.** Con toda la clase, contrasten y comparen las fiestas de México con las de los Estados Unidos. Utilicen algunas de las expresiones de **Estrategias comunicativas**.

2. **Estar de fiesta.** En grupos de tres o cuatro estudiantes, expliquen detalladamente alguna fiesta hispana o norteamericana que conozcan bien: los carnavales de La Habana, el Día de Todos los Santos, los Sanfermines, las Fallas, *Halloween*, *Fourth of July*, *homecoming*, etcétera. Mencionen la información siguiente: ¿Qué día se celebra? ¿Cuál es el origen de esa celebración? ¿Qué actividades se realizan ese día? ¿Para quién(es) es importante esa fiesta?

3. **Organizadores de festejos.** Imagínense que forman parte del comité encargado de organizar los festejos de un pueblo hispano durante las fiestas patrias. En grupos de tres estudiantes, programen cinco actividades distintas que tendrán lugar a lo largo de uno de esos días. Recuerden incluir actividades (juegos, concursos, etcétera) para gente de todas las edades. Observen el modelo a continuación.

Gordan Gledec/Shutterstock.com/© Cengage Learning

SAN LORENZO
Programa de festejos

Sábado 10 de agosto

10h00 Santa Misa en honor de San Lorenzo mártir

11h00 Partido de fútbol (casados frente a solteros)

12h00 Concurso infantil de dibujos

13h00 Cuentacuentos

14h00 Tirada al plato (lugar: la dehesa)

18h00 Talleres culturales

19h00 Proyección de una película infantil

22h30 Salida de gigantes y cabezudos

23h00 Fuegos artificiales

23h30 Gran verbena popular amenizada por la orquesta *Jaleo*

2-6 Tu (video)blog

¿Se ha celebrado alguna fiesta en la ciudad donde estás estudiando español este semestre? Explica en qué consistió la fiesta, el motivo de la celebración y algunas actividades locales.

Repaso gramatical	• Los verbos reflexivos: **Cuaderno**, pág. 86
	• **Pero, sino (que), no sólo... sino también: Cuaderno**, pág. 89
Práctica escrita	• **Cuaderno**, págs. 87, 90
Práctica oral	• **Cuaderno**, págs. 88, 91

Las parrandas puertorriqueñas 🔊

En torno a la Navidad hay multitud de ritos: el árbol, el belén o nacimiento *(Nativity scene)*, las posadas mexicanas, el roscón de Reyes, etcétera. Pero no siempre coinciden los de un país con los de otro. Como podrás comprobar en el diálogo siguiente, Anamari tiene que explicarle varias tradiciones puertorriqueñas a Alicia porque esta no las conoce.

Antes de escuchar el diálogo, haz los ejercicios preparatorios siguientes, los cuales te ayudarán a entender mejor lo que vas a oír.

2-7 Ya lo sabes

Contesta las preguntas siguientes.

1. ¿Sabes cómo se celebra la Navidad en otros países? Menciona alguna tradición navideña local o extranjera que conozcas.

2. ¿Se hace algo especial en tu ciudad los días de fiesta o los domingos?

3. ¿Qué dirían tus padres si tus amigos los despertaran cantando a las cinco de la mañana?

Diálogo

Escucha atentamente el siguiente diálogo. Presta atención al contenido y a la pronunciación. Escúchalo tantas veces como lo necesites. Después, haz los ejercicios que aparecen a continuación.

Palabras útiles

villancicos = canciones de Navidad **asopao** = una comida tradicional puertorriqueña

Este belén es muy especial porque las figuras son de plata.

2-8 ¿Te enteraste?

Responde a lo siguiente según lo que acabas de oír.

1. ¿Dónde y cuándo tienen lugar las parrandas puertorriqueñas?

2. ¿En qué consisten las parrandas?

3. Menciona tres cosas que hacen los puertorriqueños con los regalos de Navidad que no se hacen en los Estados Unidos.

4. ¿Sabes qué temperatura hace normalmente en Puerto Rico en diciembre? ¿Y en otros países latinoamericanos? ¿Cómo afecta el tiempo (atmosférico) las prácticas tradicionales que se asocian con un día festivo? Dé ejemplos.

5. Imagina que Anamari está casada con un norteamericano y vive con él y con sus hijos en los Estados Unidos. ¿Cuándo crees que recibirán los regalos sus hijos: el 25 de diciembre, el 6 de enero o ambos días? ¿Por qué?

6. ¿Cómo reaccionarías a una parranda puertorriqueña? ¿Te molestaría o no? ¿Te gustaría participar en esta tradición? ¿Por qué? ¿Conoces algo equivalente en los Estados Unidos?

2-9 Un paso más

Decidan cuál es la fiesta más popular entre los estudiantes. A continuación tienen una lista de fiestas a la que pueden añadir otras. Cada estudiante debe preguntar a sus compañeros si esta fiesta específica es su favorita y luego escribir en la pizarra el número de respuestas afirmativas, negativas, etcétera. Al final, comenten los resultados con toda la clase.

Fiesta	Sí	No	No sabe/No contesta
San Valentín	○	○	○
Año Nuevo	○	○	○
el Día de la Independencia	○	○	○
el Día de Acción de Gracias	○	○	○
el Día del Padre	○	○	○
el Día de la Madre	○	○	○
el Día del Trabajo (Labor Day)	○	○	○
Pascua	○	○	○
Hannukah	○	○	○
Navidad	○	○	○
el primero de abril	○	○	○
el Día de la Raza/Hispanidad (12 de octubre)	○	○	○
el Día de los Santos Inocentes (28 de diciembre)	○	○	○

Una fiesta de impacto y de infarto

JOAQUÍN VIDAL

Joaquín Vidal (1936–2002), periodista y comentarista taurino, nos presenta en el texto siguiente dos reacciones opuestas a la controvertida fiesta nacional de España: la corrida de toros. Mientras que para los turistas contemplar el enfrentamiento entre el torero y el toro suele ser una experiencia traumática, para los aficionados —que saben interpretar sus sutilezas y apreciar el simbolismo— la corrida de toros es un espectáculo artístico y bello.

Palabra por palabra

la actuación	performance	la plaza de toros	bullring
el (la) aficionado(a)	fan	la sangre	blood
la barbaridad	atrocity, cruelty	la sensibilidad	sensitivity
la corrida de toros	bullfight	la suerte	luck, bullfighter's maneuver
defraudado(a)	disappointed		
la muerte	death		

Mejor dicho

asistir a	to attend	Como Susana trabaja de periodista deportiva, tiene que **asistir a** muchos partidos de fútbol.
atender (a)	to pay attention to	**Atiende** bien, que te voy a explicar el significado de los pases del torero.

sensible	*sensitive*	Mi amigo Raúl ha sido siempre muy **sensible** y se angustia mucho ante la sangre.
sensato(a)	*sensible, reasonable*	Elena, ¿te parece **sensato** gastar tanto dinero en obras de arte?

2-10 **Práctica**

Hagan las siguientes actividades, prestando atención a las palabras del vocabulario.

 1. En parejas, hagan asociaciones de palabras con las que aparecen en **Palabra por palabra** y **Mejor dicho**.

    Ejemplo: sangre — herida — color rojo — hospital — hemofilia

    a. barbaridad

    b. aficionado(a)

    c. sensato(a)

    d. corrida de toros

 2. En grupos de tres o cuatro estudiantes, decidan cuáles de estas acciones son características de una persona sensata y cuáles de una sensible. Luego, digan cuál de estas dos cualidades poseen Uds. ¿Son Uds. más sensibles que sensatos o al revés?

    a. No conduce si ha bebido demasiado.

    b. Siempre le manda una tarjeta de cumpleaños a su abuela.

    c. Avisa cuando va a llegar tarde.

    d. No apuesta *(bet)* dinero.

    e. Ahorra 200 dólares todos los meses.

    f. No pone música muy alta si hay alguien durmiendo.

    g. Llora si ve a alguien llorar.

    h. No habla con sus plantas.

    i. Tiene una dieta alimenticia variada.

    j. Nunca ha tenido un abrigo de pieles.

    k. Se niega a ver películas violentas o sangrientas.

 3. En grupos de tres o cuatro estudiantes, mencionen por lo menos tres ejemplos de cuándo es importante **asistir** y cuándo es crucial **atender**. Cuenten alguna anécdota de lo que pasó cuando Ud. (u otra persona) no **atendió** o no **asistió** cuando debía.

Antes de leer

2-11 ¡Alto!

Haz lo indicado a continuación.

1. Busca en la lectura siguiente seis términos relacionados con las corridas de toros y escríbelos abajo.

_____   _____   _____

_____   _____   _____

2. ¿Has visto alguna vez una corrida de toros o algún otro espectáculo que incluya animales? Descríbelo.

3. ¿Qué piensas de la violencia en los deportes tales como el fútbol americano, el boxeo o el hockey?

Motmot/Shutterstock.com

¡Qué valor!

Una fiesta de impacto y de infarto[1]

JOAQUÍN VIDAL

Alguien definió las corridas de toros como una bella barbaridad. Otros dicen que la barbaridad nunca puede ser bella. Naturalmente, depende del catador.[2] Hay quien considera la más hermosa imagen del mundo una puesta de sol[3] en el horizonte del mar apacible,[4] y quien se extasía con[5] la tormenta en un mar embravecido.[6] A veces todo es bonito o todo es feo, según se tenga el tono del cuerpo.[7] La contemplación de una corrida de toros también requiere tono y no sólo para quien se acerca[8] a este espectáculo por primera vez. El aficionado veterano, ducho en tauromaquias,[9] pone siempre a tono[10] su cuerpo cuando suena el clarín,[11] porque el espectáculo de la lidia[12] es de impacto y de infarto. Allí hay suerte y hay muerte. Hay técnica y estética, hay drama y puede haber tragedia.

Asistir a una corrida de toros, permanecer atento a los múltiples incidentes que genera, es muy fatigante. El aficionado veterano, ducho en tauromaquias, suele decir que cuando acaba la

---

[1]**de infarto** *heart-stopping* [2]**catador** = el que juzga o decide [3]**puesta de sol** *sunset* [4]**apacible** = en calma [5]**se extasía con** = le encanta [6]**embravecido** = agitado [7]**se... cuerpo** = se sienta uno(a) [8]**se acerca** = asiste [9]**ducho en tauromaquias** = experto en el arte de torear [10]**pone... tono** *always readies* [11]**clarín** *bugle* [12]**lidia** = práctica de torear

"Una fiesta de impacto y de infarto" by Joaquín Vidal, from *Ronda* (Magazine of Iberia Airlines), 89, pp. 42-44. Used with permission.

corrida es como si le hubieran dado una paliza.[13] No se trata de que el espectáculo le obligue a realizar ningún ejercicio físico: el ejercicio físico corre a cargo[14] de los toreros y "con perdón" de los toros. Es porque la comprensión cabal[15] de una corrida requiere el ejercicio de múltiples capacidades[16] humanas. Hay que seguir atentamente los movimientos y reacciones del toro para entenderlo; hay que anticipar el toreo adecuado que se le debe hacer; hay que juzgar la actuación de los diestros;[17] paso por paso, desde las suertes de capa[18] a las de pica, banderillas y muleta.[19] Y luego, poner sentimiento para sacarle el jugo[20] a todo lo visto.

Aquel que acuda a la plaza sólo atento al ritual, el colorido, la estética de los movimientos, lo más probable es que se sienta defraudado a poco de ocupar su localidad.[21] Les ocurre a los turistas, que se acomodan en el tendido[22] con esta disposición,[23] y un ratito después unos cuantos huyen de allí despavoridos,[24] porque el peligro cierto de la embestida[25] les hizo pasar malos ratos, el puyazo[26] les pareció un lance desagradable, y quizá, finalmente, el toro vomitó sangre como consecuencia de una estocada defectuosa.[27]

La afición veterana, ducha en tauromaquias, no es que tenga encallecida[28] el alma de tanto contemplar infortunios;[29] es que ha llegado a entender la razón de la lidia, sabe analizarla y la sensibilidad ante el espectáculo taurino le fluye.[30] Pero ¿cómo comunicar todo esto a un turista sorprendido, acaso horrorizado, a punto de ser víctima de un ataque de nervios, en el angosto espacio de un tendido, entre la vertiginosa[31] sucesión de suertes, que además son efímeras y sin intérprete? La afición veterana, ducha en tauromaquias, también es muy experta en estos trances[32] y cuando un crispado[33] turista le pregunta angustiado por la razón de la sinrazón[34] de un puyazo en el morrillo,[35] responde: "Mí no entender". Y así se evita añadir otro problema a los mil problemas que de por sí[36] tienen la lidia y la vida misma.

Rene Leman/Big Stock Photo

Plaza de toros de Guatavita, Colombia

---

[13]**paliza** *beating* [14]**corre a cargo** *is the business, responsibility* [15]**cabal** = completa [16]**capacidades** = habilidades [17]**diestros** = toreros [18]**capa** *bullfighter's cape* [19]**pica, banderillas, muleta** *bullfighter's goad, small darts to bait the bull, red cloth* [20]**sacarle el jugo** = disfrutar al máximo [21]**ocupar su localidad** = sentarse [22]**tendido** = asientos [23]**disposición** = actitud [24]**despavoridos** = horrorizados [25]**embestida** = ataque [26]**puyazo** *jab (with the lance)* [27]**estocada defectuosa** *defective death blow* [28]**encallecida** = dura, insensible [29]**infortunios** = tragedias [30]**fluye** *flows out or over* [31]**vertiginosa** = rápida [32]**trances** = situaciones [33]**crispado** *tense, on edge* [34]**la razón... sinrazón** *the reason for the senseless act* [35]**morrillo** = cuello [36]**de por sí** *by themselves, separately*

Después de leer

2-12 ¿Entendido?

Resume el artículo, usando las palabras siguientes.

corrida de toros	belleza	espectáculo	espada	aficionado
barbaridad	fiesta	capa	torero	turista

Igualdad de oportunidades

© Cristina de la Torre

2-13 En mi opinión

En grupos de tres estudiantes, utilicen las preguntas siguientes como punto de partida para entablar una conversación.

1. Señalen las diferencias entre la lucha libre y el boxeo, y entre las corridas de toros y los rodeos o las cacerías *(hunting)*.

2. ¿Es normal para Uds. comer animales? ¿Cuáles? De los que suelen comerse en otras culturas, ¿cuáles no comerían? ¿Saben por qué en la India no comen carne de vaca? Comenten los aspectos culturales que condicionan nuestra relación con los animales.

3. ¿Está el autor a favor o en contra de las corridas de toros? Defiendan su respuesta con ejemplos del texto.

Estrategias comunicativas para expresar acuerdo y desacuerdo

Acuerdo	Desacuerdo
Tienes toda la razón. *You are absolutely correct.*	**Estás equivocado(a).** *You are mistaken.*
Estamos de acuerdo. *We agree.*	**No estoy de acuerdo.** *I do not agree.*
Yo también lo veo así. *I also see it that way.*	**Perdona, pero no lo creo.** *Sorry, but I don't believe it.*

2-14 En (inter)acción

Realicen las siguientes actividades según se indica.

1. **A favor o en contra.** En grupos de tres o cuatro estudiantes, hagan dos listas. En la primera escriban las razones por las que los animales deben tener derechos similares a los de las personas, y en la otra expliquen por qué no debe ser así. Después, comparen sus listas con las de otro grupo. Al discutir esta cuestión, utilicen algunas de las expresiones de **Estrategias comunicativas**.

2. **División de opiniones.** En julio de 2010 se aprobó una ley que prohibirá las corridas de toros en Cataluña a partir de 2012, y la prensa recogió multitud de opiniones respecto a esta prohibición. Busquen en internet artículos referidos a este controvertido tema y vengan preparados para compartir con sus compañeros lo que hayan averiguado.

> EL PARLAMENTO CATALÁN PROHÍBE POR 68 VOTOS CONTRA 55 LAS CORRIDAS A PARTIR DE 2012
> ## Cataluña da la puntilla a los toros

> # Rabia en el mundo del toro
> La decisión de los diputados catalanes causa tristeza, indignación y asombro generalizado entre políticos, gente de la cultura y del entorno taurino

> ## *Vuelve el Santo Oficio*

> ## Clamor en Salamanca contra la 'estocada' a los toros en Cataluña

> MEDIDAS ■ INICIATIVAS Y RECURSOS
> ## El PP defenderá que los toros sean declarados Bien de Interés Cultural

> ## El toro catalán, al desolladero

© Cengage Learning

3. **¿Cuestión de terminología?** Tanto en la radio como en la televisión española es frecuente el empleo de la expresión "fiesta nacional" para referirse a las corridas de toros. En grupos de tres o cuatro estudiantes, consideren las siguientes preguntas: ¿Por qué las denominarán "fiesta"? ¿Podríamos categorizarlas como deporte o, más exactamente, deporte de riesgo? Ponderen las implicaciones que tiene el uso de la palabra "fiesta" referida al espectáculo taurino y también las consecuencias que tendría (para los españoles, los aficionados, los turistas...) denominarla de otra manera.

4. **Discrepancias.** Las fiestas tradicionales no son siempre del agrado de todos los ciudadanos, como demuestra el folleto siguiente realizado por la Asociación para la Defensa de los Derechos de los Animales (Madrid). Lean con cuidado lo que dice y luego coméntenlo con toda la clase. Por ejemplo, ¿hay algún tipo de publicidad similar en los Estados Unidos? ¿Creen que es efectivo este tipo de protesta publicitaria?

NO A LA TORTURA
NO A LA SANGRE Y MUERTE COMO ESPECTACULO.
NO ASISTAS A LAS CORRIDAS DE TOROS.

UN LUCRATIVO NEGOCIO QUE YA RECHAZA LA MAYORIA PERO QUE SE SIGUE SUBVENCIONANDO CON EL DINERO DE LOS CONTRIBUYENTES.

QUE NO TE MANIPULEN, TEN EL VALOR DE OPONERTE.

UNETE A A.N.D.A.
ASOCIACION NACIONAL PARA LA DEFENSA DE LOS ANIMALES
GRAN VIA, 31 Tel.(91) 522 69 75 - FAX (91) 523 41 86 - 28013 MADRID

Dep. LEGAL: 86- 818-1991

2-15 Tu (video)blog

A lo mejor te han aconsejado que asistas a algún espectáculo típico de la ciudad hispana donde te hallas ahora. Imagínate que has ido a un partido de fútbol, béisbol, lucha libre, etcétera. Cuéntanos tu experiencia y tu reacción al espectáculo.

Repaso gramatical	• Palabras afirmativas y negativas: **Cuaderno**, pág. 92
	• La formación del adverbio en **–mente**: **Cuaderno**, pág. 95
Práctica escrita	• **Cuaderno**, págs. 94, 95
Práctica oral	• **Cuaderno**, págs. 95, 96

Como agua para chocolate (MÉXICO, 1992)

Película   **Director:** Alfonso Arau   **Duración:** 114 minutos   **Clasificación:** R

La parte principal de la película transcurre en México a principios del siglo XX, durante la Revolución Mexicana. En la familia De la Garza existía la tradición de que la hija menor no se casara y así pudiera dedicarse a cuidar a su madre durante la vejez de esta. A Tita, por ser la menor, le corresponde cumplir con la tradición, pero se enamora de Pedro e intenta rebelarse contra su madre. Doña Elena, que así se llama la madre, decide "arreglar" el asunto haciendo que Pedro se case con otra de sus tres hijas, Rosaura. Surgen numerosos conflictos familiares a partir de la boda de Rosaura y Pedro, porque todo el mundo puede darse cuenta de que Pedro y Tita siguen enamorados. A pesar de las restricciones impuestas por doña Elena, Tita consigue acercarse a Pedro a través de la comida.

Antes de ver la película

Haz lo indicado a continuación.

 1. Busca en internet información sobre la Revolución Mexicana.

2. ¿Has visto alguna película centrada en la celebración de una boda? ¿Qué problemas suelen surgir durante los preparativos, el banquete, etcétera?

Durante la película

Contesta estas preguntas.

1. ¿Qué significado tiene el título? Explícalo y relaciónalo con la película.

2. ¿A quién pertenece la voz que narra en *off*? ¿Cómo y cuándo lo sabemos?

Después de ver la película ᵀᵀᵀ

En grupos respondan a lo siguiente.

1. Cuando la madre le ofreció la mano de Rosaura a Pedro en lugar de la de Tita, Chencha reaccionó diciendo: "No se pueden cambiar tacos por enchiladas". Expliquen ese comentario.

2. ¿Por qué accedió Pedro a casarse con Rosaura? ¿Está justificada su decisión? ¿Es Rosaura una víctima de las circunstancias o tiene ella culpa también?

3. Mencionen algunos problemas del matrimonio formado por Pedro y Rosaura.

4. ¿Cómo cambió la vida de Gertrudis después de comerse las codornices? Comenten el papel de esta hermana en la película.

5. ¿Cuál era el secreto de la madre? ¿Cómo murió? ¿De qué murió el padre de Tita?

6. ¿Por qué regresó el fantasma de la madre? ¿Cuándo no vuelve más?

7. Al final de la película observamos los preparativos de otra boda. ¿Quiénes suponemos que se van a casar en esta ocasión? ¿Por qué suponemos eso?

8. Comenten la importancia de la comida en las celebraciones de la familia De la Garza. ¿Es igual en su propia familia, cultura y época?

9. Comparen la comida mexicana que Uds. conocen con la que vieron en la película.

10. Busquen en la clase a las personas que mejor podrían representar a los personajes de la película: doña Elena, Tita, Rosaura, Pedro, Gertrudis y el doctor Brown. Después, siéntense delante de la clase como si estuvieran en un *talk show*, y el (la) profesor(a) o bien un(a) estudiante hace el papel del (de la) presentador(a) del programa. El resto de la clase es el público, que hará preguntas a los distintos miembros de esta familia disfuncional.

CAPÍTULO 3

RECORRIDOS POR LA CIUDAD

Heinle Grammar Tutorial:
- The preterit tense
- The imperfect tense
- The preterit versus the imperfect
- Expressing the future and the future tense
- The future perfect
- The conditional tense
- The conditional perfect
- The present perfect tense
- The pluperfect tense
- Numbers

El Museo del Oro de Bogotá

YOLANDA FERNÁNDEZ LAFUENTE

Normalmente, antes de viajar a un lugar en el que no hemos estado nunca antes, buscamos información para saber qué no debemos perdernos. Visitar algunos de sus museos es una de las opciones que nos sugieren invariablemente las guías turísticas. En la siguiente entrevista, la periodista Yolanda Fernández Lafuente (n. 1966, España) nos describe un lugar emblemático de Colombia. ¿Te convencerá de que merece la pena visitarlo?

Palabra por palabra

al final	*at the end*	**la orfebrería**	*craftsmanship in precious metals*
al parecer	*apparently*	**representar**	*to represent, depict*
costar + infinitivo	*to be difficult/hard to + infinitive*	**respirar**	*to breathe*
encontrarse en	*to be located, situated in/at*	**sencillo(a)**	*simple*
la joya	*jewel*	**varios(as)**	*several*

Mejor dicho

tomar(se)	*to drink, intake*	Siempre (**se**) **tomaba** un vaso de leche antes de acostarse.
tomar	*to take (a form of transportation)*	**Tomaremos** el tren de las diez de la mañana.
llevar	*to carry, take (someone or something somewhere)*	Mis primos me van a **llevar** al aeropuerto.
traer	*to bring (someone or something somewhere)*	Por favor, **tráeme** tus apuntes de clase cuando vengas.

¡**Ojo!** El uso depende de la posición de la persona que habla: **llevar** *from here to there;* **traer** *from there to here.*

quedar(le) a uno(a)	*to have left*	**Le quedan** sólo dos días de vacaciones.
quedarse (en)	*to stay, remain somewhere*	¿Cuánto tiempo **se han quedado** en Quito?
quedarse + adjetivo o participio	*to turn, end up, become*	Pepe **se quedará** calvo muy pronto. Me **quedé** fascinada con la exposición fotográfica.

3-1 **Práctica**

Hagan las actividades siguientes, prestando atención a las palabras del vocabulario.

 1. En parejas, digan a qué palabra del vocabulario corresponden los sinónimos siguientes. Después, digan una oración con la palabra del vocabulario.

    a. por lo visto

    b. inhalar y exhalar

    c. la alhaja

    d. ser difícil

    e. estar ubicado(a)

    f. la artesanía

 2. En parejas, hagan planes para pasar un día entero en su ciudad con unos amigos que están de visita. Escriban por lo menos cinco actividades en su itinerario, usando las expresiones de **Palabra por palabra** y **Mejor dicho**.

    Ejemplo: Primero los voy a **llevar** a desayunar a un antiguo convento.

 3. Describan a la clase algunos recuerdos *(souvenirs)* que sus familiares o amigos les han traído de sus viajes y digan si les han gustado o no.

 4. En parejas, contesten estas preguntas.

    a. ¿Cuántos años les quedan para terminar sus estudios? ¿Es poco o demasiado tiempo?

    b. ¿Dónde les gusta quedarse cuando viajan: en un *camping*, en un hotel de lujo, en un hostal? ¿Dónde no se quedarían jamás?

    c. Las siguientes expresiones son muy comunes en español. ¿Qué suponen que significan?

    quedarse huérfano(a)

    quedarse tranquilo(a)

    quedarse viudo(a)

    quedarse dormido(a)

    quedarse mudo(a)

    quedarse sorprendido(a)

¿Conocen otras expresiones con **quedarse** y un adjetivo o participio?

Antes de leer

3-2 ¡Alto!

Haz lo indicado a continuación.

1. Al visitar una ciudad por primera vez, ¿qué te gusta hacer?

2. ¿Has oído hablar de la leyenda de "El Dorado"? Resúmela si la recuerdas.

El Museo del Oro de Bogotá

YOLANDA FERNÁNDEZ LAFUENTE

P: ¿Por qué decidiste ir al Museo del Oro?

R: El museo se encuentra en el centro histórico de Bogotá y, claro, estando allí es una visita indispensable si quieres conocer parte de su historia así como las increíbles leyendas y mitos que de Colombia han llegado a nuestros días. No sólo disfrutarás de las asombrosas[1] piezas del oro más deslumbrante[2] que puedas imaginar, sino que además conocerás mejor el país. Antes de ir a Colombia, había escuchado hablar mucho de este lugar, había visto imágenes de la orfebrería y cerámica indígena prehispana en la televisión, en libros de arte... y tenía muy claro que sería una de las visitas más interesantes que podía hacer y también una de las experiencias más alucinantes[3] de mi viaje de cuatro semanas por Latinoamérica. Al final mi intuición no me falló[4] y volvería a ir muchas veces más si tuviera la oportunidad de hacerlo.

P: ¿Qué recuerdas de tu visita? ¿Qué es lo primero que te viene a la mente?

R: Lo primero que recuerdo es que este lugar me atrapó nada más entrar y no dejó de interesarme en ningún momento: mucha historia ante mis ojos, muchas reliquias[5] y joyas de valor incalculable. Desde el año 1939, cuando a un administrador del Banco de la República se le ocurrió la idea de construir este museo, se han logrado reunir más de cincuenta mil piezas. Muchas de ellas son adornos corporales como narigueras, orejeras, brazaletes, pectorales y collares[6]. Además de estos objetos ornamentales, hay expuestos en el museo los llamados "poporos", unos recipientes —también elaborados en oro— que se usaban para guardar diferentes sustancias, como cal[7] o coca. Aunque muchos de los objetos del museo son pequeños (yo diría entre cinco y veinte centímetros de alto), no son sencillos. Uno podría pasarse un buen rato admirando lo intricado de algunas piezas (por ejemplo, las máscaras o las figuras de algunos animales), y eso que a mí las joyas no me entusiasman mucho. En segundo lugar, recuerdo muchos escolares que se emocionaban con su historia y sus raíces. Nunca había visto a unos niños y niñas con tanto interés visitando un museo y para que un museo le interese a un niño tiene que ser alucinante, ¿no?

P: ¿Fue una visita guiada?

R: Sí, es la mejor manera de recorrer las distintas salas del museo. Nuestra guía —creo que era antropóloga o, tal vez, arqueóloga— nos explicó estupendamente cómo trabajaban el oro y otros metales los orfebres muiscas, zenúes, de Urabá, etcétera. Además, nos enseñó cómo vivían estos pueblos, cuáles eran sus creencias, su visión del mundo. Gracias a sus buenísimas explicaciones pude apreciar mejor la labor de los orfebres, comprender el simbolismo religioso de algunas piezas, hacerme una idea de la vida diaria en otras épocas. Te parecerá ridículo, pero salí del museo sintiéndome una experta en historia y arte precolombino.

---

[1]**asombrosas** *amazing* [2]**deslumbrante** *dazzling* [3]**alucinantes** = fascinantes [4]**falló** = fracasó [5]**reliquias** *relics* [6]**narigueras...collares** *nose rings, large ear discs, bracelets, chest plates and necklaces* [7]**cal** *lime*

Yolanda Fernández Lafuente with Victoria García Serrano. Used with permission.

P: ¿Qué aprendiste personalmente de esta experiencia?

R: Más que aprender, confirmé lo que siempre he creído: cualquier tiempo pasado fue mejor.

P: ¿Qué fue lo que más te impresionó?

R: El Salón Dorado (también conocido como "La sala de la ofrenda"). Durante las visitas guiadas, te llevan a esta sala, que está a oscuras, y de repente encienden la luz para que todo el oro que te rodea ilumine la habitación. Realmente es una pasada,[8] una de las cosas más alucinantes que he visto jamás, una de mis siete maravillas[9] particulares. Todos los que presenciamos el espectáculo el día que yo estuve allí nos quedamos atónitos,[10] como hechizados[11] o hipnotizados. Nos costaba creer lo que estábamos viendo.

P: ¿El nombre del salón tiene que ver con la famosa leyenda de El Dorado?

R: Efectivamente. Cuando los conquistadores españoles llegaron a esta región de Latinoamérica, al parecer oyeron hablar de las ofrendas de oro que algunos caciques lanzaban a[12] la laguna de Guatavita. No es de extrañar, por tanto, que terminaran creyendo en la existencia de ciudades repletas de[13] oro y piedras preciosas. En el museo vimos una especie de balsa[14] con figuras humanas de diferentes tamaños. Según nos explicó la guía, las figuras representaban a un cacique y a varios dignatarios.

Como dato curioso te contaré que esta pieza no se encontró cerca de la laguna, aunque sí parece corroborar la ceremonia religiosa de la cual habían oído hablar los conquistadores. De esto me enteré más tarde leyendo una de las páginas web del propio museo.

P: ¿Nos recomiendas que lo visitemos?

R: No sólo lo recomiendo sino que obligaría a visitar este impresionante museo, uno de los mejores del mundo. Te ayuda a entender mejor este país a través de una historia cargada de leyendas. Además, puedes traer a tus hijos, pues la dirección del museo también ha tenido en cuenta a los menores y ha planeado actividades didácticas exclusivamente para ellos.

P: ¿Te gustaría añadir algo más?

R: Pues sí, si tus pasos te llevan hasta Colombia, te recomiendo otro lugar impresionante y único en el mundo: La Catedral de Sal de Zipaquirá. Construida en el interior de una mina de sal, la catedral se encuentra a tan sólo una hora de Bogotá. Está a 2.652 metros de altura y cuesta respirar al entrar, pero poco a poco te acostumbrarás. Es una experiencia diferente a la del museo, pero no por eso menos fascinante.

P: Un millón de gracias, Yolanda, por contestar nuestras preguntas.

Francesco Tomasinelli/PhotoLibrary

Museo del Oro

---

[8]**una pasada** *something amazing* [9]**maravillas** *wonders* [10]**atónitos** *dazzled, stunned* [11]**hechizados** *bewitched* [12]**caciques lanzaban a** *Indian chiefs threw into* [13]**repletas de** = llenas de [14]**balsa** *raft*

Después de leer

3-3 ¿Entendido?

Decide si las oraciones a continuación son verdaderas o falsas según el contenido de la lectura. Corrige las falsas.

1. Los objetos del Museo del Oro son todos muy grandes y su tamaño es la razón de su valor.

2. Cuando llegaron los conquistadores españoles, la laguna de Guatavita estaba llena de oro.

3. Algunos adornos corporales elaborados por los orfebres muiscas son las narigueras, las orejeras y los poporos.

4. Yolanda Fernández Lafuente se quedó muy satisfecha con las explicaciones que escuchó en el museo.

5. La entrevistada recomienda visitar el Salón Dorado, que se encuentra en el Banco de la República (Colombiana).

3-4 En mi opinión

En grupos de tres o cuatro estudiantes, utilicen las preguntas siguientes como punto de partida para entablar una conversación.

1. Comenten la diferencia entre un turista, un viajero, un aventurero y un explorador en términos de su manera de actuar en los lugares a los que van.

2. En internet busquen fotos de la Catedral de la Sal y tráiganlas a clase para comentarlas. ¿Les gustaría visitar este maravilloso lugar? ¿Han visto algo semejante? Expliquen.

3. De acuerdo con lo que exhiben al público, ¿qué tipos de museos existen? ¿Qué tipo prefieren Uds.? Expliquen.

4. ¿Es importante crear, tener y mantener museos y monumentos todavía hoy? ¿Por qué? ¿Cuál es su función?

Vista aérea de la capital de Colombia

gary yim/Shutterstock.com

Estrategias comunicativas para pedir instrucciones de cómo llegar a algún sitio...

¿Dónde queda/se encuentra...?	*Where is (it located) . . . ?*
¿Por dónde voy hacia...?	*How do I get to . . . ?*
¿Me puede decir cómo llegar a...?	*Can you tell me how to get to . . . ?*

... y para darlas

Siga todo derecho hasta... y pregunte allí.	*Go straight ahead until . . . and ask there.*
Tiene que doblar a la derecha/izquierda...	*You have to turn right/left . . .*
Dé la vuelta y suba por la primera calle...	*Turn around and go up the first street . . .*

3-5 En (inter)acción

Realicen las siguientes actividades según se indica.

 1. **Diálogo.** Una turista extraviada en el campus universitario quiere llegar a los siguientes lugares de su ciudad. Un(a) estudiante hace el papel de la turista y otro(a) el de la persona que la va a ayudar. Utilizando las expresiones de **Estrategias comunicativas**, recreen la conversación entre ellas.

© Victoria García Serrano

  a. uno de los museos

  b. el centro de la ciudad

  c. la comisaría de policía más cercana

 2. **Otras culturas indígenas.** En el texto sobre el Museo del Oro se menciona la cultura muisca. Busquen en internet información sobre una de las culturas indígenas latinoamericanas menos conocidas y preséntenla a la clase.

 3. **Dentro de 50 años.** Su profesora de historia le ha dado a la clase la tarea de crear una cápsula del tiempo. Debatan qué van a meter en el baúl antes de enterrarlo.

3-6 Tu (video)blog

Describe un lugar turístico de la ciudad hispana donde estás estudiando. Imagínate que ya lo visitaste. Comenta lo que te impresionó del sitio y lo que recomendarías a los que quieren visitarlo.

Repaso gramatical	• El imperfecto de indicativo; El pretérito de indicativo: **Cuaderno**, pág. 97
	• Usos del pretérito y del imperfecto: **Cuaderno**, pág. 100
Práctica escrita	• **Cuaderno**, págs. 99, 102
Práctica oral	• **Cuaderno**, págs. 100, 104

Las Plazas Mayores: ayer y hoy

FRANCO FERNÁNDEZ ESQUIVEL

Numerosas ciudades hispanas cuentan con una plaza mayor. El historiador costarricense Franco Fernández Esquivel ha estudiado con detenimiento la de su ciudad natal, Cartago. En el siguiente texto nos explica cómo y cuándo se edificaron esta y otras plazas. El autor traza, además, la evolución de esta construcción fundamental para las ciudades de España y Latinoamérica.

Palabra por palabra

el (la) antepasado(a)	*ancestor*	**destacar**	*to point out, emphasize,*
el banco	*bench, bank*		*stand out*
contar con	*to be equipped with, have*	**la esquina**	*street corner*
cumplir (con)	*to fulfill, carry out,*	**la población**	*population, city, town*
	do one's duty	**el rincón**	*corner of a room*
los (las) demás	*the others, the rest,*	**tener en cuenta**	*to take into account*
	everybody else		

Mejor dicho

la actualidad	*the present time*	En **la actualidad** casi todas las ciudades tienen un parque público.
actualmente	*presently*	La Iglesia Mayor se encuentra **actualmente** cerrada al público.
en realidad	*actually, in reality*	**En realidad** no sé qué pensar de sus propuestas.
realmente	*truly, really, actually*	**Realmente** pocas cosas permanecen siempre iguales.

la mitad	*half* (noun)	**La mitad** de la población ya tiene acceso a estos servicios públicos.
medio(a)	*half* (adjective)	Julio se comió más de **media** paella.
el medio	*middle*	En el **medio** de la plaza han colocado una escultura.
	environment, surroundings	Fuera de su **medio** natural, algunos animales no sobreviven.
	medium	Es imprescindible adaptarse al nuevo **medio** que es internet.

¡Ojo! *The media* se dice **los medios de comunicación**.

3-7 Práctica

Hagan las actividades siguientes, prestando atención a las palabras del vocabulario.

 1. En parejas, contesten las preguntas siguientes.

   a. Hablen de algunos de sus antepasados que hayan tenido una influencia decisiva en su familia o en su vida. ¿Cómo los han influido?

   b. ¿Qué tienen en cuenta al observar un edificio o monumento histórico?

   c. Si un vaso contiene líquido hasta la mitad, ¿está medio lleno o medio vacío? ¿Quiénes de su familia son optimistas y quiénes pesimistas? Comenten.

   d. ¿Qué aspectos destacan de su ciudad o estado? ¿Y de su personalidad? ¿Y de su manera de vestirse?

   e. Mencionen tres cosas que realmente les importan en la actualidad y digan por qué es así.

 2. En grupos de tres estudiantes, inventen un diálogo en el que utilicen cinco palabras de este vocabulario y dos de las lecturas anteriores. Después, presenten el diálogo delante de la clase.

La Plaza de Armas, Cuzco (Perú)

La Plaza Mayor de Madrid

Edyta Pawlowska/Shutterstock.com

© Victoria García Serrano

Antes de leer

3-8 ¡Alto!

Haz lo indicado a continuación.

1. Cuando en inglés se utiliza la palabra **plaza**, ¿a qué espacios suele aplicarse? ¿Con qué espacios asocias tú este término?

2. ¿Qué formas (cuadradas, rectangulares, circulares, irregulares, etcétera) tienen las plazas que has visitado?

3. ¿Qué función tienen los espacios públicos? ¿Cuál se podría decir que es "el corazón" de Nueva York o de Washington, D.C.? ¿Y del campus universitario?

Las Plazas Mayores: ayer y hoy

FRANCO FERNÁNDEZ ESQUIVEL

Antes de analizar cualquiera de los elementos de una ciudad, se debe tomar en cuenta que ésta no ha sido erigida por sus contemporáneos, sino que es obra de los antepasados, por lo que siempre es una realidad recibida, es decir, siempre es histórica. La configuración de una ciudad pertenece a una realidad social que ya ha desaparecido: por eso cualquier estructura (o su totalidad) es historia en sí misma.

No es atrevido[1] afirmar que la ciudad en que vivimos siempre tendrá un carácter de reliquia: un lugar sagrado[2] donde se les brinda culto[3] a los antepasados. La ciudad siempre ha sido y será fragmentada, inacabada[4] y, por lo general, estéticamente frustrante. No por eso debe llevarnos al desencanto, ya que es parte de la supeditación[5] o pulsación histórica. Por todo esto, una ciudad con su lógica inestabilidad nunca alcanzará a convertirse en obra de arte. Sólo las ciudades muertas (o preservadas artificialmente) podrían alcanzar tal condición.

La plaza es el centro y núcleo promotor de la actividad ciudadana y además cumple con la antigua normativa urbanística según la cual una vez trazada la plaza cuadrangular todo lo demás parte de ella, a manera de líneas rectas paralelas a sus cuatro costados, formando lo que llamamos calles y avenidas.

Son muy pocas las ciudades de Hispanoamérica que no cuenten con su respectiva plaza, así como también son muy pocas las Plazas de forma irregular en el Nuevo Continente (tal es el caso de algunos antiguos puertos como La Habana y Cartagena de Indias). Pero en ciudades como Cartago, con un trazado en damero,[6] éste determina una plaza de forma regular.

Algunas Plazas Mayores de importantes ciudades de la América hispana fueron construidas sobre otra plaza prehispánica, donde los indígenas tenían sus mercados o plazas rituales. Tal es el caso de la Plaza Mayor de México y la de Cuzco, donde antes del

---

[1]**atrevido** *daring* [2]**lugar sagrado** *shrine* [3]**brinda culto** *worship* [4]**inacabada** = no terminada [5]**supeditación** = dependencia o subordinación [6]**trazado en damero** *checkerboard pattern*

"Las Plazas Mayores: ayer y hoy" adapted from *La Plaza Mayor. Génesis de la nación costarricense*. By Franco Fernández Esquivel. Cartago, Costa Rica: Editorial Cultural Cartaginesa, 1996. Reprinted by permission of the editor.

proceso urbanizador colonial, estas plazas ya existían y poseían una vida muy activa. Esta situación no se cumple en Cartago, ya que donde hoy se asienta la ciudad no existió poblado indígena alguno.

Se puede asegurar que la Plaza Mayor nace antes que la misma ciudad; todo lo contrario de lo ocurrido en Europa, donde las plazas nacían como producto de construcciones urbanísticas a *posteriori*, cuando la ciudad ya existía.

A pesar de que el origen de las Plazas Mayores es diferente en España y en América, debemos admitir que en ambos casos la plaza se convirtió en un elemento esencial de la ciudad.

En nuestro medio siempre ha sido necesario para que un conglomerado adquiera categoría de ciudad un punto de intersección que sirva a su vez de referencia obligada a sus habitantes; este punto es la plaza. Es el eje alrededor del cual gira toda la acción de la ciudad.

Este espacio vacío, rodeado por los principales edificios de la urbe, ha servido de escenario a los grandes acontecimientos públicos. Es imposible analizar la historia de una ciudad sin hacer referencia al lugar donde se han protagonizado los principales actos colectivos.

La Plaza Mayor iberoamericana continúa en plena vigencia. Es el corazón de la ciudad y el que determina el modelo estructural de la misma. Este espacio no sólo es el centro de la población, sino que le brinda la parte íntima al poblador; es una especie de "sala de estar pública", donde la ciudad se convierte en una gran casa y cada casa en una ciudad en pequeño.

Si hay algo que corresponde a un verdadero trasplante de las Plazas Mayores españolas al Nuevo Mundo, fue esa manera de vivir, en donde la Plaza ocupa un lugar muy importante ya que el español es un hombre de Plaza Mayor, tal y como lo afirma Ortega y Gasset.[7] No se puede ocultar que el español es un ser que vive de los demás y que, a su vez, es un hombre al que los demás rodean y vigilan.[8] Ante esta observación, que aún en la actualidad conserva su vigencia, la Plaza ocupa un lugar muy destacado

donde se aparenta o donde se representa de la manera más clara la constante comedia humana.

A partir del siglo XVIII las Plazas Mayores de las principales ciudades de Hispanoamérica empiezan a cambiar de aspecto: por fuerte influencia neoclásica[9] la parte central de estos espacios se convierte en una plataforma aislada y en ella se instala una estatua, un obelisco o una fuente. En el caso de Cartago, este movimiento no afectó a nuestra tradicional Plaza Principal, pero sí lo hizo el romanticismo.[10] Cuando se consolida la independencia de la mayoría de las antiguas colonias españolas, se introduce el espíritu romántico, que en el campo urbano estimula la creación de jardines o parques, con árboles, estanques,[11] jaulas de pájaros, quioscos de música, paseos de arena, bancos de madera o hierro para sentarse en la plaza, y una serie de elementos como para amueblar[12] la plaza, como si fuera un "salón burgués".

Estas nuevas sociedades, producto ahora de naciones independientes, tratan de construir rincones en la ciudad bien amenos[13] y con verdor, dando un nuevo tinte[14] a la antigua estructura colonial, sin perder todavía la Plaza su característica de "microcosmos" de la ciudad, aunque ahora satisface otras necesidades, las que surgen con las nuevas costumbres.

Un elemento que figuraba en casi todas las Plazas Mayores de Hispanoamérica era una fuente, que en las grandes ciudades fue monumental. Las había de mármol, piedra o en bronce, y en muchos casos diseñadas por un conocido e importante artista. Estas fuentes sirvieron en muchas ocasiones para el abastecimiento[15] público y a la vez como ornato[16] de la ciudad. Se han justificado estas fuentes como chorros[17] vivificadores, ya que son lugares frescos y agradables a la vista y al oído. Para los cristianos la fuente es emblema de la vida feliz y fecunda,[18] ya que en el Paraíso Terrenal el Árbol de la Vida se convertía en fuente de la cual brotaban[19] cuatro ríos que iban a los cuatro puntos cardinales.[20] La fuente, situada enfrente de la Iglesia Mayor, se convierte en el símbolo mismo de lo religioso.

---

[7]**Ortega y Gasset** = filósofo español (1883–1956) [8]**vigilan** = miran [9]**neoclásica** = estilo arquitectónico europeo del siglo XVIII [10]**romanticismo** = movimiento artístico y literario de principios del siglo XIX [11]**estanques** *ponds* [12]**amueblar** *to furnish* [13]**amenos** = agradables [14]**tinte** = aspecto [15]**abastecimiento** = suministro, provisión [16]**ornato** = ornamentación [17]**chorros** *streams* [18]**fecunda** = fértil, prolífica [19]**brotaban** = salían [20]**cuatro puntos cardinales** = cuatro direcciones: Norte, Sur, Este y Oeste

Después de leer

3-9 ¿Entendido?

De acuerdo con la lectura, explica la relación de estos términos con las ciudades, las plazas y las fuentes hispanas.

1. historia en sí misma
2. reliquia
3. centro de la actividad ciudadana
4. trazado en damero
5. mercados prehispánicos
6. sala de estar pública
7. salón burgués
8. teatro de acontecimientos públicos
9. vivir de los demás
10. símbolo religioso

3-10 En mi opinión 👤👤👤

En grupos de tres estudiantes, utilicen las preguntas siguientes como punto de partida para entablar una conversación.

1. Comparen el centro comercial norteamericano con la plaza mayor. ¿Qué tienen en común y cómo son diferentes?

2. Muchos pueblos norteamericanos no parecen tener un centro sino una larga calle que los atraviesa (generalmente denominada *Main Street*). Comparen este diseño con el de un pueblo hispano tradicional. ¿Qué ventajas e inconvenientes tiene cada uno de estos trazados?

3. ¿Recuerdan algún hecho histórico ocurrido en una plaza famosa? ¿Saben quiénes son Las Madres de la Plaza de Mayo y por qué se llaman así? ¿Se acuerdan de lo que ocurre en el Zócalo, la plaza más importante de la Ciudad de México, el 15 de septiembre? Piensen en otros sucesos históricos que tuvieron lugar en una plaza.

4. Comenten la observación de Ortega y Gasset en cuanto a los españoles. ¿Cómo la interpretan? ¿Es aplicable a ciudadanos de otros países? Expliquen. En su ciudad, si uno quiere "ver y ser visto", ¿adónde va?

5. El Parque Central de Nueva York, que ocupa 337 hectáreas en el medio de Manhattan, ya celebró su aniversario de 150 años. ¿Qué actividades y festejos tienen lugar allí? ¿Cuáles son las funciones de los parques para las ciudades?

Estrategias comunicativas para dar consejos

Francamente creo que...	*Honestly, I think that . . .*
¿No te parece que...?	*Don't you think that . . . ?*
Sería mucho mejor si...	*It would be much better if . . .*
Quizás deberías considerar otras opciones como...	*Maybe you should consider other options such as . . .*
¿Has pensado que...?	*Have you thought about . . . ?*

3-11 **En (inter)acción**

Realicen las siguientes actividades según se indica.

1. **La conservación de la naturaleza.** En los últimos años muchos gobiernos locales se han dedicado a recuperar o conservar los espacios verdes, pero no todos los residentes están de acuerdo con estos esfuerzos. Imagínense que son un grupo de vecinos que se ha reunido con varios representantes municipales para discutir los planes que tienen estos para una explanada *(empty lot)* de su barrio. La clase se divide en dos grupos; uno hace el papel de los vecinos y el otro el de los representantes municipales. Ambos grupos emplearán las expresiones de **Estrategias comunicativas** para darse consejos.

2. **Diseño gráfico.** Su universidad ha recibido una donación sustancial para construir un edificio nuevo. En grupos decidan su estilo, tras buscar ejemplos del trabajo de arquitectos contemporáneos famosos tales como Rafael Moneo y Santiago Calatrava y comentarlos. Luego, comparen y contrasten sus decisiones con las de otros grupos.

3. **¿Damero de ajedrez o laberinto?** Observen los planos de estas dos ciudades. De acuerdo con lo que han aprendido, ¿cuál es el de una ciudad latinoamericana y cuál es el de una española? Expliquen cómo lo saben.

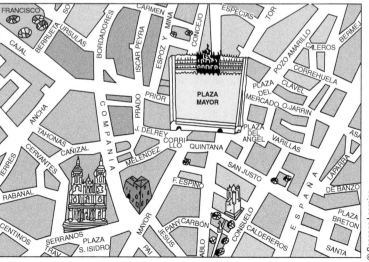

4. **La arquitectura hispana.** El texto que han leído trata de las Plazas Mayores, pero ¿hay otros ejemplos de la arquitectura hispana que les interesen? Busquen información sobre algún tipo de construcción específica. Examinen, por ejemplo, las catedrales o castillos medievales, las iglesias barrocas mexicanas, los parques municipales (como el parque Güell de Gaudí en Barcelona), los puentes, los teatros (el Colón en Buenos Aires, por ejemplo), los museos o los palacios presidenciales. Con toda la clase, comenten el tipo de monumento o edificio elegido, haciendo referencia al momento histórico en que fue construido y a la función que cumplió.

5. **Ciudades verdes.** En grupos, busquen en Google Earth dos ciudades de distintos países hispanos y, tras visitarlas virtualmente, determinen cuál de las dos es más verde. Luego, comparen sus resultados con los de otros grupos de la clase.

3-12 Tu (video)blog

Mientras recorrías la ciudad, ¿descubriste algún rincón *(spot)* especial? ¿En qué se destacaba de los otros sitios? ¿Cómo lo encontraste? Explica tu reacción positiva o negativa.

Repaso gramatical	• El futuro simple: **Cuaderno**, pág. 105
	• El participio pasado: **Cuaderno**, pág. 105
	• El futuro perfecto: **Cuaderno**, pág. 106
	• Usos del futuro simple y perfecto: **Cuaderno**, pág. 107
	• El condicional simple; El condicional perfecto: **Cuaderno**, págs. 109–110
	• Usos del condicional simple y perfecto: **Cuaderno**, pág. 111
Práctica escrita	• **Cuaderno**, págs. 106, 108, 110, 112
Práctica oral	• **Cuaderno**, págs. 106, 109, 113

Técnicas de mercado

JUAN JOSÉ MILLÁS

Periodista y escritor, Juan José Millás (n. 1946, España) ha sido también marionetista y profesor. Hoy día es colaborador de los periódicos *El Sol* y *El País*. Empezó su carrera escribiendo poesía y más tarde decidió dedicarse a la narrativa. Sus obras han sido galardonadas con los premios literarios más prestigiosos, incluyendo el Nadal (1990) por *La soledad era esto*, el Planeta (2007) y el Nacional de Narrativa (2008). El artículo "Un adverbio se le ocurre a cualquiera" le valió el Premio Don Quijote de Periodismo en 2010.

Palabra por palabra

conseguir	to attain, obtain, get, achieve	el (la) mendigo(a)	beggar
dirigirse a	to address, speak to	ocultar(se)	to hide, conceal
disculpar	to excuse, pardon	pretender	to intend, try
fijarse en	to notice	por lo visto	apparently
fingir	to pretend, feign, fake	sonarle a alguien	to seem familiar to someone, ring a bell
ganar	to win, earn		
la limosna	alms, charity	el (la) usuario(a)	client, customer, user

Mejor dicho

lograr + sustantivo	*to attain, get*	**¿Lograremos** nuestros objetivos este año?
lograr + infinitivo	*to succeed in, manage to*	**Logré** terminar mi composición a tiempo.
tener éxito	*to be successful**	Mi vecino siempre **ha tenido** mucho **éxito en** los deportes aunque no **con** las chicas.
en/con + cosas **con** + personas		

¡**Ojo!** ***Suceder** *(to happen or follow)* no significa *to be successful*, ni tampoco **el suceso** *(the event)* significa *success*.

haber que + infinitivo	expresa obligación; sujeto gramatical no específico	*one must, has to, needs to*	**Habría que** intentarlo.
tener que + infinitivo	expresa obligación; sujeto gramatical específico	*to have, need to*	Como no encontraron un taxi libre, **tuvieron que** venir andando desde la estación.
deber (de) + infinitivo	sugerencia, suposición; sujeto gramatical específico	*ought to, should*	**Debemos** cambiar nuestra forma de pensar.
necesitar + sustantivo		*to need*	**Necesitamos** leche. ¿Podrías pasar por el mercado un momento?

¡**Ojo!** No se debe usar **necesitar** para sustituir a los tres primeros verbos.

3-12 **Práctica**

Hagan las siguientes actividades, prestando atención a las palabras del vocabulario.

 1. En parejas, escriban en fichas *(index cards)* definiciones para las palabras del vocabulario. Entréguenselas a su profesor(a) para que las intercambie con otra pareja. Al recibir las nuevas fichas, identifiquen las palabras que corresponden con las definiciones escritas por sus compañeros. Al final, su profesor(a) leerá las definiciones y las palabras en voz alta. Decidan si la correspondencia es correcta o no.

 2. En grupos de tres estudiantes, contesten las siguientes preguntas. Luego, comparen sus respuestas con las de sus compañeros de clase.

    a. ¿Qué hay que hacer para pasar el detector de metales en un aeropuerto? ¿Para sacar buenas fotos? ¿Para evitar una intoxicación *(food poisoning)*? ¿Para ser muy popular?

    b. ¿Qué no debemos hacer nunca en público? ¿Cuando estamos solos? ¿Después de comer? ¿Por teléfono?

    c. ¿Cuáles son tres cosas que tienen que hacer hoy? ¿Antes de salir de viaje? ¿Todos los meses?

Antes de leer

3-13 ¡Alto!

Haz lo indicado a continuación.

1. ¿Utilizas con frecuencia el transporte público? ¿Por qué sí o por qué no?

2. ¿Normalmente les das limosnas a los mendigos que piden en la calle? Explica tus razones.

3. Subraya cinco palabras de la lectura que tienen que ver con los negocios.

4. Localiza en el plano del metro de Madrid las estaciones mencionadas en la lectura.

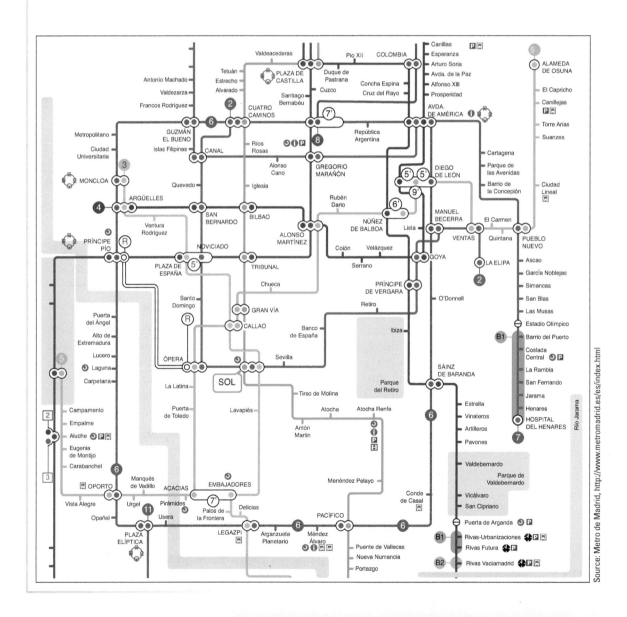

Source: Metro de Madrid, http://www.metromadrid.es/es/index.html

Técnicas de mercado

JUAN JOSÉ MILLÁS

Las puertas del metro se abrieron y entró un hombre con el rostro[1] oculto tras una careta[2] del pato[3] Donald que fue a colocarse[4] en un extremo del vagón para dirigirse desde allí al público.

—Buenos días, señores y señoras. Disculpen el disfraz, pero me da vergüenza que me vean la cara, pues soy una persona relevante[5] a la que la vida ha arrojado[6] cruelmente a la mendicidad.[7] Les pido una ayuda en compensación por los buenos ratos que en otra época les he hecho pasar cada vez que encendían la televisión. Dios no quiera que ninguno de ustedes ni de su familia se vea obligado a ocultarse de este modo para conseguir un pedazo de pan.

Dicho esto, el hombre atravesó el vagón con la mano extendida bajo la mirada curiosa de la gente. A mi lado iban dos señoras que se habían subido en Ciudad Lineal con unas bolsas de la compra llenas de pimientos rojos.

—Es Torrebruno[8] —dijo una de ellas.

—Pero si Torrebruno murió hace un par de años o tres —respondió la otra.

—Por eso va con la careta, para que no nos demos cuenta de que está muerto.

Las dos mujeres se echaron a reír estrepitosamente[9] y yo mismo no pude contener una media sonrisa al imaginarme a Torrebruno apareciéndosenos en el metro a estas alturas de la vida.

Junto a este arranque[10] de humor sentí no obstante un escalofrío y después de entregarle una moneda con cierta aprensión, no pude dejar de mirarle mientras se alejaba de espaldas con la goma[11] de la careta atravesándole la nuca:[12] me pareció que había conseguido más dinero del que habitualmente logran los indigentes en el metro, y cuando llegamos a Quintana fui detrás de él hasta el siguiente vagón donde dijo lo mismo antes de extender la mano.

Nadie hizo en esta ocasión ningún chiste. Por el contrario, la gente miró al hombre de la careta con respeto y la mayoría hurgó en sus bolsillos en busca de unas monedas. A todo esto, quizá por sugestión, me pareció que su voz me sonaba de la tele o quizá de la radio, efectivamente, pero no conseguí ponerle un rostro.

En cualquier caso, poseía un timbre[13] muy convincente y tenía cierta capacidad para seducir más por la vía de la solidaridad que la de la pena. En Ventas volví a seguirle por curiosidad hasta el siguiente vagón, observando que un par de jóvenes en los que ya había reparado[14] anteriormente hacían lo mismo.

No sé por qué, se me ocurrió que había entre los jóvenes y el indigente de la careta una misteriosa conexión. Los dos tomaban notas en un bloc[15] de espiral y me pareció que hacían comentarios críticos sobre la actuación del pedigüeño.[16] Me acerqué disimuladamente a ellos en el momento en el que uno decía:

—Es que este Gutiérrez es un genio, no me digas que no. Ha conseguido más de dos mil pesetas en un rato.

En Pirámides no tuve más remedio que bajarme, pues llegaba tarde a una cita, pero el suceso continuó persiguiéndome todo el día. Por la noche se lo conté a un vecino con el que suelo tomar una cerveza antes de cenar y me dijo que el pato Donald y los otros dos jóvenes eran estudiantes de una escuela privada de negocios de mucho prestigio.

—Un sobrino mío —añadió— estudió Empresariales en la Complutense y ahora está haciendo un máster en esa escuela. Salen con una formación increíble.

Por lo visto, uno de los ejercicios consistía en desarrollar acciones de marketing para ver qué alumno lograba pedir limosna con mayor eficacia.

Y había ganado el tal Gutiérrez, obteniendo con su original acción unos beneficios equivalentes al salario medio de un médico especialista. En segundo puesto había quedado una chica que pedía limosna de espaldas,[17] detrás de un cartel[18] en el que había escrito: "Mendigo de espaldas porque se me cae la cara de vergüenza".

---

[1]**rostro** = cara [2]**careta** = máscara [3]**pato** *duck* [4]**colocarse** = situarse [5]**relevante** = conocida [6]**ha arrojado** *has reduced* [7]**mendicidad** = estado y situación de los mendigos [8]**Torrebruno** = actor y presentador italiano que actuaba en programas infantiles en España [9]**estrepitosamente** = con mucho ruido [10]**arranque** *outburst* [11]**goma** = elástico [12]**nuca** *back of the neck* [13]**timbre** *tone* [14]**había reparado** = me había fijado [15]**bloc** *pad* [16]**pedigüeño** = mendigo [17]**de espaldas** *facing backwards* [18]**cartel** = póster

"Técnicas de mercado" by Juan José Millás, from *Articuentos*. Madrid: Suma de Letras, 2000. pp. 293-96. Used with permission.

Siempre me fijo mucho en la gente que pide dinero en el metro, porque no sabe uno cómo van a irle las cosas ni lo que vamos a necesitar en el futuro, pero no me había imaginado que la mendicidad formara ya parte de las reglas del mercado hasta el punto de ser estudiada por las escuelas de marketing.

Desde entonces me fijo más y he notado que los pobres ya no me conmueven[19] por su aspecto, o por la historia que cuentan, sino por su agresividad comercial. Antes era un mero usuario de la pobreza, pero ahora me he convertido en un crítico y no sé si me gusta.

Algo insólito: un vagón de metro vacío.

---

[19]**conmueven** *move (emotionally)*

Después de leer

3-14 ¿Entendido?

Contesta las siguientes preguntas según el contenido de la lectura.

1. ¿Quién se suponía que era el hombre que llevaba puesta una máscara del pato Donald? ¿Cómo lo sabemos?

2. ¿Qué hizo el hombre después de conseguir algunas limosnas? ¿Adónde fue?

3. Además del narrador, ¿seguía alguien más al hombre de la careta? ¿Quién(es)?

4. ¿Cómo sabían los jóvenes que el hombre de la careta se llamaba Gutiérrez y que había ganado tanto dinero?

5. ¿Qué averiguó más tarde el narrador sobre los jóvenes que había visto en el vagón?

6. ¿Qué estudiaban los jóvenes? ¿Cuál era una de las tareas que tenían?

7. ¿Por qué logró Gutiérrez las mayores ganancias? ¿En qué consistía su "técnica de mercado"?

8. Ahora, cuando el narrador ve a gente pidiendo dinero en el metro, ¿qué le llama la atención? ¿Cómo reacciona el escritor ante los que mendigan?

Razones para viajar en metro

3-15 En mi opinión 👤👤👤

En grupos de tres estudiantes, utilicen las preguntas siguientes como punto de partida para entablar una conversación.

1. ¿Creen que lo que cuenta Millás está basado en algo que él mismo presenció o es más bien producto de su imaginación? Expliquen su respuesta.

2. En el mundo de los negocios lo más importante es el balance final *(bottom line)*. Para conseguir grandes ganancias, ¿se puede justificar cualquier acción aunque no sea totalmente legal ni ética? O sea, ¿se puede decir que el fin justifica los medios? ¿Están cometiendo los estudiantes del artículo un fraude o una estafa al fingir que son mendigos?

3. ¿Recuerdan alguna situación en la que se hayan sentido engañados o estafados? ¿Cómo reaccionaron?

4. En algunas ciudades los pobres no pueden mendigar en las calles más céntricas porque se cree que dan una mala imagen de la ciudad a los turistas. ¿Es así en su ciudad? ¿Qué piensan de estas normas?

5. En los Estados Unidos muchos prefieren ir a todas partes en su propio automóvil. ¿Por qué creen que es así? ¿Cuáles son los beneficios económicos, ambientales y de salud del uso del transporte público? ¿Cómo podrían convencer a sus compañeros para que dejen de usar el auto? ¿Qué incentivos podrían ofrecerles?

Estrategias comunicativas para pedir algo cortésmente...

Perdona, ¿te importa si...?	*Excuse me, do you mind if . . . ?*
¿Te molestaría que...?	*Would it bother you if . . . ?*
Oye, ¿sería posible...?	*Listen, would it be possible . . . ?*
¿Me harías un favor?	*Would you do me a favor?*

... y para responder a una petición

Claro.	**De ningún modo.**
Sure.	*No way.*
Está bien.	**Lo siento.**
Fine.	*I'm sorry.*
No hay problema.	**Ni soñarlo.**
No problem.	*Not on your life.*
Desde luego.	**No puedo.**
Of course.	*I can't do it.*

3-16 En (inter)acción

Realicen las siguientes actividades según se indica.

 1. **Por favor.** En grupos de tres o cuatro estudiantes, y usando las **Estrategias comunicativas**, preparen un diálogo para una de las situaciones siguientes. Repartan los papeles de acuerdo con cada situación. Luego, presenten el diálogo delante de toda la clase.

     a. Van sentados en el metro y alguien entra en el vagón con un paquete muy pesado.

     b. En la sala de espera de la estación de autobuses alguien se pone a fumar cerca de ustedes aunque no está permitido.

     c. Llueve mucho. Están en la parada de taxis con su hermanito todo mojado. Hay otras personas esperando también. Por fin llega un taxi.

     d. En el vagón del tren alguien está comiendo cacahuetes y tirando las cáscaras (*shells*) en el suelo.

 2. **Anecdotario.** En grupos pequeños, compartan anécdotas que les hayan ocurrido a Uds. o a alguien que conocen en un taxi, un autobús, un tren, un avión, etcétera.

 3. **Dar o no dar.** ¿Qué prefieren: hacer un donativo (*donation*) directamente a la persona que necesita ayuda o donar a través de organizaciones de caridad? ¿Son fiables (*trustworthy*) estas organizaciones? Expliquen sus preferencias a la clase entera.

 4. **El articuento.** El "articuento" (artículo + cuento) es un género literario inventado por Juan José Millás. En parejas, averigüen en internet cuáles son las características de este género y decidan si están todas presentes en "Técnicas de mercado". Usen ejemplos concretos del texto para explicar sus respuestas.

Advertencia en una estación de autobuses

SEÑOR VIAJERO:
No dé dinero a aquellos que lo piden con la falsa excusa de necesitarlo para continuar viaje o con otra parecida. En caso de reiteración, coacción o amenaza ante su negativa, comuníquelo al personal de seguridad, quien procederá en consecuencia. **GRACIAS.**

3-17 **Tu (video)blog**

¿Cómo llegaste del aeropuerto al centro de la ciudad donde resides ahora? Detalla el trayecto. ¿Qué medio de transporte utilizaste y por qué? ¿Había otras opciones? ¿Cómo pagaste? ¿Tuviste que cambiar dinero en el aeropuerto? ¿Te resultó fácil manejar las monedas y billetes nacionales? Cuéntanoslo.

Repaso gramatical	• El presente perfecto: **Cuaderno**, pág. 115
	• El pluscuamperfecto: **Cuaderno**, pág. 115
	• Los números: **Cuaderno**, pág. 118
Práctica escrita	• **Cuaderno**, págs. 116, 120
Práctica oral	• **Cuaderno**, págs. 118, 120

Paseantes 🔊

PALOMA DÍAZ-MAS

Dedicada al estudio de la literatura sefardí, Paloma Díaz-Mas (n. 1954, Madrid) también ha encontrado tiempo para escribir novelas (*El sueño de Venecia*, 1992; *Como un libro cerrado*, 2005), cuentos ("La niña sin alas", 1996) y ensayos. Como profesora visitante pasó unos meses en la universidad estatal de Eugene, Oregón y escribió sus impresiones de la vida norteamericana en un libro titulado *Una ciudad llamada Eugenio* (1992). En esta selección, documenta su sorpresa ante una costumbre norteamericana que contrasta con la de su país.

"Paseantes" by Paloma Díaz-Mas, from *Una ciudad llamada Eugenio*. Barcelona, Anagrama, 1992. Used with permission.

3-18 **Ya lo sabes**

Contesta las preguntas siguientes.

1. El título de la selección es "Paseantes". ¿Qué imágenes te trae a la mente la palabra? ¿Qué entiendes por **pasear**? ¿Lo haces alguna vez? Explica.

2. ¿Por qué, en general, hay menos gente en las calles de los EE. UU. que en otros países? Menciona varias razones.

3. ¿Hay algunas ciudades de los EE. UU. donde la gente camina más? ¿A qué se debe esto?

Narración

Escucha atentamente la siguiente narración. Presta atención al contenido y a la pronunciación. Escúchala tantas veces como lo necesites. Después, haz los ejercicios que aparecen a continuación.

Palabras útiles

segadora de césped *lawn mower* **broma** *joke* **nos tropezamos** *stumble upon* **bullicio** *noise* **desasosiego** *unease* **pululan** *are meandering* **azar** *chance* **acechamos** = espiamos **gremio** *guild*

3-18 ¿Te enteraste?

Decide si las oraciones siguientes son verdaderas o falsas según lo que has oído. Corrige las falsas.

1. El muchacho se ríe porque la autora va vestida de modo peculiar.

2. La autora pasa muchas veces por el mismo lugar.

3. Al principio la autora se sorprende de que los desconocidos le hablen en la calle.

¿Entiendes el desconcierto de la autora?

4. La autora disfruta de las calles para ella sola.

5. Después de un tiempo su perspectiva cambia.

3-19 Un paso más ᵀᵀᵀ

Contesten las preguntas siguientes.

1. Un visitante les pide consejos de por dónde pasear en los alrededores del campus universitario. Hagan una lista de tres lugares a donde debe ir y tres lugares que debe evitar. Expliquen las razones.

2. Cuéntenles a sus compañeros su paseo favorito y describan el sitio.

3. ¿Han tenido alguna experiencia semejante de confusión cultural en sus viajes?

◈ Nueve reinas (ARGENTINA, 2000)

Película   **Director:** Fabián Bielinsky   **Duración:** 114 minutos   **Clasificación:** R

Dos hombres "buscavidas", uno joven y otro mayor, se encuentran en la tienda de una estación de servicio en el momento en que uno de ellos intenta estafar a la cajera. Reconociéndose como empleados del mismo ramo, deciden trabajar un día juntos y mostrarse el uno al otro sus trucos y destrezas. Por casualidad tienen acceso a un objeto de mucho valor: las llamadas "nueve reinas", unas estampillas antiguas y muy codiciadas por los coleccionistas. El film presenta su intento de adquirirlas y vendérselas a un magnate español que va a ser expulsado inminentemente de Argentina.

Antes de ver la película

 Busca información en internet acerca de los temas siguientes:

1. LA SITUACIÓN política y económica de la Argentina de fines del siglo XX y principios del XXI. Luego, observa de qué modo se refleja esa situación en la película.

2. EL MERCADO filatélico (de sellos/estampillas) y la filatelia en general.

Durante la película

Contesta estas preguntas.

1. Presta atención al habla de los personajes. ¿Puedes diferenciar el acento argentino del español?

2. Desde el principio los espectadores intuimos que uno de los personajes está engañando al otro. Apunta de quién sospechas en tres momentos distintos del film.

Después de ver la película

A. Contesta estas preguntas.

1. ¿Por qué defendió el hombre mayor al joven en la tienda al principio de la película?

2. Describe a Juan y a Marcos y explica por qué es importante su aspecto físico.

3. Menciona tres de los trucos que realizan los protagonistas y analiza uno de ellos. ¿Por qué funciona?

4. Analiza las diferencias entre la personalidad de un protagonista y la del otro. ¿Cuáles son los límites éticos de cada uno? Apoya tus observaciones refiriéndote a escenas específicas.

5. ¿Te sorprendió el final o te lo esperabas? Comenta.

6. ¿Qué relación tiene esta película con el tema del capítulo, "recorridos por la ciudad"? ¿Se podría decir que las calles de Buenos Aires son las "protagonistas" de la película?

 B. Hagan las actividades siguientes en grupos.

1. ¿Coleccionan algo ahora? ¿Y de pequeños? ¿Cuál es/era el valor de esos objetos?

2. En español, hay un refrán que dice "Más sabe el diablo por viejo que por diablo". ¿Creen que se puede aplicar a esta película? ¿Es la experiencia siempre la mejor maestra?

3. En todos los países del mundo hay estafadores *(con artists)* a menor o mayor escala. Comenten algunos casos de estafa sobre los que hayan leído u oído hablar.

© Cengage Learning 2015

Cortometraje

Minería contaminante a cielo abierto en Colombia (COLOMBIA, 2010)

Duración: 3:23 minutos

Un grupo de actores y actrices colombianos denuncian cómo la minería de oro afecta al medio ambiente.

Antes de ver

Vocabulario del corto

abastecer	*to supply*	minero(a) (adj.)	*mining*
el aljibe	*cistern, well*	el páramo	*moor*
el cianuro	*cyanide*	los recursos hídricos	*water resources*
el desafío	*challenge*	las regalías	*royalties, earnings*
el envenenamiento	*poisoning*	el resurgimiento	*resurgence*
la herencia	*inheritance*	el riego	*irrigation*
irrisorio	*ludicrous, laughable*	el subsuelo	*subsoil*

1. **Práctica de vocabulario.** Une el término de la izquierda con la definición correspondiente.

_____ 1. herencia

_____ 2. cianuro

_____ 3. páramo

_____ 4. riego

_____ 5. subsuelo

_____ 6. aljibe

a. extensión de tierra infértil

b. sustancia química tóxica

c. tierra que está debajo de otra capa de suelo

d. depósito subterráneo de agua

e. conjunto de bienes que se transmite de una generación a la siguiente

f. acción de distribuir sobre una superficie

2. **Las protestas ciudadanas.** Contesta las siguientes preguntas.

¿Qué es una protesta ciudadana? ¿Quién puede organizarla? ¿Contra quién o quiénes se suele protestar? En tu opinión, ¿son efectivas estas movilizaciones? ¿Qué ejemplos de protestas ciudadanas conoces? ¿Alguna vez has participado en una?

3. **La economía de Colombia.** Busca información en internet para contestar las siguientes preguntas.

¿Cuáles son los principales productos que exporta Colombia? ¿Cuáles de ellos proceden de la minería? ¿Cuáles de la agricultura? ¿Y de la explotación de otros recursos naturales? ¿Cómo es la economía de Colombia en comparación con la del resto de América Latina?

4. **Reflexión.** Trabaja con un compañero. Discutan las ventajas y las desventajas de la explotación de los recursos naturales. Primero, piensen en las ventajas y las desventajas a corto plazo y luego en aquellas a largo plazo. En cada caso, ¿qué o quiénes se ven beneficiados o perjudicados?

Durante la proyección

Mira las imágenes y contesta las preguntas referidas a cada escena del corto.

1.

Actor: «En Colombia, a quien se le otorga una licencia minera tiene por ley el derecho a explotar el subsuelo de tu casa».

1. En esta cita, ¿la expresión «tu casa» se usa literal o figuradamente?

2. Según lo que dice el actor, ¿a quién le pertenece el subsuelo de Colombia?

2.

Actriz: «La explotación […] requiere para la obtención de un gramo de oro mil litros de agua por segundo».

1. Con la cantidad de agua que se usa en un día para la explotación minera, ¿cuántas personas podrían abastecerse?

2. ¿Qué le pregunta la actriz al espectador sobre esa enorme cantidad de agua?

3.

Actor: «Hoy en Colombia la actividad minera en los páramos está prohibida».

1. ¿A qué se refiere el actor con que «esto es solo el comienzo»? ¿El comienzo de qué?

2. ¿Cuál es el desafío de estos actores y actrices activistas?

1. **¿Cierto o falso?** Di si las siguientes oraciones son ciertas o falsas. Corrige las oraciones falsas.

   1. Colombia no tiene una gran diversidad biológica.

   2. Los recursos hídricos y mineros son de gran importancia para Colombia.

   3. Por fortuna, los residuos tóxicos provenientes de la minería no pueden contaminar el agua.

   4. Según el corto, la minería va a mejorar la calidad de vida de los colombianos.

   5. La minería es conveniente porque genera importantes regalías para el gobierno de Colombia.

2. **Comprensión.** Contesta las siguientes preguntas sobre el corto.

   1. Según las leyes colombianas, ¿a qué tiene derecho quien obtiene una licencia minera?

   2. ¿Cuánto oro se obtiene con el uso de mil litros de agua por segundo?

   3. ¿Cuáles son los dos elementos tóxicos que se usan para la explotación minera?

   4. ¿Qué sustancia tóxica se libera al extraer oro?

   5. ¿Qué efectos tiene el mercurio en el medio ambiente y en los niños?

   6. ¿Qué departamento o zona de Colombia está más contaminada por mercurio?

   7. ¿Qué consecuencia tiene la minería para la agricultura?

   8. ¿Cuánto empleo genera la minería en Colombia?

3. **Interpretación.** En grupos pequeños, discutan las siguientes preguntas e intenten lograr un consenso.

   1. ¿Cuál creen que es el objetivo del corto? ¿Piensan que lo cumple? ¿Por qué sí o por qué no?

   2. Las personas que aparecen en el corto son actores y actrices famosos en Colombia. ¿Creen que eso aumenta el impacto del corto a la hora de denunciar la contaminación minera? ¿Por qué sí o por qué no?

   3. ¿Cuáles podrían ser las consecuencias si continúa la explotación minera en Colombia? ¿Y si se detuviera por completo?

   4. Imaginen que son los organizadores de la campaña contra la minería. ¿De qué otras formas presentarían su denuncia social?

   5. Si fueran representantes del gobierno colombiano, ¿cómo sería su reacción frente a este video? ¿Estarían de acuerdo con el corto o presentarían datos que pusieran en duda la información que contiene? Escriban un párrafo con su respuesta.

UNIDAD II
ENCUENTROS Y DESENCUENTROS

INTRODUCCIÓN

Uno de los retos primordiales de la existencia es la relación con los otros, especialmente con los que percibimos como distintos. El propósito de esta unidad es examinar diferentes tipos de contacto entre individuos y grupos para calibrar los malentendidos, las tensiones e incluso los abusos. Examinaremos la presencia de estereotipos culturales y nacionales en la vida diaria, y los efectos negativos que las generalizaciones acerca de los otros pueden tener en las relaciones interpersonales e internacionales.

Las lecturas del cuarto capítulo, titulado **Nosotros y ellos**, ilustran la miopía (*shortsightedness*) con la que a menudo juzgamos a personas de una procedencia cultural o étnica distinta de la nuestra. También escucharemos una audición, "El machismo", sobre los prejuicios de género. En el quinto capítulo, **Ellas y ellos**, las lecturas se enfocan más a fondo en los desencuentros entre los sexos, con frecuencia resultado de la preponderancia de imágenes y creencias estereotipadas. Los textos y las dos audiciones del capítulo sexto, **En familia**, examinan las relaciones humanas más íntimas.

Para el blog de esta unidad actuarás de intermediario cultural o personal, ofreciendo una nueva perspectiva o sabios consejos a las situaciones que te presentaremos.

Que yo sepa

La clase se divide en dos grupos para discutir los temas siguientes. Luego, ambos deben presentar sus ideas al resto de la clase.

1. ¿Cómo interpretan ustedes las citas (*quotes*) siguientes? ¿Están de acuerdo con ellas? Añadan otras dos frases célebres que conozcan y coméntenlas también.

   a. Anaïs Nin: "No vemos las cosas como son, las vemos como somos".

   b. Jean Paul Sartre: "El infierno son los otros".

   c. Blaise Pascal: "Si supiéramos lo que otros dicen de nosotros, no quedarían ni cuatro amigos en el mundo".

2. Contesten las preguntas siguientes.

   a. ¿Hay algún grupo u organización que les cause temor o desconfianza? Expliquen.

   b. El contacto con otros distintos de nosotros nos enriquece y nos cambia para bien o para mal. Comenten y den ejemplos personales.

   c. Un famoso libro proclamaba hace algún tiempo que los hombres procedían de Marte y las mujeres de Venus. ¿Qué implicaciones y consecuencias tiene esta afirmación para las relaciones entre los sexos? ¿La consideran todavía válida?

3. La familia es la unidad básica de la sociedad. ¿Cuál es la visión estereotípica de la familia hispana? ¿Y de la norteamericana? ¿Existe la familia "típica" hoy en día? ¿Cómo es?

CAPÍTULO 4

NOSOTROS Y ELLOS

Heinle Grammar Tutorial:
- The personal **a**
- Direct object pronouns
- Indirect object pronouns
- Other uses of **se**
- Comparisons
- Superlatives

El eclipse

AUGUSTO MONTERROSO

Augusto Monterroso (1921–2003, Guatemala) es conocido por sus cuentos satíricos. Entre otros libros publicó *La palabra mágica* (1983), *Las ilusiones perdidas* (1985) y *Los buscadores de oro* (1993). En "El eclipse" (1952), Monterroso pone de manifiesto el choque entre la cultura maya y la española durante la conquista, y el grave error que supone juzgar a otros basándonos en las apariencias o en nociones preconcebidas.

Palabra por palabra

aislado(a)	*isolated*	**la prisa**	*haste, hurry*
confiar en	*to trust*	**sentar(se)**	*to sit down*
el conocimiento	*knowledge*	**todavía**	*still*
digno(a)	*worthy*	**todavía no**	*not yet*
engañar	*to deceive, fool*	**valioso(a)**	*valuable*
el fraile	*friar*		

Mejor dicho

el tiempo	*weather*	Hizo muy buen **tiempo** ayer.
	measurable time	¿Cuánto **tiempo** tengo para hacer este examen?
la hora	*clock time*	¿Qué **hora** es?
	moment for, hour	Por fin llegó la **hora** de comer.
la vez	*time as instance, repeatable*	Nos hemos visto sólo dos **veces** este mes.

¡**Ojo!** Hay muchas expresiones con **tiempo** y **vez**.

con tiempo	*with time to spare*	**a tiempo**	*on time*
de vez en cuando	*from time to time*	**a veces**	*sometimes*
a la vez	*at the same time*	**había una vez**	*once upon a time*

el cuento	short story, tale	Nos hizo todo el **cuento** de su accidente.
la cuenta	the bill (at a restaurant)	Ese tipo siempre desaparece a la hora de pagar la **cuenta**.
la historia	story	Lola cuenta unas **historias** divertidísimas.
	history	Estaba muy interesado en la **historia** de la medicina.

¡Ojo! *To tell (a story)* se dice en español **contar**. Este verbo también significa *to count*.

4-1 Práctica

Hagan las siguientes actividades, prestando atención a las palabras del vocabulario.

1. En parejas, miren las siguientes ilustraciones y describan lo que ven, usando términos de **Palabra por palabra** y **Mejor dicho**.

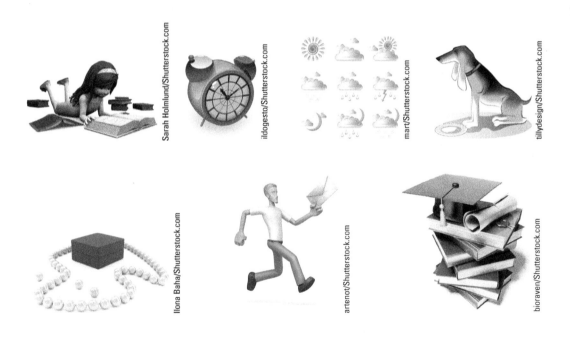

2. Trabaja con otro(a) estudiante para escribir una oración con tantas palabras del vocabulario como puedan usar. Después de tres minutos, la pareja que tenga la oración con el mayor número de palabras gana la competición.

Ejemplo: Si me engañan otra vez, no volveré a confiar en ellos.

Antes de leer

4-2 **¡Alto!**

Haz lo indicado a continuación.

1. ¿Qué sabes de las civilizaciones indígenas precolombinas? ¿Podrías mencionar los tres grandes grupos y dónde se radicaron? Señala algunas de sus semejanzas y diferencias.

2. Los términos **fray** y **fraile** significan lo mismo: *friar*. ¿Cuándo se usa un término u otro? Fíjate en el texto y dedúcelo.

El eclipse

AUGUSTO MONTERROSO

Cuando fray Bartolomé Arrazola se sintió perdido, aceptó que ya nada podría salvarlo. La selva poderosa de Guatemala lo había apresado, implacable y definitiva. Ante su ignorancia topográfica se sentó con tranquilidad a esperar la muerte. Quiso morir allí, sin ninguna esperanza, aislado, con el pensamiento fijo en la España distante, particularmente en el convento de Los Abrojos, donde Carlos Quinto[1] condescendiera una vez a bajar de su eminencia[2] para decirle que confiaba en el celo religioso de su labor redentora.[3]

Al despertar se encontró rodeado por un grupo de indígenas de rostro impasible que se disponían[4] a sacrificarlo ante un altar, un altar que a Bartolomé le pareció como el lecho[5] en que descansaría, al fin, de sus temores, de su destino, de sí mismo.

Tres años en el país le habían conferido[6] un mediano[7] dominio de las lenguas nativas. El fraile intentó algo. Dijo algunas palabras que fueron comprendidas.

Entonces floreció en él una idea que tuvo por digna de su talento y de su cultura universal y de su arduo conocimiento de Aristóteles.[8] Recordó que para ese día se esperaba un eclipse total de sol. Y dispuso,[9] en lo más íntimo, valerse[10] de aquel conocimiento para engañar a sus opresores y salvar la vida.

—Si me matáis —les dijo— puedo hacer que el sol se oscurezca en su altura.[11]

Los indígenas lo miraron fijamente y Bartolomé sorprendió la incredulidad en sus ojos. Vio que se produjo un pequeño concejo,[12] y esperó confiado, no sin cierto desdén.

Dos horas después el corazón de fray Bartolomé Arrazola chorreaba[13] su sangre vehemente sobre la piedra de los sacrificios (brillante bajo la opaca luz de un sol eclipsado), mientras uno de los indígenas recitaba sin ninguna inflexión de voz, sin prisa, una por una, las infinitas fechas en que se producirían eclipses solares y lunares, que los astrónomos de la comunidad maya habían previsto y anotado en sus códices sin la valiosa ayuda de Aristóteles.

---

[1]**Carlos Quinto** = rey de España en el siglo XVI [2]**condescendiera... eminencia** *magnanimously stepped down from his pedestal* [3]**celo... redentora** *religious zeal of his attempt to convert (the natives)* [4]**se disponían** *were getting ready* [5]**lecho** = cama [6]**conferido** = dado [7]**mediano** = de nivel intermedio [8]**Aristóteles** = filósofo griego del siglo IV a.C. de gran trascendencia para el pensamiento y cultura occidental [9]**dispuso** = decidió [10]**valerse** = hacer uso [11]**se... altura** *the sun grow dark in the sky* [12]**concejo** *council gathering* [13]**chorreaba** *was dripping*

Después de leer

4-3 ¿Entendido?

Indica si las siguientes afirmaciones son verdaderas o falsas. Si son falsas, cámbialas para que sean verdaderas.

1. Hacía tres años que fray Bartolomé estaba en el Nuevo Mundo.

2. Los indígenas persiguieron al fraile y lo capturaron.

3. Fray Bartolomé se consideraba intelectualmente superior a los indígenas.

4. Fray Bartolomé usó la forma de vosotros ("Si me matáis") para que los indígenas lo entendieran.

5. Los indígenas sabían las fechas de los eclipses porque conocían la obra de Aristóteles.

6. El fraile aceptó su destino y no intentó salvarse.

7. Los sacrificios se hacían para conmemorar el fenómeno natural del eclipse.

8. El fraile hablaba la lengua de los indígenas.

9. Los indígenas sintieron lástima del fraile y por eso no lo mataron.

4-4 En mi opinión 👤👤👤

En grupos de tres estudiantes, utilicen las preguntas siguientes como punto de partida para entablar una conversación.

1. Al entrar en contacto con alguien o algo nuevo, la gente reacciona de distintas maneras. Anoten al menos tres. ¿Cuál creen Uds. que es la mejor actitud?

2. ¿Cómo habría sido diferente el cuento si el protagonista, en lugar de ser un fraile, hubiera sido una monja, un abogado, un vendedor o un actor?

3. ¿Han sido Uds. víctimas o culpables de una noción estereotipada? Expliquen y comenten el episodio.

4. ¿Por qué en los EE. UU. los jóvenes suelen ir a una universidad lejos de su casa? ¿Cuáles son algunas ventajas de esto? ¿Y desventajas? ¿Han entrado Uds. en contacto en esta universidad con personas muy diferentes de las que solían tratar? Comenten.

Estrategias comunicativas para quejarse o expresar impaciencia

Siento tener que decirle que...	*I'm sorry to have to tell you that . . .*
La verdad es que...	*The truth is that . . .*
¡Esto es el colmo!	*This is the last straw!*
Estoy perdiendo la paciencia.	*I'm losing my patience.*
Estoy harto(a) de...	*I have had it with . . .*
¡No aguanto más!	*I can't take it anymore!*

4-5 En (inter)acción 👤👤👤

En grupos de tres estudiantes, hagan las siguientes actividades.

1. **¿Cuánto tiempo estarán de visita?** Improvisen un diálogo (entre diez y doce oraciones) del primer encuentro entre los indígenas del Nuevo Mundo y Cristóbal Colón y sus compañeros de viaje. Usen algunas de las expresiones de **Estrategias comunicativas.**

2. **¡Socorro!** *(Help!)* Supongan que se encuentran en las siguientes situaciones. Busquen excusas para salir airosamente *(wiggle out)* de ellas.

   Ejemplo: Un policía te está poniendo una multa *(fine)* por aparcar el coche en una zona prohibida.

Vinieron a quedarse.

   — ¡Ay, ya me iba! La verdad es que sólo vine a dejar un documento en el banco.

   a. Tu mejor amigo(a) encuentra a su novio(a) coqueteando *(flirting)* contigo.

   b. No estuviste en clase y más tarde tu profesor(a) te ve en la cafetería.

   c. Has comido en un restaurante y luego descubres que olvidaste la billetera.

3. **¿Pueden salvarle la vida al fraile?** Supongan que están tratando de salvarle la vida al fraile. Expliquen la razón del malentendido entre los españoles y los mayas. ¿Qué argumentos usarían para convencer al cacique indígena de cambiar su decisión? Y, ¿qué debería hacer el fraile para disculparse?

4. **Algo más.** Busca en internet información acerca de los mayas que se haya descubierto en las últimas décadas. Luego, durante una mesa redonda en clase, comentarán y compartirán lo que hayan averiguado.

5. **Intercambios.** Ya sabemos lo que los países del llamado primer mundo pueden enseñar a culturas menos avanzadas tecnológicamente. Pero ¿qué podemos y debemos aprender de ellas?

El Castillo de Chichén Itzá, Yucatán, México

4-6 Tu (video)blog

Cuéntanos cómo tú o alguien que conoces intervino para solucionar un encontronazo *(clash)* entre dos personas. Explica en qué consistió el malentendido y cómo ayudaste tú exactamente.

Repaso gramatical
- La **a** personal: **Cuaderno**, pág. 121
- Los pronombres de objeto directo e indirecto: **Cuaderno**, pág. 122
- El pronombre *it*: **Cuaderno**, pág. 126
- **Lo**: uso del pronombre neutro: **Cuaderno**, pág. 127

Práctica escrita
- **Cuaderno**, págs. 121, 124, 126, 127

Práctica oral
- **Cuaderno**, págs. 122, 125, 127, 128

Gitanos

ROSA MONTERO

Rosa Montero (n. 1951, España), una reconocida escritora española, es autora de novelas como *La loca de la casa* (2003) e *Instrucciones para salvar el mundo* (2008), más cuentos para niños como *El nido de los sueños* (1991) y *Las barbaridades de Bárbara* (1998). También ha destacado como periodista. En sus artículos, Montero denuncia casos de intolerancia, injusticia o abuso que han ocurrido no solamente en España sino también en otros países. Así pretende concienciarnos del mundo imperfecto en que vivimos. "Gitanos" (1989) es representativo del estilo periodístico de Montero. El artículo nos presenta un ejemplo de la actitud de algunos españoles respecto a los gitanos y el tratamiento que estos sufren en consecuencia.

Palabra por palabra

el asunto	*matter*	**el (la) dueño(a)**	*owner*
chocante	*shocking*	**la entrada**	*ticket, entrance*
cobrar	*to charge*	**más bien**	*rather*
desde luego	*of course, certainly*	**la medida**	*measure, step*

Mejor dicho

el derecho	*right*	No todos tenemos los mismos **derechos**.
(sustantivo)	*law*	¿Has acabado ya la carrera de **derecho**?
derecho(a)	*right*	Nacho, ¿qué ocultas en la mano **derecha**?
(adjetivo)	*straight*	Chus, no te sientes así. Ponte **derecha**.
correcto(a)	*correct, right (answer)*	No creía que la respuesta fuera **correcta**.
tener razón	*to be right*	Supuestamente, el cliente siempre **tiene razón**.

¡**Ojo!** **La derecha** significa *the right hand* y *the right (political) wing*. **A la derecha** quiere decir *on/to the right*.

molestar*	*to bother, annoy*	Siempre le ha **molestado** mucho el ruido.
acosar	*to harass*	Se sentía **acosada** por sus compañeros.
abusar de	*to take advantage of, make unfair demands on, abuse sexually*	Muchos ejecutivos **abusaron de** sus privilegios.
maltratar	*to treat badly, abuse physically, batter*	Los presos protestaron porque los **maltrataban** sin cesar.

¡**Ojo!** *****Molestar** nunca tiene una connotación sexual en español.

4-7 Práctica

Hagan las siguientes actividades, prestando atención a las palabras del vocabulario.

 1. En parejas, completen las siguientes oraciones de manera original.

    a. Una entrada de cine cuesta... y una para un concierto...

    b. Los músicos y cantantes tienen derecho a cobrar...

    c. Uno de los asuntos más importantes para los jóvenes es...

    d. Una medida que todo el mundo debería tomar para combatir el estrés es...

2. En grupos de tres estudiantes, reaccionen a las oraciones a continuación con **derecho**, **derecho(a)**, **correcto(a)** o **tener razón**.

    Ejemplo: Podemos criticar al presidente.
          —Es nuestro **derecho**.

    a. Samuel es abogado.

    b. Contestamos bien todas las preguntas del examen.

    c. Mi mamá me dijo que iba a llover, pero no lo creí.

    d. Quiero que cambien estas leyes. No son justas.

    e. No soy zurda *(left-handed)*.

    f. Ganamos el pleito *(lawsuit)*.

3. En parejas, digan si las siguientes situaciones son ejemplos de **acoso**, **abuso**, **maltrato** o **molestia**.

   a. Invitar constantemente a amigos al cuarto que compartes con un(a) compañero(a). *molestia*

   b. Pegarles a los niños pequeños si no comparten sus juguetes. *maltrato*

   c. Mandar e-mails anónimos a un(a) colega. *acoso*

   d. Seguir a un(a) compañero(a) todo el día durante muchos días. *acoso*

   e. No dejar dormir a una persona. *molestia*

   f. Criticar repetidamente lo que hace tu pareja. *maltrato*

4. En grupos de tres estudiantes, contesten las preguntas siguientes.

   a. ¿Cuáles son tres cosas que les molestan a Uds.? Expliquen por qué.

   b. ¿Qué entienden Uds. por abuso sexual? ¿Significa lo mismo que violación *(rape)*? Hay muchas películas que tratan este asunto. Mencionen algunas.

   c. Dicen que una persona maltratada maltratará muy posiblemente a otra. ¿Están de acuerdo? ¿Por qué es común que estas acciones se repitan? ¿Cómo se podría romper el círculo vicioso?

Antes de leer

4-8 **¡Alto!**

Haz lo indicado a continuación.

1. En este texto Rosa Montero, escandalizada al enterarse del tratamiento recibido por unos gitanos, expresa su indignación con ironía. Al leer el artículo, fíjate en las frases irónicas.

2. El tiempo verbal del futuro a veces expresa probabilidad en el presente. Busca ejemplos de esto en el texto.

3. Si no te permiten entrar en un bar o club privado, ¿es esto discriminación? ¿Qué se puede hacer en estos casos?

4. ¿Qué tipo de noticias destacan los medios de comunicación?

Paco Feria/Das Fotoarchiv/PhotoLibrary

¿Cómo sabemos si es gitano?

Gitanos

ROSA MONTERO

Afortunadamente, y como de todos es sabido, en este país no somos nada racistas, certidumbre esta[1] la mar de[2] tranquilizadora, desde luego. Porque así, cuando escuchas por la radio que en Atarfe, un pueblo de Granada, hay una piscina que cobra 350 pesetas[3] de entrada al personal[4] pero 600 pesetas a los gitanos, no puedes caer en la zafia[5] y simplista explicación de que se trata de una arbitrariedad racial. Eso, ya está dicho, es imposible: los españoles somos seres[6] virginales en cuanto a discriminaciones de este tipo.

Claro que entonces me queda la inquietud[7] de preguntarme el porqué de una medida tan chocante. Dentro de la lógica de una sociedad capitalista, si han de pagar más, será que consumen más servicios. ¿Qué tendrán los gitanos que no tengamos los payos[8] para desgastar[9] la piscina doblemente? ¿Serán quizá de una avidez natatoria inusitada[10] y acapararán[11] las aguas todo el día? ¿O tal vez, y por el aquel de[12] poseer una piel más bien oscura,[13] aguantarán doble ración de sol que los demás?

Estaba sumida en el desasosiego[14] de estas dudas cuando el dueño de la piscina explicó el asunto. No es verdad que se cobre más sólo a los gitanos, dijo, sino que también el aumento se aplica a todos los que puedan molestar a los bañistas. Profundas palabras de las que se pueden extraer esclarecedoras[15] conclusiones. Primera, que por lo que se ve[16] los gitanos no son bañistas. Segunda, que, por tanto, la entrada que se les cobra no es para bañarse, sino para molestar a los demás. Y tercera que, puesto que pagan por semejante[17] derecho un precio exorbitante, espero que puedan ejercerlo libremente y que se dediquen a escupir[18] a los vecinos, meterles el dedo en el ojo a los infantes, pellizcar las nalgas temblorosas[19] de los obesos y arrearle un buen rodillazo en los bajos[20] a ese dueño tan poco racista. Porque las 600 pesetas dan para[21] cometer un buen número de impertinencias y maldades.[22]

---

[1]**certidumbre esta** *this certainty* [2]**la mar de** = muy [3]**350 pesetas** *US $2.50* **¡Ojo!** En España ya no se usan pesetas sino euros. [4]**personal** = público [5]**zafia** *coarse, rude* [6]**seres** = personas [7]**inquietud** *uneasiness* [8]**payos** = los que no son gitanos [9]**desgastar** *wear out* [10]**avidez... inusitada** *unusual eagerness for swimming* [11]**acapararán** *probably monopolize* [12]**por... de** *due to the fact of* [13]**oscura** = morena [14]**Estaba... desasosiego** *I was feeling uneasy* [15]**esclarecedoras** *illuminating* [16]**por... ve** *apparently* [17]**semejante** *such* [18]**escupir** *to spit* [19]**pellizcar... temblorosas** *to pinch the flabby buttocks* [20]**arrearle... bajos** *to kick him in the groin* [21]**dan para** = permiten [22]**maldades** *mischief*

Después de leer

4-7 ¿Entendido?

Resume la lectura utilizando todas o la mayoría de estas palabras.

piscina	molestar	payos	escupir	dueño
bañistas	discriminación	derecho	desde luego	entrada

4-8 En mi opinión

En grupos de tres o cuatro estudiantes, utilicen las preguntas siguientes como punto de partida para entablar una conversación.

1. ¿Cuál es el tono del artículo? ¿Lo consideran apropiado para tratar el tema del racismo? ¿En qué sentido?

2. ¿Son todos los tipos de control formas de discriminación? ¿Qué hace que una ley o regulación sea discriminatoria? Mencionen ejemplos concretos de leyes que conocen.

3. ¿Por qué algunos seres humanos se creen superiores a otros? ¿Qué piensan de sus razones?

4. ¿Tiene sentido que en los EE. UU. a los dieciocho años los jóvenes puedan ir a la guerra, casarse y votar, pero no beber? ¿Se discrimina a los jóvenes de esta manera? Coméntenlo.

Estrategias comunicativas para expresar indignación o rabia

Pero ¿qué dices?	*What are you saying?*
¡Qué barbaridad!	*Good grief!*
¡Qué sinvergüenza eres!	*You're so shameless!*
¡Qué caradura!	*Of all the nerve!*

4-9 En (inter)acción

Realicen las siguientes actividades según se indica.

 1. **Reservado el derecho de admisión.** Con un(a) compañero(a), improvisen un diálogo entre el (la) dueño(a) de un lugar público y una persona a quien no deja entrar porque no lleva zapatos, camiseta, corbata, invitación, etcétera. Ya que están enojados, usarán algunas de las expresiones de **Estrategias comunicativas.** Luego, presenten el diálogo delante de la clase.

 2. **¿Discriminación o no?** Con toda la clase, decidan si estas prácticas son discriminatorias o no. Expliquen sus razones.

   a. Una agencia inmobiliaria no alquila apartamentos a menores de veinte años.

   b. Los hombres pagan más que las mujeres por seguros de autos.

   c. Un hombre va por la calle sin camisa y le ponen una multa.

   d. Una empresa contrata solamente a graduados de Harvard.

   e. Las mujeres pueden entrar gratis en el bar Vaqueros los lunes.

 3. **Pleito.** Hace unos años en Los Ángeles, dos trabajadoras fueron despedidas *(fired)* por hablar español entre sí y pusieron un pleito *(lawsuit).* La clase se divide en dos grupos para representarlo. Habrá fiscales *(prosecutors)* y abogados defensores. Después, delante de toda la clase, un representante de cada grupo hablará en el juicio. El resto de la clase servirá de jurado y dará un veredicto.

 4. **El pueblo gitano.** Busquen información en internet sobre la historia y la situación contemporánea de los gitanos en España, y luego compártanla con toda la clase.

5. **Los derechos de la infancia.** En grupos de tres estudiantes, miren el póster siguiente y determinen qué derechos de la infancia son más difíciles de garantizar.

AUXILIO
Es saber que somos los primeros en recibir ayuda cuando hay un problema.

DENUNCIA
Es no permitir que nos exploten, maltraten o abusen de nosotros.

SOLIDARIDAD
Es trabajar para que todos tengamos estos derechos.

IDENTIDAD
Es ser uno mismo, tener un nombre, una nacionalidad.

PROTECCIÓN
Es tener nuestras necesidades básicas cubiertas.

IGUALDAD
Es niños o niñas, altos o bajos, gordos o flacos, gitanos o payos, todos somos iguales en derechos.

EDUCACIÓN Y JUEGO
Es disfrutar de espacios agradables para jugar y una educación íntegra.

AMOR
Es sentirnos queridos y comprendidos, querer y comprender.

INTEGRACIÓN
Es vivir feliz entre los demás.

4-10 Tu (video)blog

Comenta el impacto de las nociones estereotipadas y las primeras impresiones. ¿Se puede confiar en ellas? ¿Te ha causado alguien una impresión positiva al conocerlo y luego has cambiado de opinión, o viceversa?

Repaso gramatical	• **Se**: usos y valores: **Cuaderno**, pág. 129
	• La posición de los adjetivos: **Cuaderno**, pág. 131
	• Las expresiones de comparación: **Cuaderno**, pág. 133
	• El superlativo absoluto y relativo: **Cuaderno**, pág. 135
Práctica escrita	• **Cuaderno**, págs. 130, 133, 134, 136
Práctica oral	• **Cuaderno**, págs. 131, 133, 134, 137

El machismo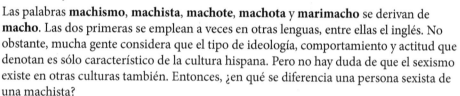

Las palabras **machismo**, **machista**, **machote**, **machota** y **marimacho** se derivan de **macho**. Las dos primeras se emplean a veces en otras lenguas, entre ellas el inglés. No obstante, mucha gente considera que el tipo de ideología, comportamiento y actitud que denotan es sólo característico de la cultura hispana. Pero no hay duda de que el sexismo existe en otras culturas también. Entonces, ¿en qué se diferencia una persona sexista de una machista?

4-11 Ya lo sabes

Contesta las preguntas siguientes.

1. Menciona cinco adjetivos que te vienen a la mente cuando escuchas la palabra **machismo** o **machista**.

2. ¿Son sinónimos los términos **machista**, **chovinista**, **sexista** y **misógino**? ¿Cómo los entiendes tú?

3. Haz una breve descripción del hombre norteamericano típico según lo presentan los medios de comunicación.

4. En tu opinión, ¿cómo debe ser el hombre ideal? ¿Y la mujer ideal?

 5. Busca en internet la palabra **machismo** o **machista**. ¿Qué es lo que has encontrado? ¿Te sorprende o te lo esperabas?

Narración

Escucha atentamente la siguiente narración, prestando atención al contenido y a la pronunciación. Escúchala tantas veces como lo necesites. Después, haz los ejercicios que aparecen a continuación.

Palabras útiles

relacionar con *to relate to* **prepotencia** *overbearing pride of one's power* **potencia (sexual)** *sexual prowess* **caballeresco** *gentlemanly* **estudiosos** *scholars*

4-12 ¿Te enteraste?

Escoge la(s) respuesta(s) correcta(s) según lo que acabas de oír.

1. Se pueden encontrar comportamientos y prácticas machistas en...
    a. México.
    b. Cuba.
    c. los Estados Unidos.
    d. todo el mundo.

2. Según algunos autores, uno de los aspectos positivos del machismo es...
    a. la procreación de hijos varones.
    b. la protección de la familia.
    c. la masculinidad.
    d. la conquista de muchas mujeres.

3. El narrador relaciona el machismo con...
    a. la potencia sexual.
    b. el donjuanismo.
    c. el éxito profesional.
    d. la fertilidad.

4. El hombre machista típico es...
    a. caballeroso con las mujeres y agresivo con los hombres.
    b. amable con los hombres y violento con las mujeres.
    c. irresponsable.
    d. promiscuo.

5. Marcelo Fernández-Zayas considera que el machismo y... no se excluyen mutuamente.
    a. la homosexualidad
    b. la exhibición del cuerpo
    c. el sentido de inferioridad
    d. los aspectos positivos

4-13 Un paso más

👤👤👤 En grupos de tres o cuatro estudiantes, comenten los temas siguientes.

1. ¿Es lo mismo machismo que masculinidad? Expliquen.

2. ¿Cómo se puede ser cortés sin ser machista? ¿Y qué pueden hacer las mujeres para ser corteses?

3. ¿Puede una mujer ser machista? Razonen su respuesta.

4. ¿Qué reglas de cortesía no deben mantenerse en la época contemporánea porque implican una desigualdad entre los hombres y las mujeres?

¿Machismo o cortesía?

Flores de otro mundo (ESPAÑA, 1999)

Película   **Directora:** Icíar Bollaín   **Duración:** 108 minutos   **Clasificación:** R

Un grupo de hombres de Santa Eulalia —un lugar bastante remoto del norte de España y sin mujeres jóvenes— organiza una fiesta e invita a mujeres de diversas procedencias con la esperanza de que estas se queden a vivir en el pueblo. Entre las visitantes se encuentra Patricia, dominicana, en busca de un hogar y de la seguridad económica que su situación ilegal en Madrid no le permite alcanzar. También está Milady, nacida en La Habana, que tiene 20 años y el deseo de recorrer el mundo. Hay otra de Bilbao, Marirrosi, que tiene trabajo, casa y vive en la más completa soledad. Solos también se sienten Alfonso, Damián y Carmelo, habitantes de Santa Eulalia. El encuentro de unas con otros y la convivencia, a veces imposible, resaltan los contrastes entre países del mundo hispano así como la distancia mental y emocional (además de geográfica) entre ellos.

Antes de ver la película

Contesta estas preguntas.

En el mundo de hoy hay diversas maneras (organizadas) de buscar pareja; por ejemplo, las agencias matrimoniales, las citas a ciegas, internet, etcétera. ¿Conoces a alguien que haya usado alguna de ellas? ¿Cómo ha sido su experiencia? ¿Qué opinas de estas maneras de encontrar al amor de tu vida?

Durante la película

Haz lo indicado a continuación.

1. Todos los personajes son hispanohablantes. Nota diferencias y semejanzas entre ellos.

2. Fíjate en las parejas que se van formando, y a mitad de la película pronostica cuál de ellas tiene más futuro.

Después de ver la película

A. Contesta estas preguntas.

1. ¿Te pareció buena la idea de los solteros de Santa Eulalia? ¿Qué otras posibilidades de encontrar compañera tenían los residentes de ese pueblo?

2. ¿Hay alguna diferencia entre las mujeres que vienen al pueblo? ¿Cuál? ¿Y entre los hombres del lugar?

3. Describe la ropa que lleva puesta Milady al llegar al pueblo. ¿Tiene algún significado especial? ¿Cuál sería?

4. Señala algunas semejanzas y algunas diferencias culturales entre las nuevas vecinas y la gente del pueblo.

5. Explica la actitud de la madre de Damián.

6. Comenta la última escena cuando otro autobús llega al pueblo. ¿Cómo la interpretas?

7. ¿Te perturbó alguna escena? ¿Cuál y por qué?

B. Hagan las siguientes actividades en grupos.

1. Comenten si el título de la película les parece apropiado y expliquen sus razones. Si no lo es, sugieran otros.

2. ¿Se puede decir que esta película trata de la distancia entre el deseo o los sueños y la realidad? Comenten esta distancia y señalen algunas escenas en que se hace palpable.

3. Inventen una secuela a la historia de Patricia y Damián. ¿Qué creen que va a pasar entre ellos? Justifiquen sus respuestas con referencia a escenas de la película.

4. ¿Tienen futuro las relaciones entre personas muy distintas? ¿Debemos buscar siempre a alguien similar a nosotros para compartir la vida? ¿Cuáles son las ventajas o desventajas de cada una de estas decisiones?

5. Hagan una lista de los factores (personales, sociales, etcétera) que obstaculizan las relaciones sentimentales de las tres parejas, y pónganlas en orden de importancia.

6. Hagan una lista de cinco razones para casarse y cinco para no casarse, y pónganlas en orden de importancia. Luego, compárenlas con las de otros grupos y discútanlas en clase.

CAPÍTULO 5
ELLAS Y ELLOS

Heinle Grammar Tutorial:
- The present subjunctive
- Subjunctive in impersonal expressions
- Possessive adjectives and pronouns
- The present perfect and past perfect subjunctive

Eva

CRISTINA PERI ROSSI

La escritora uruguaya Cristina Peri Rossi (n. 1941) vive en España desde 1972, año en que se exilió de su país por razones políticas. Entre sus numerosas publicaciones, traducidas a más de quince idiomas, destacan los cuentos de *Desastres íntimos* (1997), la novela *El amor es una droga dura* (1999) y los ensayos de *Cuando fumar era un placer* (2002). Su colección de poemas *Playstation* recibió el Premio Internacional de Poesía en 2009, y en 2010 mereció el premio internacional Mario Vargas Llosa por *Habitaciones privadas*. Colabora en las revistas y periódicos más prestigiosos de España y del extranjero.

El fragmento siguiente procede de su novela *La nave de los locos* (1984) y en él nos muestra lo pronto que los niños adquieren ideas sexistas.

Palabra por palabra

cazar	to hunt	**por culpa de**	because of, due to (blame intended)
coser	to sew		
encargarse de	to be in charge of	**portarse bien/mal**	to behave well/badly
fastidiar	to bother, pester	**tener ganas de** + infinitivo	to look forward to, feel like + infinitive
hacer caso	to pay attention		
llevarse bien/mal	to get along well/badly		

Mejor dicho

educar	to raise, rear, bring up	Enseñar a los niños las normas de cortesía, las buenas costumbres, etcétera, para vivir en sociedad.	Mi madre no me **ha educado** tan mal.
criar	to rear, nurse, nourish, breed	Alimentar, dar de comer, cuidar a niños o animales.	Lo **criaron** sus abuelos paternos.
crear	to create	Hacer que empiece a existir una cosa.	¿Quién crees que **creó** el mundo?

75

el argumento	plot	El argumento del cuento era muy simple.
	reason for support	Ninguno de estos argumentos nos resulta convincente.
la discusión	discussion, argument	Mis tíos empezaron a hablar de política y tuvieron una discusión tremenda.

5-1 Práctica

Hagan las actividades siguientes prestando atención a las palabras del vocabulario.

1. Con toda la clase, hagan asociaciones con las palabras del vocabulario.

   Ejemplo: cazar — campo — perros — rifles — deporte — muerte

2. En parejas, preparen dos preguntas referidas a la infancia, utilizando el vocabulario. Luego, al azar, elijan a dos estudiantes que deben responder a las preguntas preparadas por sus compañeros.

   Ejemplo: De pequeño(a), ¿qué te fastidiaba de otros niños? ¿Y de los adultos?

3. En grupos de tres estudiantes, hagan una lista de tres a cinco razones por las que los jóvenes discuten con sus padres. Después, comparen su lista con la de otro grupo.

4. Cuéntenles a los cuatro miembros de su grupo argumentos de películas, novelas o canciones para que adivinen el título.

5. Entre todos, busquen dos argumentos convincentes…

   a. para legalizar la marihuana o no.

   b. para cambiar la edad de beber o no.

   c. para eliminar las cárceles o no.

   d. para abolir los exámenes escritos o no.

Oxlock/Shutterstock.com

No habrá remedio...

Antes de leer

5-2 ¡Alto!

Haz lo indicado a continuación.

1. Echa un vistazo a la lectura y decide a qué corresponden los párrafos precedidos de una letra (A, B, C, etcétera).

2. Indica tres cosas que ya sabes sobre Adán y Eva.

3. ¿Dónde aprendemos a ser hombres y mujeres? ¿Qué es más importante en este aprendizaje —la familia, la escuela, la iglesia, los amigos, las celebridades o los medios de comunicación? Explica tu respuesta.

Eva

CRISTINA PERI ROSSI

I. Graciela propuso a cuarenta escolares, comprendidos[1] entre los siete y los doce años, que describieran a Adán y a Eva en el Paraíso. Luego recogió las respuestas.

Jana Guothova /Shutterstock.com

¿Qué le habrá dicho la serpiente?

A. Adán vivía feliz entre los árboles y las plantas hasta que llegó la Eva y le hizo comer la manzana porque quería matarlo y reinar[2] ella sola.

B. Dios sacó a Eva de una costilla[3] de Adán porque él se aburría un poco y tenía ganas de tener a quien mandar.

C. Adán estaba muy tranquilo jugando con los peces y las plantas hasta que llegó Eva y empezó a incordiar.[4] Tuvo que darle unos golpes para que se portara bien pero igual se comieron la manzana.

D. Él estaba solo y no lo pasaba muy bien porque no tenía con quien hablar pero cuando nació ella fue mucho peor.

E. Dios había creado a Adán y lo había rodeado de plantas, de aves y de peces, pero necesitaba un semejante.[5] Entonces Dios lo acostó, lo hizo dormir y de una costilla de su costado creó a Eva. Los problemas empezaron porque ella era un poco curiosa y le hizo caso a la serpiente. Por culpa de Eva las mujeres tenemos mala fama en este mundo.

F. A mí me parece que Adán era un buen tipo. Pescaba, cazaba y andaba por los bosques plantando plantas. Pero claro, ¿con quién iba a hablar? Entonces vino Dios y le dio unas pastillas[6] para que se durmiera y le quitó una costilla que después

---

[1]**comprendidos** = que tenían [2]**reinar** *to reign* [3]**costilla** *rib* [4]**incordiar** = fastidiar [5]**semejante** = compañero(a) [6]**pastillas** *pills*

creció y se llamó Eva. Eva era mujer. Adán era hombre. Entonces pasó lo que tenía que pasar. De ahí nacimos nosotros.

G. Mi padre dice que Eva era como todas las mujeres que se pasan el día conversando con las vecinas y viven fastidiando a los hombres para que les compren cosas, ropas y eso.

H. La historia esa es un poco confusa, porque nadie entiende por qué a Dios se le ocurrió ponerle a Eva de compañera. Si en vez de ponerle una mujer le hubiera puesto a un hombre, como él, Adán lo habría pasado mucho mejor. Pescarían juntos, se irían de paseo a cazar fieras[7] y los sábados de farra.[8]

I. Dios como era muy machista lo primero que hizo, dice mi mamá, fue inventar al hombre y después encima dice que Eva le nació de un costado. Dice mi mamá que ojalá todos los partos del mundo fueran así; las mujeres lo pasaríamos más aliviadas.[9]

J. Yo creo que el asunto del Paraíso es una metáfora, porque la información que brinda[10] el Génesis no tiene visos de[11] realidad. En primer lugar, no se comprende por qué Dios, que había creado al hombre a su imagen y semejanza, hizo a Adán tan imperfecto que se aburría. En segundo lugar, la hipótesis de que le sacó una costilla es bastante increíble. ¿Para qué iba a usar este procedimiento una sola vez, dado que a partir de ahí nacemos siempre del vientre de la madre? Todos son símbolos, me parece. Ahora bien, lo que simbolizan yo no lo sé muy bien.

II. Tareas a las que se dedicaban Adán y Eva
Como segunda proposición, Graciela les sugirió que trataran de imaginar la vida cotidiana en tiempos de Adán y Eva. Algunas de las respuestas fueron:

1. Adán se ocupaba de cazar fieras, leones, tigres y ovejas.[12] Eva limpiaba la casa y hacía las compras.

2. Eva cuidaba de la casa, que era una gruta[13] salvaje. Adán se iba de pesca y volvía tarde, pero ella siempre lo esperaba para cenar juntos y después lavaba los platos.

3. Cada uno se dedicaba a las labores[14] propias de su sexo. Que eran: el hombre cazaba, pescaba, encendía el fuego, exploraba los contornos[15] y de vez en cuando se fumaba un cigarrillo. Ella se quedaba en el Paraíso, limpiando y cosiendo porque ahora ya no estaban desnudos.

4. Como a ella le quedaba bastante tiempo libre (sólo tenía que esperarlo para limpiar el pescado y ponerlo a hervir[16]) se dedicó a andar entre los árboles y las serpientes y allí le vinieron los malos pensamientos.

5. Entonces Adán le dijo: si quieres estudiar las ciencias del bien y del mal, estúdialas, a mí no me importa, pero seguirás limpiando la casa y planchando,[17] que es tu deber.

6. Adán estaba muy ocupado; no sólo debía cuidar del Paraíso que Dios le había dado sino que además se encargaba de las relaciones públicas, porque él dialogaba directamente con Dios pero Eva no.

7. Yo creo que después del asunto de la manzana ya no se llevarían muy bien pero no se podían separar porque en esa época no había separación legal y además cada año tenían un hijo.

Acerca de las virtudes y defectos de Adán y de Eva, Graciela obtuvo los siguientes resultados: Adán es valiente (35), honrado (23), trabajador (38), inteligente (38), responsable (29), obediente (22). Su principal defecto es escuchar a las mujeres (33).

En cuanto a Eva, se le reconoció sólo una virtud: bella (30). Un alumno dijo que era curiosa, pero que no estaba seguro de que ésa fuera una virtud o un defecto.

En cambio, la lista de sus defectos es más numerosa; 39 alumnos la juzgaron excesivamente curiosa, 33, charlatana[18] y 25, consideraron que tenía mal carácter, 22 dijeron que era holgazana[19] y 3, que era una frívola.

Después, los alumnos y las alumnas se fueron a jugar.

---

[7]**fieras** = animales salvajes [8]**de farra** = de fiesta [9]**lo... aliviadas** *would have it easier* [10]**brinda** = ofrece [11]**visos de** = parece [12]**ovejas** *sheep* [13]**gruta** *cave* [14]**labores** = trabajos [15]**contornos** = alrededores [16]**ponerlo a hervir** *start cooking it* [17]**planchando** *ironing* [18]**charlatana** = que habla mucho [19]**holgazana** = perezosa

Después de leer

5-3 ¿Entendido?

Completa las oraciones siguientes con tus propias palabras de acuerdo con el contenido de la lectura.

1. Aunque no todos los estudiantes tienen las mismas ideas sobre Adán y Eva, la mayoría…

2. Las tareas no presentan una visión exacta de la época histórica en que supuestamente vivieron Adán y Eva. Por ejemplo,…

3. Supongo que el párrafo… corresponde a una niña porque…

4. Supongo que el párrafo… corresponde a un niño porque…

5. Leyendo las tareas de sus estudiantes, Graciela ha aprendido que…

6. El humor de la lectura radica en…

5-4 En mi opinión

En grupos de tres estudiantes, utilicen las preguntas siguientes como punto de partida para entablar una conversación.

1. Aparte de la creación de Adán y Eva, ¿hay otras explicaciones sobre el origen de los seres humanos? ¿Cuáles?

2. ¿Quiénes han influido más en los niños de la lectura a la hora de hacerse una idea de Adán y Eva? ¿Cómo lo saben Uds.?

3. ¿Han cambiado de opinión sobre algo que los mayores les dijeron o hicieron creer cuando Uds. eran niños? Den algunos ejemplos.

4. El género (gender) se define como una construcción social. ¿Qué quiere decir esto?

5. Digan si están de acuerdo o no con la idea que presenta el póster siguiente. Expliquen su respuesta.

los juguetes enseñan a vivir

juegos no sexistas, juguetes no bélicos.

"Campaña del juguete no sexista de 1996". Reprinted courtesy of Instituto Andaluz de la Mujer.

Estrategias comunicativas para aceptar responsabilidad y disculparse

Es culpa mía.	**Ha sido sin querer.**
It's my fault.	*It was an accident.*
Reconozco que estaba equivocado(a).	**Lo dije sin ánimo de ofender.**
I admit that I was wrong.	*I said it without meaning to offend.*
Sé que mi conducta no tiene perdón.	**No era mi intención…**
I know that my behavior is unforgivable.	*It was not my intention . . .*
Me responsabilizo plenamente de…	**Pensé que hacía bien/lo correcto.**
I take full responsibility for . . .	*I thought I was doing the right thing.*
Admito que…	**Tenía entendido que…**
I admit that . . .	*I was under the impression that . . .*

Page from the Codex Mendoza, showing discipline and chores assigned to children, Mexico, c.1541-42 (pen & ink on paper), Spanish School, (16th century)/Bodleian Library, Oxford, UK/The Bridgeman Art Library International

De madre a hija…

5-5 En (inter)acción

Realicen las siguientes actividades según se indica.

1. **Más a fondo.** La directora de la escuela y otros profesores quieren hablar con los padres de estos estudiantes con respecto a las tareas que han escrito. Trabajen en grupos de tres estudiantes. Cada estudiante elige un papel (de directora, profesor[a], padre o madre), y juntos examinan los prejuicios y estereotipos que evidencian las tareas. Utilicen algunas de las expresiones de **Estrategias comunicativas**.

2. **En la consulta.** Adán y Eva han ido a consultar a un(a) consejero(a) matrimonial, pues discuten constantemente desde la expulsión del Paraíso. En grupos de tres estudiantes, distribúyanse estos papeles y representen una escena breve durante la consulta.

3. **Por la boca muere el pez.** Analicen la siguiente tira cómica a la luz de las relaciones entre los sexos, el lenguaje y los estereotipos.

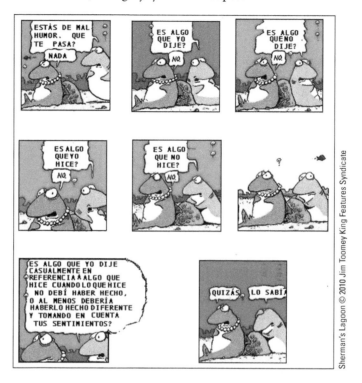

Sherman's Lagoon © 2010 Jim Toomey King Features Syndicate

4. **Mujer florero.** Esta canción es de un dúo español llamado *Ella baila sola*. La protagonista nos dice lo que quiere ser cuando sea mayor. Pero ¿lo dice en serio? ¿Cómo lo saben? Comenten la canción con sus compañeros.

♪ Mujer florero°   *flower vase*

De mayor quiero ser mujer

   florero,

metidita en casita yo te espero,

las zapatillas de cuadros

   preparadas,

todo limpio y muy bien

hecha la cama.

De mayor quiero hacerte la

   comida,

mientras corren los niños

por la casa,

y aunque poco nos vemos

yo aquí siempre te espero

porque es que yo sin ti, es que yo,

es que no soy nada y…

Quiero ser tu florero

con mi cintura° ancha,   *waist*

muy contenta cuando

me das el beso

de la semana.

Es mi sueño: todo limpio

es mi sueño: estar en

   bata°   *robe, housedress*

y contar a las vecinas

las desgracias que me pasan.

De mayor quiero ser mujer

   florero,

serán órdenes siempre tus

   deseos

porque tú sabes más de

todo, quiero

regalarle a tu casa todo mi tiempo.

Y por la noche te haré la cenita,

mientras ves el partido

o alguna revista,

y hablaré sin parar de mi día

casero, no me escuchas, no me

   miras

¡ay! ¡Cuánto te quiero!

Quiero ser tu florero… ♪

5-6 Tu (video)blog

¿Es posible combatir los estereotipos? Escoge un ejemplo de un estereotipo y ofrece algunos consejos para lograrlo.

Repaso gramatical	• Formas del presente de subjuntivo: **Cuaderno**, pág. 138
	• El subjuntivo con expresiones impersonales: **Cuaderno**, pág. 140
Práctica escrita	• **Cuaderno**, págs. 139, 141
Práctica oral	• **Cuaderno**, págs. 139, 142

Palabreo

GILDA HOLST

Gilda Holst (n. 1952, Ecuador) estudió literatura en la Universidad Católica de Guayaquil, y hoy día se dedica a escribir ficción y a ejercer el periodismo. Sus cuentos se encuentran en dos colecciones, *Más sin nombre que nunca* (1989) y *Turba de signos* (1995), y en múltiples revistas y antologías publicadas en su país y en el extranjero. Hasta la fecha ha publicado una novela, *Dar con ella* (2001). Como ha señalado la crítica, el humor y la ironía constituyen dos de los rasgos más destacados de su producción literaria.

"Palabreo" recrea una conversación durante la cual uno de los interlocutores intenta conseguir algo del otro.

Palabra por palabra

atento(a)	*attentive, cordial*	**hermoso(a)**	*beautiful*
el brazo	*arm*	**la rodilla**	*knee*
burgués/burguesa	*pertaining to the middle class*	**la ternura**	*tenderness*
		tomar conciencia	*to become aware*

Mejor dicho

rechazar + sustantivo	*to reject something*	**He rechazado** su oferta porque no me convenía.
no querer (en pretérito) + infinitivo	*to refuse to do something*	Fernando **no quiso** revelar el secreto.
negarse a + infinitivo	*to refuse to do something*	No entiendo por qué **te niegas a** comerte la sopa con lo buena que está.

¡Ojo! También existe el verbo **rehusar** + sustantivo o infinitivo *(to refuse)*, pero es más formal que los anteriores.

la cuestión	*theme, subject, matter*	La nueva profesora es experta en **cuestiones** de física nuclear.
cuestionar	*to question, put in question*	Daniel, **cuestionas** todo lo que hago. Estoy harta.
la pregunta	*question*	Contéstame estas **preguntas**.

¡Ojo! Recuerda que *to ask a question* se dice **hacer una pregunta**.

5-7 Práctica 👥

En parejas, contesten las preguntas siguientes, prestando atención a las palabras del vocabulario.

1. Además de **rodilla** y **brazo**, ¿qué otras partes del cuerpo saben decir en español? Realicen un concurso en clase para ver qué pareja sabe más.

2. Mencionen tres características de las familias burguesas. ¿Cómo define el gobierno estadounidense a la clase media? ¿Están de acuerdo?

3. ¿Es la ternura únicamente una cualidad femenina? ¿Cuándo muestran ternura Uds.? ¿A quién le hablan con ternura?

4. ¿Cambia la percepción de lo que es hermoso según la época, el país o la edad? ¿Son hermosos sólo los jóvenes? Expliquen.

5. Completen las oraciones siguientes de tres maneras diferentes. Sean originales.
   a. Nunca he rechazado…
   b. Los sábados por la mañana me niego a…
   c. Yo no quise… y ahora…

6. ¿Cuándo suelen los padres cuestionar las decisiones de sus hijos?

7. ¿Es cierto que hay "preguntas indiscretas" o sólo "respuestas indiscretas"? ¿Cuál sería una de esas preguntas?

Antes de leer

5-8 ¡Alto!

Haz lo indicado a continuación.

1. Con el sufijo **-eo** se forman sustantivos derivados, generalmente, de los verbos terminados en **-ear**.

coquetear *(to flirt)*	→	el coqueteo *(flirting, flirtation)*
chismear o cotillear *(to gossip)*	→	el chismorreo o cotilleo *(gossip)*
bailotear *(to jiggle)*	→	el bailoteo *(dancing around, dancing vigorously)*

Como este sufijo suele darle al sustantivo una connotación negativa, ¿qué significado tendrán **el lloriqueo** (llorar, lloriquear) y **el besuqueo** (besar, besuquear)? **Palabreo** ¿significará elocuencia o verborrea?

2. Cuando hablas mentalmente contigo mismo(a), ¿qué pronombre empleas: **yo** o **tú**? ¿En qué situaciones o contextos utilizaría alguien la tercera persona para referirse a sí mismo(a)? Algo semejante ocurre en el texto que vas a leer.

3. En el cuento siguiente el lenguaje del cuerpo es muy revelador. Por eso, al leer, debes tener en cuenta lo que hacen los personajes mientras hablan.

Andrey_Popov/Shutterstock.com

¿De acuerdo?

Palabreo

GILDA HOLST

Le expusiste con seriedad toda la problemática femenina latinoamericana para ayudarla a tomar conciencia.

Entre cigarrillo y café y un perdón por tropezar con[1] su rodilla, le decías que frente a[2] la situación de la mujer campesina, suburbana[3] u obrera, la lucha reivindicativa de la mujer —aislada[4] de la lucha de la liberación de los pueblos— es burguesa; ella te decía que estaba de acuerdo y tu índice recogía[5] su pelo y lo llevaba detrás de su oreja.

Le decías que la lucha de la mujer burguesa casi siempre se concentraba en[6] la relación de los sexos.

Y como repetías, un tanto angustiado,[7] que los resultados de la encuesta Hite[8] no podían aplicarse a Latinoamérica te respondió que tal vez tuvieras razón, y bajaste tu mano por su brazo, cogiste su mano con ternura y te molestó un poquito que se mordiera las uñas.[9]

Alzaste[10] la voz cuando observaste que las relaciones sexuales no podían ser, ni eran nunca, políticas.[11]

Ella hablaba de su vida y tú la interrumpías graciosamente para decirle que tenía una boca hermosa, una voz con cadencia tropical y unos hombros[12] increíbles.

Ella te miraba atenta y retomaste el tema concretándolo[13] con ejemplos; ella tensó su cuerpo para escucharte mejor y apoyó la barbilla en la mano; le dijiste, quita esa cara[14] mujer, y te decidiste con voz muy ronca[15] y muy baja a preguntarle si quería ir a la cama contigo; cuando contestó que no, tú te sorprendiste.

---

[1]**por tropezar con** *for bumping into* [2]**frente a** = en contraste con [3]**suburbana** = de barrios periféricos pobres [4]**aislada** = aquí, separada [5]**tu… recogía** *your forefinger hooked* [6]**se concentraba en** = se enfocaba en [7]**angustiado** = muy preocupado [8]La encuesta realizada por Shere Hite en 1976 dio a conocer las prácticas sexuales de las mujeres norteamericanas. [9]**se… uñas** *bit her nails* [10]**Alzaste** *You raised* [11]Es una alusión al célebre libro de Kate Millett titulado *Política sexual* (1970), en el cual la feminista norteamericana mantiene que la relación entre un hombre y una mujer es siempre una relación de poder. [12]**hombros** *shoulders* [13]**concretándolo** = ilustrándolo [14]**quita esa cara** *don't give me that look* [15]**ronca** *husky*

Después de leer

5-9 ¿Entendido?

Decide si las oraciones siguientes son verdaderas o falsas de acuerdo con el contenido de la lectura. Corrige las falsas.

1. Los personajes están en una clase.

2. El hombre y la mujer del cuento están casados.

3. Las manos del hombre enfatizan lo que dice.

4. La mujer sigue muy atenta la conversación y participa de vez en cuando.

5. El hombre escucha a la mujer con interés.

6. El hombre habla tanto porque cree que así va a convencer más fácilmente a la mujer.

7. Es posible que la mujer no sea tan atractiva como indica el hombre y que él sólo quiera hacérselo creer a ella.

8. Finalmente, la mujer aceptó la proposición que le hizo su acompañante.

5-10 En mi opinión †Ť†

En grupos de tres estudiantes, utilicen las preguntas siguientes como punto de partida para entablar una conversación.

1. ¿Sería la reacción de un lector diferente de la de una lectora? ¿Se sentirán los hombres ofendidos con este relato? ¿Y las mujeres? ¿Cuál sería la moraleja (moral) del cuento desde el punto de vista de los hombres y desde el de las mujeres?

2. ¿Tiene el personaje masculino una ideología feminista? ¿Qué parece entender él por feminismo? ¿Y Uds.? ¿Para qué emplea él sus conocimientos sobre el feminismo? ¿Es la actitud del hombre exclusivamente latina? ¿O es también frecuente en otras culturas?

3. ¿Tienen reivindicaciones similares las mujeres burguesas y las del proletariado? Por lo general, ¿es el feminismo sólo un movimiento de las mujeres de la clase media y alta? ¿En qué sentido puede estar una mujer "liberada"? ¿Y un hombre? Expliquen sus respuestas.

4. En los Estados Unidos, ¿qué connotaciones tiene la palabra **feminista**? ¿Saben qué sugiere en el mundo hispano?

5. **Palabreo** aparece sólo en el título del cuento y no dentro de él. ¿Pueden conjeturar por qué?

6. En el texto, el hombre intenta influir a una amiga con sus palabras. ¿Cuáles son otros métodos de manipulación? ¿Hay situaciones en las que se sienten manipulados?

7. Los hombres siempre se han preguntado qué quieren las mujeres. ¿Está claro qué quieren los hombres? Hagan dos listas de tres deseos para cada género y compárenlas con las de otros grupos.

Estrategias comunicativas para aceptar o rechazar algo

Por supuesto (que sí).	**Por supuesto que no.**
Of course.	*Of course not.*
Claro que sí.	**Claro que no.**
Sure.	*Of course not.*
Sin duda alguna.	**Lo dudo mucho.**
Without a doubt.	*I doubt it very much.*
Me encantaría.	**De ninguna manera.**
I would love to.	*No way.*
Cómo no.	**En absoluto.**
Of course.	*Absolutely not.*
¿Por qué no?	**Ni lo sueñes. / Ni loco(a).**
Why not?	*Not even in your dreams.*

5-11 En (inter)acción

Realicen las siguientes actividades según se indica.

 1. **Propuestas.** En parejas, propóngale algo a un(a) compañero(a) que debe contestar con alguna de las expresiones de **Estrategias comunicativas**.

Ejemplos: Estudiante 1: ¿Quieres salir conmigo?
Estudiante 2: Ni loco(a).

Estudiante 1: ¿Por qué no lavas tú los platos hoy?
Estudiante 2: Cómo no. Ya que tú limpiaste el baño…

Estudiante 1: ¿Me prestas doscientos dólares?
Estudiante 2: ¡Ja! Ni lo sueñes.

 2. **Las uvas verdes** *(sour grapes).* En grupos de tres estudiantes, observen con mucha atención la tira cómica del humorista argentino Quino y luego hagan las actividades que siguen.

Ni lo sueñes.

Diego Cervo/Shutterstock.com

a. Describan viñeta a viñeta lo que ocurre.

b. Presten atención al tamaño de los dibujos. ¿Qué quiere indicar con esto el dibujante? ¿Qué o a quién(es) critica el dibujante en esta tira cómica?

c. Relacionen la tira cómica con el cuento "Palabreo".

d. Según la fábula de Esopo (Aesop) "La zorra y las uvas", una zorra vio unos hermosos racimos de uvas y empezó a saltar para coger uno y comérselo. No pudo alcanzar ninguno y, frustrada, dijo para consolarse, "Estas uvas no están maduras". Comenten esta fábula en relación con la tira cómica.

e. Pónganle un título a esta historieta cómica que refleje su contenido.

3. **Defensa verbal.** En grupos, inventen réplicas breves e ingeniosas para los siguientes comentarios o actitudes sexistas.

   a. Alguien acaba de contar un chiste sexista delante de ti.

   b. El mecánico de un taller de reparaciones te dice que las mujeres no entienden de carros.

   c. Una mujer pide la cuenta en un restaurante y se la entregan a su acompañante masculino.

   d. Un conductor acaba de hacer una maniobra peligrosa en la carretera y alguien dice que seguramente es una mujer.

   e. Eres una mujer que viaja en avión. Alguien sentado en el asiento de al lado hojea una revista pornográfica.

Ahora, continúen esta actividad, añadiendo otros ejemplos.

 4. **Mujer, no llores…** En parejas, observen la cubierta del folleto y contesten las preguntas a continuación.

   a. ¿A qué situación creen que alude este folleto informativo?

   b. ¿Dónde o a quién creen que debe hablar la mujer?

   c. ¿Por qué no debe llorar la mujer? ¿Por qué no es bueno que llore?

© Mujer, no llores. Habla. Defiende tu dignidad. Reprinted courtesy of Instituto de la Mujer, Ministerio de Asuntos Sociales, Madrid.

5-12 Tu (video)blog

Menciona por lo menos tres señales positivas y tres negativas en compañeros potenciales que indicarían si les gustamos o no.

Repaso gramatical

- El subjuntivo con expresiones de duda o negación: **Cuaderno**, pág. 145
- Los posesivos: **Cuaderno**, pág. 146

Práctica escrita
- **Cuaderno**, págs. 145, 147

Práctica oral
- **Cuaderno**, págs. 146, 148

El hipnotizador personal

PEDRO MAIRAL

Autor de novelas (*Una noche con Sabrina Love*, 1998, y *El año del desierto*, 2005), poemas y cuentos, Pedro Mairal (n. 1970, Argentina) es considerado uno de los escritores jóvenes más representativos de la ficción latinoamericana actual. De hecho, el relato siguiente se incluyó en una antología, *La joven guardia* (2005), que recoge cuentos de destacados escritores argentinos menores de treinta y cinco años. El cuento combina dos temas: "chico conoce a chica" y las nuevas sensibilidades de la época contemporánea.

Palabra por palabra

animarse	*to cheer up*	**despedirse de**	*to say goodbye*
borracho(a)	*drunk*	**despreciar**	*to disdain, look down on*
dar vueltas	*to go/walk around*	**hacer (la) cola**	*to wait in line*
(por un lugar)	*(somewhere)*	**la marca**	*brand, trademark*
darle vueltas	*to think a matter over,*	**el rato**	*short time*
(a un asunto)	*turn a matter over*	**regañar**	*to scold, reprimand*
	in one's mind	**suceder**	*to happen*

Mejor dicho

salir con	*to go out with, have a date*	¿**Con** quién va a **salir** esta tarde?
la cita	*appointment*	¿A qué hora tienes **cita** con la editora?
el (la) acompañante, novio(a), amigo(a)	*date (referring to a person)*	Voy a salir con **un amigo**.

amar	*to love a person or thing (formal)*	Nos **amamos** desde que éramos niños.
querer*	*to love a person or animal (informal)*	**Quiere** mucho a los animales.
desear*	*to desire a person*	¿Quién te dijo que te **deseaba** apasionadamente?
encantar**	*to like a lot, love, be delighted by*	Les **encantaba** viajar.

¡**Ojo**! *Recuerda que **querer** y **desear** *(to want, wish)* son también verbos de deseo y emoción, y que requieren el uso del subjuntivo en la cláusula subordinada cuando hay cambio de sujeto. Por ejemplo: No **quieren** que nos casemos.

¡**Ojo**! **La estructura de **encantar** es como la de **gustar**.

5-13 Práctica 👥

En parejas, contesten las preguntas siguientes, prestando atención a las palabras del vocabulario.

1. ¿Por qué los regañaban sus padres cuando eran pequeños? Mencionen por lo menos dos razones.

2. ¿Compran siempre objetos de marca? ¿Vale siempre la pena hacerlo y pagar el precio más alto? Expliquen.

3. Comenten la razón de una cita con…

   a. un veterinario.

   b. un profesor.

   c. una entrenadora personal.

   d. un consejero universitario.

   e. un agente inmobiliario *(real estate agent)*.

   f. una peluquera.

4. Mencionen dos cosas o personas que les encantan, otras dos que desean y otras dos que aman o quieren.

5. Hagan una lista de los síntomas del amor. Luego, comparen sus resultados con los de otras parejas. Después, hagan otra lista con el sentimiento opuesto, el desamor, y también comparen los resultados.

6. ¿Qué cualidades o defectos desprecian en la gente? Mencionen cuatro y luego compárenlos con los de otras parejas.

Antes de leer

5-14 ¡Alto!

Haz lo que se indica a continuación.

1. Si sabes que vas a leer sobre una relación amorosa, ¿qué te imaginas que puede suceder con un título así?

2. ¿Qué opinas de la técnica de la hipnosis? ¿Te han hipnotizado alguna vez? ¿Dónde y con qué propósito?

3. Se denomina **voseo** al uso de **vos sos/tenés/vivís/comprás** en lugar de tú eres/tienes/vives/compras. Este fenómeno lingüístico se extiende por casi dos terceras partes de Latinoamérica. Al leer, busca algún ejemplo de **voseo** en los diálogos.

El hipnotizador personal

PEDRO MAIRAL

Yuri Arcurs/Shutterstock.com

¿Hacen buena pareja o no?

Hace diez años, en un taller[1] literario, conocí a una chica que tenía mucha plata.[2] Mejor dicho, sus padres tenían mucha plata. No se llamaba Verónica, pero la voy a llamar Verónica por discreción, aunque ella ya no viva en la Argentina. Verónica escribía cuentos que sucedían en París, en New York, en Ámsterdam, con personajes que estaban siempre invitados a grandes fiestas. El taller quedaba en Callao y Córdoba, y a la salida yo la llevaba en mi bicicleta hasta Las Heras. No nos dábamos cuenta de lo peligroso que era, o quizá sí y eso nos divertía. Una sola vez casi nos pisa un 60,[3] estuvimos muy cerca. A veces nos metíamos en librerías y ella se compraba un libro pero después, cuando le preguntaba si le había gustado, me decía que no lo había leído. No le gustaba mucho leer. Se cruzaba todo el tiempo con[4] ex compañeras del colegio y después me hablaba mal de ellas. "Viven en una burbuja",[5] me decía, "están siempre hablando de ir a esquiar o de Punta del Este, no se dan cuenta de que la cosa va un poco más allá". Como suele pasar, Verónica despreciaba a la gente que se le parecía.

Me acuerdo de que era lacia,[6] sobre todo eso. Era más lacia que linda. Y me acuerdo también de su olor a *shampoo*, cuando iba sentada en el marco de la bicicleta. Sin que yo siquiera la hubiera besado, ella me incitaba y me despreciaba, iba alternando esas dos actitudes con sutileza, manteniéndome apartado pero, al mismo tiempo, a tiro.[7] Si me lo hubiese pedido, yo la hubiese llevado pedaleando hasta Brasil.

En una de esas vueltas,[8] me invitó a su casa en la calle Galileo porque iban a ir sus amigos de cine (estudiaba cine en un instituto del centro). "Dale vení,[9] no me banco[10] esperar sola", me dijo. Llegamos y nos abrió la puerta de calle un guardia de seguridad, con uniforme gris. Era de los pocos edificios en Buenos Aires que en esa época ya tenían seguridad privada las 24 horas. Subimos.

El departamento era enorme, decorado con sillones blancos y tapices. Vivía sola porque sus padres siempre estaban en lugares exóticos del mundo. Había una mucama[11] vieja dando vueltas por la cocina, con la que tenía discusiones feroces que la avergonzaban. En media hora me mostró su cámara nueva, me mostró fotos de un viaje a la India, me mostró algo en la computadora que yo no entendí hasta tiempo después cuando se popularizó internet, puso un *compact* en un equipo súper Hi-Fi, dio vueltas por el departamento, me mostró el arma del padre, comimos helado, y al rato fueron llegando los amigos.

Tenían más o menos nuestra edad. Había una chica que se llamaba Fabiana y un chico pelilargo que se llamaba Pablo, que yo pensé que eran novios porque se hacían masajes en el sillón. Todos parecían estar muy habituados al lugar, se tiraban en el *living* sin problema, abrían la heladera[12] y le pedían licuados[13] a la mucama.

Los vi varias veces y me fui mimetizando con esa actitud de confianza. Hacían base ahí y después se iban a fiestas en otras casas. Yo fui una sola vez a una de esas fiestas donde hicieron lo mismo pero con otra gente y con otra marca de cerveza: sentarse y hablar de la fiesta a la que iban a ir después. Lo mejor, la fiesta ideal, siempre estaba en el próximo lugar.

En alguna de esas charlas de sillón, salió la típica pregunta: Si pudieras tener cualquier cosa en el mundo, ¿qué te gustaría tener? La mayoría quería tener otro cuerpo, o mucha plata. La respuesta de

---

[1]**taller** *workshop* [2]**plata** = dinero [3]**casi nos pisa un 60** *the number 60 bus almost ran us over* [4]**se cruzaba… con** = se encontraba con [5]**burbuja** *bubble* [6]**lacia** = lánguida [7]**a tiro** = fig., cerca, accesible [8]**vueltas** = paseos [9]**vení** (vos) = ven (tú) [10]**no me banco** = no tolero [11]**mucama** = criada [12]**heladera** = refrigerador [13]**licuados** *shakes*

"El hipnotizador personal" by Pedro Mairal, as found in *La joven guardia. Nueva literatura argentina*, ed. Maximiliano Tomas (Barcelona: Verticales de bolsillo, 2009). Used with permission.

Verónica me llamó la atención. "Yo quiero tener un hipnotizador personal", dijo. "Un tipo que me hipnotice en los ratos aburridos, que me despierte sólo para los ratos de acción, que me anule el tiempo muerto".

Eso es lo que quería Verónica, alguien que le editara la vida. Le preguntaban cómo sería y ella explicaba que el hipnotizador tenía que dormirla, por ejemplo, antes de salir de viaje a París. La subía dormida al auto, la llevaba al aeropuerto, le hacía los trámites,[14] la subía al avión y la despertaba un rato durante el vuelo para comer; después la volvía a dormir y la despertaba en el taxi, en las calles de París, camino al hotel. Tenía que ser un tipo fuerte que pudiera llevarla en brazos.

Me sorprendió la expresión "tiempo muerto". Se la había escuchado decir a sus amigos cineastas, pero no la había entendido del todo hasta que ella la dijo. La idea de Verónica era matar el tiempo, matar el tiempo muerto. Ella tenía intolerancia al tiempo real. No soportaba el tiempo que mediaba entre los momentos supuestamente relevantes de su vida. No soportaba el tiempo muerto frente al semáforo[15] o en las salas de espera o haciendo cola. Los momentos en que no pasa nada. Cuando me llegó el turno de decir qué quería, yo pensé que quería tenerla a Verónica, pero no lo dije. No me acuerdo con qué traté de zafar.[16] Tampoco sé si fue esa misma noche que conseguí darle un beso. Me acuerdo que caminamos por Galileo hasta que nos sentamos en la escalera de la Plaza Mitre y, como yo había tomado bastante cerveza, me animé. Pero era difícil. Se me escapaba. Como si no estuviera ahí. Vivía desfasada del presente, un poco corrida hacia el futuro, siempre pensando en algo bueno que iba a pasar después, hablándome de eso, una fiesta, una película esa noche, algo que iban a filmar, algo de ropa que le iban a traer los padres de New York, siempre en ese declive[17] de la ansiedad, cayendo hacia adelante.

Yo iba seguido[18] a la casa. A veces estaban Pablo y Fabiana viendo videos. Un sábado a la noche la había invitado a Verónica a San Telmo a tomar algo pero me había dicho que estaba cansada. Al rato cayeron Pablo, Fabiana y unos amigos de Puerto Rico que querían ir a bailar salsa. Trajeron ron La Negrita y lo mezclaron con Coca-Cola. Yo veía que Verónica se preparaba para salir, muy divertida, y me puse a tomar ron. Un vaso tras otro. Ella quería que fuera con ellos pero yo, enfermo de literatura, prefería la tristeza del perdedor. Terminé tocándole el timbre a las cuatro de la mañana, totalmente borracho, diciéndole que quería ser su hipnotizador personal. Y ella ni siquiera estaba. El guardia de planta baja, que ya me conocía, me paró un taxi y me mandó a mi casa.

Le escribí cosas a Verónica. Poesía. Una vez fuimos al cine a la trasnoche, después a tomar algo, después caminamos y en un kiosco, de madrugada, compré el diario *La Prensa* recién salido para mostrarle que en el suplemento cultural habían publicado un poema mío dedicado a ella. No me quedaban más ases en la manga[19] y todavía no había logrado pasar de los primeros besos. Yo le había dicho que ella me gustaba y ella me había dicho que yo era "un tipo muy intenso". Desde entonces, ese adjetivo —aplicado a cualquier cosa— me da un poco de vergüenza.

Una tarde subí pedaleando la barranca de Galileo. El guardia del edificio me dijo: "¿Qué hacés, Pedrito? No está Verónica… Che, el otro flaco, el pelilargo…". "¿Quién, Pablo?", dije. "Sí, te ganó de mano.[20] Se queda a dormir y todo".

Me despedí de él con una sonrisa bastante digna teniendo en cuenta que acababan de romperme el corazón. El guardia me había dicho la verdad, así, dura y directa. Lo odié pero hoy creo que me hizo un favor porque, si no, yo hubiese seguido dando vueltas, cada vez más enredado.[21]

Me volví caminando al lado de la bicicleta, sin subirme. Tenía ganas de ir sacándome la ropa y tirarme desnudo en medio de la calle. No sé si fue exactamente ese día, pero la bicicleta fue a parar a la baulera.[22] No volví a ese taller literario, ni volví a verla a Verónica. Supe, por un amigo de un amigo, que se casó y vive en los Estados Unidos.

Hace un par de años escribí un cuento corto con ella como personaje. Lo tengo que corregir. El narrador era el hipnotizador, el encargado de hechizarla cuando ella se aburría. Él iba contando lo que había hecho esa tarde. Estaba ambientado en México porque me parecía que quedaba mejor. Y él hablaba de "la niña". "A las dos, la niña me ha pedido que la duerma y la lleve a una fiesta en Cuernavaca". Entonces contaba cómo la dormía en su silla, la cargaba en el auto y se sentaba al volante, para manejar despacio. Ella dormida en el asiento de atrás, él fumando, con la ventanilla abierta. Describía el viaje y cómo por el camino se veía venir una tormenta de verano, y después llovía y caía granizo.[23] Estaba contado en presente, porque él estaba atrapado en el presente, viviendo el tiempo muerto que ella no quería vivir. Entonces llegaban de noche a Cuernavaca y unas cuadras antes el hipnotizador despertaba a "la niña". Le contaba que había granizado y ella se enojaba porque decía que cómo no la había despertado para ver eso; le hubiera gustado ver granizar. La niña lo "regañaba" mucho y se bajaba del auto hacia la fiesta, dando un portazo. Él estaba enamorado de ella.

---

[14]**trámites** *arrangements* [15]**semáforo** *traffic light* [16]**zafar(me)** = librarme (de contestar) [17]**declive** *incline* [18]**seguido** = a menudo
[19]**ases en la manga** *aces up my sleeve* [20]**te ganó de mano** = se te adelantó [21]**enredado** = confundido [22]**baulera** *storage* [23]**granizo** *hail*

Después de leer

5-15 ¿Entendido?

Contesta las preguntas siguientes según el contenido de la lectura.

1. ¿Cómo conoció Pedro, el protagonista, a Verónica?

2. ¿Qué actividades realizaban juntos?

3. ¿Qué hacía él para impresionarla? ¿Lo consiguió?

4. ¿Para qué quería Verónica un hipnotizador personal?

5. ¿Por qué dejó el narrador de salir con ella? ¿Cómo acabó la relación entre ellos?

6. ¿Cuántos relatos ha escrito Pedro sobre Verónica?

7. ¿Por qué regañó "la niña" al conductor cuando llegaron a Cuernavaca?

5-16 En mi opinión ᛏᛏᛏ

En grupos de tres estudiantes, utilicen las preguntas siguientes como punto de partida para entablar una conversación.

1. ¿Sabemos los lectores por qué se siente atraído el narrador por Verónica? ¿Es fácil o difícil saber o explicar por qué nos atrae alguien? Expliquen.

2. Conjeturen las posibles razones por las que fracasa la relación entre Pedro y Verónica: incompatibilidad de caracteres, diferencias de clase social, gustos e intereses opuestos, etcétera.

3. ¿Cómo ha influido el cine en Verónica? ¿Y en Uds.? ¿Somos conscientes de ello? ¿Cómo afectan las nuevas tecnologías (como por ejemplo las redes sociales) a las relaciones de amistad y amorosas?

4. Si hicieran una película basada en este cuento, ¿a qué actores elegirían para los personajes de Pedro y Verónica? ¿Por qué?

5. ¿Para qué utilizarían Uds. la hipnosis? ¿Qué usos médicos de ella conocen?

6. ¿Saben lo que es la **metaficción**? Busquen una definición y decidan si es aplicable al cuento de Pedro Mairal.

Estrategias comunicativas para invitar a alguien

¿Tienes planes para esta noche, este fin de semana…?	*Do you have any plans for tonight, this weekend . . . ?*
¿Qué te parece si vamos al cine, a un restaurante…?	*How about going/Would you like to go to the movies, to a restaurant . . . ?*
¿Te apetece ir a tomar un café?	*Do you feel like going for a cup of coffee?*
¿A qué hora/Dónde quedamos?	*At what time/Where do we meet?*

... para aceptar la invitación...

¡Con mucho gusto!
It would be a pleasure!

Bueno, de acuerdo.
OK, agreed.

¡Me encantaría!
I would love to!

¡Por supuesto que sí!
Of course!

... o para rechazarla

Lo siento, he quedado con...
I'm sorry, I made plans with . . .

Me gustaría mucho, pero no voy a poder.
I would really like to, but I won't be able.

Hoy me es imposible, pero quizás en otra ocasión.
I can't today, but maybe another time.

¡De ninguna manera!
No way!

5-17 En (inter)acción

Realicen las siguientes actividades según se indica.

 1. **Invitaciones.** Delante de toda la clase, un(a) estudiante invita a otro(a) a salir. El (La) segundo(a) estudiante responde y le pregunta a un(a) tercero(a), y así sucesivamente. Utilicen algunas de las expresiones que aparecen en **Estrategias comunicativas**.

  2. **La realidad virtual.** En grupos de tres estudiantes, busquen en internet algunos anuncios personales que les parezcan buenos y malos, y expliquen por qué.

 3. **Corazones rotos.** Algunos estudiantes forman un panel de expertos para contestar preguntas del resto de la clase sobre las dificultades románticas, como los amores no correspondidos, las rupturas difíciles, etcétera. Sugieran por lo menos cinco maneras de seguir adelante y recuperarse después de una ruptura sentimental.

¿Qué estará pasando?

Edw/Shutterstock.com

 4. **Contra el aburrimiento.** En grupos de tres o cuatro estudiantes, seleccionen por lo menos tres estrategias para combatir el aburrimiento que podrían incluirse en un libro de autoayuda. Después, preséntenlas a la clase y entre todos elijan las tres mejores.

 5. **Tu media naranja** *(Your better half).* Con toda la clase, hablen sobre los concursos de televisión que tratan de emparejar a un chico y una chica para que salgan juntos o se casen. ¿Qué opinan de estos programas? ¿Participarían en uno?

5-18 Tu (video)blog

Menciona cinco características que consideras esenciales para ser feliz y que están al alcance de todos.

Repaso gramatical	• El subjuntivo con verbos de deseo y emoción: **Cuaderno**, pág. 149
	• Formas y usos del presente perfecto de subjuntivo: **Cuaderno**, pág. 151
Práctica escrita	• **Cuaderno**, págs. 149, 151
Práctica oral	• **Cuaderno**, págs. 150, 152

Mujeres al borde de un ataque de nervios (ESPAÑA, 1988)

Película   **Director:** Pedro Almodóvar   **Duración:** 89 minutos   **Clasificación:** R

Slavoljub Pantelic/
Shutterstock.com

La relación de Pepa e Iván, los protagonistas, está llegando a su fin. El mayor problema es que Pepa acaba de descubrir que está embarazada y no puede encontrar a Iván para decírselo. Pepa pasa dos días con sus noches buscando desesperadamente a Iván y encuentra una serie de complicaciones por el camino. Durante esos dos locos días conoce a Lucía (la ex mujer de Iván), a Carlos (el hijo de Iván y Lucía), a una abogada (el último amor de Iván) y a un taxista (que le sirve de "ángel de la guarda" a Pepa). Estos personajes la llevan a descubrir a un Iván que no conocía, y a aclarar su situación en la última escena de la película, aunque no de la manera tradicional.

Antes de ver la película

Haz lo indicado a continuación.

 1. Busca información sobre la vida y la filmografía de Almodóvar.

2. ¿Qué anticipas al leer el título? ¿Cómo imaginas un ataque de nervios?

Durante la película

Haz lo indicado a continuación.

1. Apunta en un cuaderno algunas palabras, expresiones o estructuras que reconoces por haberlas aprendido en clase. Por ejemplo, **gustar** y verbos afines: "A Iván **le encanta** el gazpacho", "¿**Le molesta** el rock?", "A mi novia **le gustó** el autógrafo", "Iván ya no **me interesa**".

2. Apunta cinco palabras o expresiones nuevas que escuches al ver la película.

Después de ver la película

A. Contesta las preguntas.

1. ¿Por qué estaban Pepa, Candela y Lucía al borde de un ataque de nervios?

2. ¿En qué sitios tiene lugar la película?

3. ¿Cómo era el apartamento de Pepa?

4. ¿Cómo se prepara un gazpacho?

5. ¿Qué función tienen el teléfono y el contestador automático en la trama?

B. Contesten las siguientes preguntas en grupos de tres o cuatro estudiantes.

1. ¿Es similar el humor de esta película al de las comedias norteamericanas? Compárenlo y contrástenlo con el humor de comedias que hayan visto.

2. Si Uds. pudieran hablar con Iván y con Pepa por separado, ¿qué le dirían a cada uno?

3. ¿Tiene un final feliz y optimista la película? Expliquen.

4. Por lo visto, el título original de la película era *¿Qué he hecho yo para que me abandones?* Sugieran otros títulos y expliquen por qué serían apropiados igualmente.

CAPÍTULO 6

EN FAMILIA

Heinle Grammar Tutorial:
- Informal commands
- Formal and **nosotros** commands
- The passive voice
- **Por** vs. **para**
- The present subjunctive

La brecha

MERCEDES VALDIVIESO

Mercedes Valdivieso (1924–1993, Chile), periodista y profesora universitaria de literatura, es más conocida por su narrativa rompedora *(groundbreaking)*. Su novela *La brecha* (1960, traducida como *The Breakthrough*) consiguió un éxito rotundo. Algunos críticos la consideran la primera novela feminista de América Latina. En ella nos presenta a una mujer que se rebela contra las expectativas familiares y sociales de su época. Esta visión subversiva resultó sorprendente viniendo de una mujer de clase alta en uno de los países más conservadores del continente. En el texto seleccionado, que corresponde a las primeras páginas de la novela, la protagonista nos habla de su matrimonio, de su embarazo y de la decisión que toma después del nacimiento de su primer hijo.

Palabra por palabra

arreglarse	*to manage, fix oneself up*	**el pañal**	*diaper*
así	*thus, like this/that*	**el parto**	*childbirth*
dar a luz/parir	*to give birth*	**por lo tanto**	*therefore*
la luna de miel	*honeymoon*	**el refugio**	*shelter*
nacer	*to be born*	**el riesgo**	*risk*

Mejor dicho

cuidar	*to take care of someone or something*	Con mucho gusto te **cuidaré** los gatos mientras estés de viaje.
importar*	*to care about something or someone, matter*	No me **importa** nada lo que piensen ellos.
tener cuidado	*to be careful*	Han anunciado que va a nevar. **Ten** mucho **cuidado** manejando.

¡Ojo! *La estructura de **importar** es como la de **gustar**: objeto indirecto + verbo + sujeto.

embarazada	*pregnant*	Bárbara estaba **embarazada** de siete meses cuando la conocí.
embarazoso(a)	*embarrassing (situations)*	A mí sus preguntas me resultaron **embarazosas**.
avergonzado(a)	*ashamed, embarrassed (people)*	Se sienten **avergonzados** de su cobardía.
vergonzoso(a)	*shy (people)*	Diana no ha hablado nunca en público porque es muy **vergonzosa**.
	shameful, indecent (things or situations)	¿No te parece **vergonzoso** cómo nos tratan?

6-1 Práctica

En parejas, contesten las preguntas siguientes, prestando atención a las palabras del vocabulario.

En la salud y en la enfermedad

1. ¿Qué tópicos sobre las mujeres embarazadas presentan los programas de televisión? ¿Qué hace el marido o compañero(a) mientras la mujer da a luz? ¿Qué saben de las circunstancias de su propio nacimiento? ¿Quiénes los cuidaban cuando eran bebés?

2. Mencionen dos riesgos que corre un(a) niño(a) estando en casa, en la escuela, en el parque. ¿Y los jóvenes? ¿Qué es lo más arriesgado que han hecho Uds. jamás?

3. A continuación tienen una lista de situaciones **embarazosas**. Añadan dos más y luego ordénenlas de más a menos embarazosas.

   a. Romper algo muy valioso en casa de alguien.

   b. Confundirse de nombre al hablar con alguien.

   c. Tener comida entre los dientes.

   d. Tropezar y caerse en la calle.

4. Hagan una lista de tres temas que les importan mucho y luego compárenla con las de otras parejas de la clase.

   Ejemplo: Me importa la violencia doméstica porque…

5. Digan tres cosas que cuidan mucho (o no) y por qué.

   Ejemplo: Cuido mucho mi computadora portátil porque…

Antes de leer

6-2 **¡Alto!**

Haz lo indicado a continuación.

1. Lee el primer párrafo prestando atención a las formas verbales. ¿En qué persona están y en qué tiempo? ¿Qué conclusión puedes sacar de esto? ¿Puedes anticipar algo sobre lo que vas a leer?

2. Menciona tres ritos o prácticas vinculadas *(linked)* a una determinada religión.

   Ejemplo: la confesión = el catolicismo; un bar mitzvah = el judaísmo

3. ¿Ha cambiado la imagen de la mujer como madre en los últimos tiempos? ¿Es lamentable o positivo este cambio? ¿Ha cambiado también la imagen del hombre como padre? Explica.

4. ¿Es estar embarazada siempre motivo de alegría? ¿En qué situaciones no lo sería?

ESTE NIÑO LINDO
QUE NACIÓ DE NOCHE
QUIERE QUE LO LLEVEN
A PASEAR EN COCHE

© Cengage Learning

La brecha

MERCEDES VALDIVIESO

Me casé como todo el mundo se casa. Antes de los veinticinco años debía adquirir un hombre que velara por mí,[1] me vistiera, fuera ambicioso y del que se esperara, al cabo de cierto tiempo, una buena posición: la mejor posible.

Todo el mundo estaba de acuerdo en que un marido era absolutamente indispensable. Yo tenía diecinueve años, voluntad firme, pasión, belleza, un físico exuberante, de una gran sensualidad.

Mamá pesaba con autoridad sobre mis arrebatos de libertad,[2] limitándola con firmeza. [Yo] me defendía furiosamente. Los veintiún años me parecían tan lejanos como la luna. Comencé, entonces, a pensar en solucionar el problema.

Un día, acompañando a su prima, llegó Gastón, todo un joven y promisorio[3] abogado. Sabía por mi amiga que había obtenido durante todos sus años de universidad las calificaciones más altas. Me miró como deben abrirse los ojos en la luna: atónito.[4] Desde ese momento todo tenía que precipitarse porque la perspectiva de salir de casa me parecía de posibilidades ilimitadas. Bajé la cabeza, me tiré por

---

[1]**velara por mí** *would watch over me* [2]**arrebatos de libertad** *escapades* [3]**promisorio** *promising* [4]**atónito** *dazzled*

La brecha by Mercedes Valdivieso. Pittsburgh: Latin American Literary Review Press, 1986. Reprinted by permission from the publisher, Latin American Literary Review Press.

la ventana, sin pensar que junto a ella estaba la puerta por abrirse.

[Varios meses después de haberse casado con Gastón]

Una de aquellas deliciosas mañanas en que me quedaba sola, tuve las primeras náuseas. Revisé mentalmente los motivos y los atribuí, desesperadamente, a las bebidas de la noche anterior. Mi estómago lo rechazaba todo; la empleada se asustó. Una hora después apareció mi madre, me tomó la temperatura, observó mi piel y se quedó luego pensativa[5] largo rato.

—Iremos al doctor.

Dentro de mí comenzaba a crecer una angustia desconocida, aterradora;[6] no quería pensar en nada que fuera más allá de un simple malestar[7] de estómago.

Todo pasó rápido. Preguntas van, respuestas se dan. Como en sueños oí que esperaba un hijo. No podía ser, si jamás lo había pensado. Esas cosas le sucedían al resto, ¿pero yo qué haría? ¿Y mi libertad? ¿Ése era el resultado de la luna de miel?

Sentí un rencor hondo,[8] feroz, contra Gastón. Preferible no verlo hasta más tarde.

[Meses después en una clínica]

Largo paréntesis. Pero no hay plazo que no se cumpla…[9]

Me dolió, me desgarró,[10] me aplicaron calmantes.[11] Nació sano, hermoso. Lo vi al volver de la anestesia un par de horas después. El cansancio era muy grande para tener manifestaciones de alegría. Y estaba contenta. Libre otra vez; al menos sola con mi propio cuerpo. Respiré hondo. Esa noche pedí a la enfermera que lo acercara. Tan chiquito, tan desamparado,[12] arrancado[13] de su primer refugio: de la carne al pañal, a horarios, a voces incoherentes. Lloraba, parecía aterrado.

—¡No lo coja,[14] señora; desde que nacen hay que disciplinarlos!

(¡Dios, qué flaco favor[15] le había hecho; empezaba la lucha contra él!)

Desoí[16] sus consejos y lo levanté. Su aliento agitado, sus manitas crispadas[17] en el aire pedían socorro.[18] Ahora yo era dos. Puse mi cara junto a la suya, rosada, tibia,[19] y se fue calmando. Sentí piedad, una ternura inmensa y desconocida.

—Bueno, chiquitito, ya nos arreglaremos, ya nos arreglaremos.

Afuera la noche de septiembre, limpia, fresca. Oía los coches correr por la Costanera. Quise ir en uno de ellos velozmente hacia la cordillera[20] acompañada de la risa fuerte y alegre de un hombre.

El departamento[21] que ocupaba, grande y lujoso, más parecía un hotel que una clínica, pero era una clínica. Apreté las manos contra mi vientre[22] sobre las sábanas: "Nunca más. Haré lo necesario para impedir que esto se vuelva a repetir. Nunca más".

—Los hijos son la corona[23] de las madres; evitarlos es un pecado. Más vale llegar pronto al cielo que más tarde al infierno.[24]

Así decía mi suegra, que pesaba mucho[25] en la conciencia de Gastón. Éste consideraría, por lo tanto, entre las terribles consecuencias futuras de mi decisión, la posibilidad de la condenación[26] eterna. Porque abstenerse ciertos días, la mayoría, para no correr riesgos ni pecar,[27] era demasiado duro a los veinticinco años.

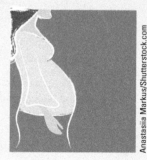

Anastasiia Markus/Shutterstock.com

---

[5]**pensativa** *pensive* [6]**aterradora** *terrifying* [7]**malestar** *discomfort* [8]**hondo** *deep* [9]**no hay… cumpla** *everything comes to an end* [10]**me desgarró** *ripped me* [11]**calmantes** *painkillers* [12]**desamparado** = vulnerable [13]**arrancado** *yanked out* [14]**No lo coja** *Do not pick him up* [15]**flaco favor** *bad deal* [16]**Desoí** = Ignoré [17]**crispadas** *clenched* [18]**socorro** = ayuda [19]**tibia** *warm* [20]**cordillera** = montañas [21]**departamento** = cuarto [22]**vientre** *belly* [23]**corona** *crown* [24]**cielo/infierno** = Como en la Biblia Dios dice "creced y multiplicaos", la Iglesia católica prohíbe el uso de métodos anticonceptivos. Los católicos que violan esta prohibición cometen un pecado mortal, y cuando mueran irán al infierno *(hell)* en lugar de al cielo *(heaven)*. [25]**pesaba mucho** = fig., tenía mucha influencia [26]**condenación** *damnation* [27]**pecar** *to sin*

Después de leer

6-3 ¿Entendido?

Explica en tus propias palabras lo que la protagonista quiere expresar cuando dice lo siguiente.

1. "… me tiré por la ventana, sin pensar que junto a ella estaba la puerta por abrirse".

2. "¿Y mi libertad? ¿Ése era el resultado de la luna de miel?"

3. "… no hay plazo que no se cumpla…"

4. "Libre otra vez; al menos sola con mi propio cuerpo".

5. "… arrancado de su primer refugio: de la carne al pañal…"

6. "Ahora yo era dos".

7. "Nunca más".

8. "Los hijos son la corona de las madres; evitarlos es un pecado".

9. "… [Una de] las terribles consecuencias futuras de mi decisión [sería] la posibilidad de la condenación eterna".

10. "abstenerse ciertos días"

6-4 En mi opinión

En grupos de tres o cuatro estudiantes, utilicen las preguntas siguientes como punto de partida para entablar una conversación.

1. Comenten la diferencia entre la imagen ideal de la maternidad y la presentada en el texto. ¿En qué son distintas la imagen ideal y la literaria?

2. ¿Quién debe responsabilizarse de la contracepción: el hombre o la mujer? ¿Y si no están de acuerdo?

3. Mencionen tres características de una buena madre y tres de un buen padre. ¿Cuál debe ser el papel del padre y de la madre en la familia? ¿Cuál es el papel del padre y el de la madre en la suya?

4. La religión que profesamos determina en gran parte nuestras creencias y prácticas cotidianas. Escriban tres cosas en las que creen o hacen que están motivadas por la religión. Si no son creyentes o practicantes, mencionen tres principios éticos que siguen.

© Bernardo Erlich

5. ¿Creen que es feminista la narradora de *La brecha*? Antes de decidir, definan el término.

6. Relacionen la foto que sigue con *La brecha*. ¿Podría ser ésta la protagonista? ¿Por qué sí o por qué no?

Nueva vida

Estrategias comunicativas para felicitar a alguien

Felicidades.	*Congratulations.*	Con hechos que ocurren anual o periódicamente y que no implican un esfuerzo por parte de la persona; por ejemplo, los cumpleaños, aniversarios, etcétera.
Enhorabuena.	*Congratulations.*	Con hechos favorables que ocurren una o pocas veces en la vida e implican el esfuerzo o la suerte por parte de la persona: bodas, graduaciones, nacimientos, etcétera.
Te felicito.	*I congratulate you.*	Cuando se ha conseguido un premio, se ha hecho algo muy bien, etcétera.
Feliz/Felices + sustantivo	*Happy/Merry . . .*	Con celebraciones específicas. (Por ejemplo: Feliz Navidad, Felices Pascuas)

6-5 En (inter)acción

Realicen las siguientes actividades según se indica.

 1. **Felicitaciones.** Con tres compañeros, decidan qué expresión utilizarían para felicitar a las personas siguientes.

    a. A una amiga que acaba de tener un hijo.

    b. A las jugadoras de un equipo de baloncesto que acaba de ganar la copa.

    c. A un alumno que ha sacado la mejor nota en el examen de cálculo.

    d. A su padre por ser el Día del Padre.

    e. A su acompañante el día de Año Nuevo.

    f. A su vecina por haber recibido un ascenso en el trabajo.

    g. A su actor favorito por haber ganado un Óscar.

    h. A una conocida a quien le acaba de tocar la lotería.

2. **Tener o no tener.** Con un(a) compañero(a), preparen el diálogo entre los esposos de *La brecha* cuando ella le dice que no quiere tener más hijos. (Exploren con cuidado la reacción del marido.) Luego, preséntenlo delante de la clase.

> **Ejemplo:** —Mira, cariño, como Cristobalito nos da tanto trabajo, he pensado que no deberíamos tener más hijos.
> —¿Y con quién va a jugar cuando sea mayor?
> —No te preocupes. Le compraremos un perro.

3. **Afirmaciones.** Discutan las siguientes afirmaciones en grupos y después con toda la clase.

   a. Para que un hombre o una mujer se sienta realizado(a), debe tener por lo menos un hijo.

   b. Se debe educar a los niños y a las niñas de manera diferente.

   c. La figura paterna es fundamental en una familia.

   d. El contratar a mujeres para tener el bebé de una pareja debería ser ilegal, porque esta práctica presupone que el cuerpo femenino es una fábrica de hacer niños.

4. **Tendencias actuales.** Investiguen en internet las tendencias actuales de las familias. Por ejemplo, ¿a qué edad se casan las parejas, por lo general? ¿Cuántos hijos es lo común tener en los Estados Unidos? ¿Y en los países hispanohablantes? ¿Cuál es la cifra de divorcios en España y países de Latinoamérica en contraste con los Estados Unidos? ¿En qué países se permite el matrimonio homosexual? ¿Hay todavía alguno en que no sea legal el divorcio? Luego, contrasten y comenten las diferencias y semejanzas.

5. **Las lechugueras.** Con un(a) compañero(a), comenten el contenido y el mensaje del mural de Juana Alicia.

© Juana Alicia

6. **¿Arrepentimiento?** Lean el poema de Daisy Zamora. Luego, en grupos de tres, transcríbanlo a una conversación entre madre e hija. ¿Qué creen que ha hecho la hija para tener que disculparse? ¿Está arrepentida?

Mensaje urgente a mi madre

Todas íbamos a ser reinas
y de verídico reinar
pero ninguna ha sido reina
ni en Arauco ni en Copán.
Gabriela Mistral

"Todas íbamos a ser reinas" by
Gabriela Mistral, from *Tala*.
Buenos Aires: Sur, 1938.

Fuimos educadas para la perfección:

para que nada fallara y se cumpliera

nuestra suerte de princesa-de-cuentos

   infantiles.

¡Cómo nos esforzamos, ansiosas por demostrar

que eran ciertas las esperanzas tanto tiempo

   atesoradas!

Pero envejecieron los vestidos de novia,

y nuestros corazones, exhaustos,

últimos sobrevivientes de la contienda.°   conflicto

Hemos tirado al fondo de vetustos° armarios   muy antiguos

velos amarillentos, azahares marchitos.°   *withered orange blossoms*

Ya nunca más seremos sumisas ni perfectas.

Perdón, madre, por las impertinencias,°   intrusiones

de gallinas viejas y copetudas°   *stuck-up*

que sólo saben cacarearte° bellezas   *boast*

de hijas dóciles y anodinas.

Perdón por no habernos quedado

donde nos obligaban

la tradición y el buen gusto.

Por atrevernos a ser nosotras mismas

al precio de destrozar

todos tus sueños.

"Mensaje urgente a mi madre" by Daisy Zamora, *Gente* (Suplemento de Barricada), May 1991.
Reprinted by permission of the author.

6-6 Tu (video)blog

Hoy día hay quienes creen que la crianza de los niños se ha profesionalizado en extremo —por ejemplo, organizándoles un currículo desde la infancia que les garantice el triunfo profesional cuando sean adultos. Considera las ventajas y desventajas de esa actitud en contraste con dejar que los niños simplemente sean niños.

Repaso gramatical	
	• El imperativo: **Cuaderno**, pág. 154
	• La voz pasiva con **ser: Cuaderno**, pág. 159
	• **Estar** + el participio pasado: **Cuaderno**, pág. 160
	• La voz pasiva con **se: Cuaderno**, pág. 161
Práctica escrita	• **Cuaderno**, págs. 156, 159, 161, 162
Práctica oral	• **Cuaderno**, págs. 158, 160, 161, 164

Juego perfecto 🔊

SERGIO RAMÍREZ

Sergio Ramírez (n. 1942) es un escritor y político nicaragüense que ha merecido numerosos premios literarios, incluyendo el de Casa de las Américas de narrativa por su novela *Margarita, está linda la mar* (1998). La vida de familia y la dinámica entre las generaciones le interesan mucho, como es evidente en el texto que sigue.

La presencia de los padres en las actividades atléticas de sus hijos es un hecho habitual en numerosos países. Pero durante los partidos no sólo la actuación de los hijos es objeto de escrutinio e interés, sino asimismo la de los padres.

Story quotes from "Juego perfecto" by Sergio Ramírez. In *Juego perfecto*. Piedra Santa, Guatemala, 2008. Reprinted by permission.

6-7 Ya lo sabes

Contesta las preguntas siguientes.

1. ¿Qué sabes del béisbol? Menciona tres cosas.

2. Numerosas películas se centran en un deporte específico: el boxeo, el baloncesto, etcétera. ¿Cómo son los protagonistas de estas películas? ¿Triunfan siempre?

3. ¿En qué actividades deportivas participaste de niño(a)? ¿Qué papel desempeñaron tus padres en estas actividades?

4. ¿Cuándo sobran las palabras?

Diálogo

Escucha atentamente el diálogo siguiente, prestando atención al contenido y a la pronunciación. Escúchalo tantas veces como lo necesites. Después, haz los ejercicios que aparecen a continuación.

Palabras útiles

juego de pelota *baseball game* (en el Caribe y América Central dicen **juego** en vez de **partido**) **guante** *glove* **pata** *earpiece of eyeglasses* **amarraba** *tied* **marcar** *to score* **portaviandas** *lunch box*

6-8 ¿Te enteraste?

Escoge la(s) respuesta(s) correcta(s) según lo que acabas de oír.

1. Sergio Ramírez, autor de este cuento,…

    a. tuvo un papel importante en el gobierno nicaragüense.

    b. ha escrito también novelas.

    c. habla de béisbol en todas sus obras.

    d. es un excelente autor contemporáneo.

2. El padre del niño…

    a. asiste a todos los juegos del equipo de su hijo.

    b. se ha dedicado a enseñarle a su hijo a lanzar la pelota.

    c. quiere ser el entrenador de su hijo.

    d. le lleva la comida a los entrenamientos.

3. Lo que revela la extracción humilde de esta familia es/son…

    a. el carro.

    b. el guante de béisbol.

    c. las gafas.

    d. el uniforme del hijo.

4. Lamentablemente, el lanzador *(pitcher)* no consigue un juego perfecto porque…

    a. un jugador llegó a la primera base.

    b. un jugador de su equipo cometió un error.

    c. tenía mucha hambre.

    d. era muy tímido.

6-9 Un paso más 👤👤👤

En grupos de tres estudiantes, expresen su opinión al contestar las preguntas siguientes.

1. ¿Para quiénes es el juego narrado por Ramírez un juego perfecto? ¿Para los protagonistas, los nicaragüenses, los fanáticos del béisbol, los lectores? Expliquen.

2. Al jugar al béisbol, ¿está el hijo cumpliendo los sueños tanto de su padre como los suyos? Comenten.

3. ¿Cuál habría sido la reacción de la madre si hubiera estado esa tarde en el estadio? ¿Habría sido diferente de la del padre?

4. ¿Sería mejor que los niños aprendieran a tocar un instrumento musical en lugar de dedicarse a los deportes? Expliquen.

Cynthia Farmer/Shutterstock.com

¡Lo voy a ponchar!

Un niño de la mano de su padre

HÉCTOR ABAD FACIOLINCE

Como tantos escritores contemporáneos, Héctor Abad Faciolince (n. 1958, Colombia) ejerce de periodista y autor de ficciones y memorias. El texto que sigue es parte de su obra *El olvido que seremos* (2006), que es un recuento muy personal de su niñez y su entrañable relación con su padre, más tarde asesinado en su propio país por guerrillas paramilitares. Aparte de otros diversos honores otorgados a sus obras, este libro le mereció el Premio Nacional de Literatura en el 2007.

Palabra por palabra

bobo(a)	*silly*	**mimar**	*to spoil, pamper*
cariñoso(a)	*affectionate*	**pegar**	*to hit*
ganar	*to earn, win*	**rezar**	*to pray*
hondo(a)	*deep*	**saludar**	*to greet*

Mejor dicho

el pariente	relative	Tengo **parientes** en muchos lugares distintos.
el padre	father	¿Cuándo es el Día del **Padre**?
los padres	fathers	Nuestra asociación ofrece ayuda jurídica y psicológica a **padres**, madres e hijos.
	parents	A mis **padres** les encantaba cocinar juntos.
tocar	to touch	No **toques** los muebles con las manos sucias.
	to play a musical instrument	¡Hay que ver lo bien que **toca** la guitarra Paco de Lucía!
poner	to play records/music	¿Quieres escuchar el último disco de Los Tigres del Norte? Te lo voy a **poner** ahora.
poner	to turn on appliances	**Pon** la radio y apaga la televisión.
jugar	to play a game, specific sports*	Se entretenían **jugando** al ajedrez.

¡**Ojo!** *To play a sport se dice **practicar un deporte**.

6-10 Práctica

Hagan las actividades siguientes, prestando atención a las palabras del vocabulario.

 1. Habla con un(a) compañero(a) sobre la relación con tu familia. ¿Viven cerca de algunos parientes? ¿Quiénes son sus preferidos? ¿Son cariñosos? ¿Les han mimado mucho? Cuando los saludan después de no haberlos visto en mucho tiempo, ¿les dan un beso, un abrazo o la mano?

 2. En grupos de tres estudiantes, hagan una lista que contenga instrumentos musicales, aparatos eléctricos, juegos y deportes. Luego, comparen su lista con las del resto de la clase y pregunten qué verbo utilizarían con esas palabras: **tocar**, **poner** o **jugar**.

 3. El famoso verso de Elizabeth Barrett Browning *"Let me count the ways"* se refiere a las maneras de expresar el amor. En parejas, mencionen tres modos en que Uds. lo expresan (a sus padres, sus parientes, etcétera).

Antes de leer

6-11 **¡Alto!**

Haz lo indicado a continuación.

1. ¿Conoces alguna historia literaria o religiosa sobre padres e hijos? ¿Cuál?

2. ¿Hay palabras que asocias con tu padre? ¿Cuáles?

3. ¿Tienes algún recuerdo de tu padre de cuando eras muy pequeñito(a)?

Lazos íntimos

4. ¿Sabes algo del período llamado "la violencia" en Colombia? Si no, busca algún resumen en internet para informarte sobre el período histórico de las memorias de Abad.

Un niño de la mano de su padre

HÉCTOR ABAD FACIOLINCE

En la casa vivían diez mujeres, un niño y un señor. Las mujeres eran Tatá, que había sido la niñera de mi abuela, tenía casi cien años y estaba medio sorda y medio ciega; dos muchachas del servicio; mis cinco hermanas —Maryluz, Clara, Eva, Marta, Sol; mi mamá y una monja. El niño, yo, amaba al señor, su padre, sobre todas las cosas. Lo amaba más que a Dios. Un día tuve que escoger entre Dios y mi papá, y escogí a mi papá. Fue la primera discusión teológica de mi vida y la tuve con la hermanita Josefa, la monja que nos cuidaba a Sol y a mí, los hermanos menores. Si cierro los ojos puedo oír su voz recia, gruesa, enfrentada a mi voz infantil. Era una mañana luminosa y estábamos en el patio, al sol, mirando los colibríes[1] que venían a hacer el recorrido de las flores. De un momento a otro la hermanita me dijo:

—Su papá se va a ir para el Infierno.

—¿Por qué? —le pregunté yo.

—Porque no va a misa.

—¿Y yo?

—Usted va a irse para el Cielo, porque reza todas las noches conmigo.

Por las noches, mientras ella se cambiaba detrás del biombo,[2] rezábamos nuestros padrenuestros y avemarías. Al final, antes de dormirnos, rezábamos el credo. Ella se quitaba el hábito detrás del biombo para que no le viéramos el pelo; nos había advertido que verle el pelo a una monja era pecado mortal. Yo, que entiendo las cosas bien pero despacio, había estado imaginándome todo el día en el Cielo sin mi papá (me asomaba[3] desde una ventana del Paraíso y lo veía a él allá abajo, pidiendo auxilio[4] mientras se quemaba en las llamas del Infierno), y esa noche cuando ella empezó a entonar las oraciones le dije:

—No voy a volver a rezar.

—¿Ah, no? —me retó ella.

—No. Yo ya no quiero ir para el Cielo. A mí no me gusta el Cielo sin mi papá. Prefiero irme para el Infierno con él.

La hermanita Josefa asomó[5] la cabeza (fue la única vez que cometimos el pecado de verle sus mechas sin encanto)[6] y gritó "¡Chito!" Después nos dio la bendición.

* * *

Yo quería a mi papá con un amor que nunca volví a sentir hasta que nacieron mis hijos. Cuando los tuve a ellos lo reconocí, porque es un amor igual en intensidad aunque distinto, y en cierto sentido opuesto. Yo sentía que a mí nada me podía pasar si estaba con mi papá. Y siento que a mis hijos no les puede pasar nada si están conmigo. Todo esto es una cosa muy primitiva, ancestral, que se siente en lo más hondo de la conciencia, en un sitio anterior al pensamiento. Es algo que no se piensa, sino que sencillamente es así pues uno no lo sabe con la cabeza sino con las tripas.[7]

---

[1]**colibríes** *hummingbirds* [2]**biombo** *screen* [3]**asomaba** = miraba [4]**auxilio** = ayuda [5]**asomó** = sacó [6]**mechas sin encanto** *unattractive hair* [7]**tripas** *gut*

Yo amaba a mi papá con un amor animal. Me gustaba su olor, su voz, me gustaban sus manos, la pulcritud de su ropa y la meticulosa limpieza de su cuerpo. Yo sentía por mi papá lo mismo que mis amigos decían que sentían por la mamá. Yo olía a mi papá, le ponía un brazo encima, me metía el dedo pulgar en la boca y me dormía profundo hasta que el ruido de los cascos de los caballos y las campanadas del carro de la leche anunciaban el amanecer.

* * *

Mi papá me dejaba hacer todo lo que yo quisiera. Decir *todo* es una exageración. No podía hacer porquerías[8] como hurgarme la nariz o comer tierra; no podía pegarle a mi hermana menor; no podía salir sin avisar que iba a salir, ni cruzar la calle sin mirar a los dos lados; tenía que ser más respetuoso con las empleadas que con cualquier visita o pariente; tenía que bañarme todos los días, lavarme las manos antes y los dientes después de comer, y mantener la uñas limpias… Pero como yo era de una índole mansa,[9] esas cosas elementales las aprendí muy rápido. A lo que me refiero con *todo* por ejemplo, es a que yo podía coger sus libros o sus discos sin restricciones, y tocar todas sus cosas (la brocha de afeitar, los pañuelos, la colonia, el tocadiscos, la máquina de escribir, el bolígrafo) sin pedir permiso. Tampoco tenía que pedirle plata. Él me lo había explicado así:

—Todo lo mío es tuyo. Ahí está mi cartera, coge lo que necesites.

Y ahí estaba siempre, en el bolsillo de atrás de los pantalones. Yo cogía la billetera de mi papá y contaba la plata que tenía. Nunca sabía si coger un peso, dos pesos o cinco pesos. Lo pensaba un momento y resolvía no coger nada. Mi mamá nos había advertido[9] muchas veces:

—¡Niñas!

Mi mamá decía siempre "niñas" porque las niñas eran más y entonces esa regla gramatical (un hombre entre mil mujeres convierte todo al género masculino) para ella no contaba.

—¡Niñas! A los profesores aquí se les paga muy mal, no ganan casi nada. No abusen de su papá que él es bobo y les da lo que le pidan, sin poder.

* * *

Mis amigos y mis compañeros se reían de mí por otra costumbre de mi casa que, sin embargo, esas burlas no pudieron extirpar.[11] Cuando yo llegaba a la casa mi papá, para saludarme, me abrazaba, me besaba, me decía un montón de frases cariñosas y además, al

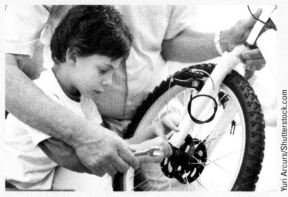

Yuri Arcurs/Shutterstock.com

De tal palo…

final, soltaba una carcajada.[12] La primera vez que se rieron de mí "por ese saludo de mariquita y niño consentido"[13] yo no me esperaba semejante burla. Hasta ese instante yo estaba seguro de que esa era la forma normal y corriente en que todos los padres saludaban a sus hijos. Pues, no, resulta que en Antioquía no era así. Un saludo entre machos, padre e hijo, tenía que ser distante, bronco y sin afecto aparente.

Durante un tiempo evité esos saludos tan efusivos si había extraños por ahí. Lo malo era que, aun si estaba acompañado, ese saludo a mí me hacía falta, me daba seguridad, así que al cabo de algún tiempo de fingimiento,[14] resolví dejar que me volviera a saludar igual que siempre, aunque mis compañeros se rieran y dijeran lo que les diera la gana.[15] Pero no todo fue burla entre mis compañeros; recuerdo que una vez, ya casi al final de la adolescencia, un amigo me confesó: "Hombre, siempre me ha dado envidia de un papá así. El mío no me ha dado un beso en toda la vida".

Mi papá siempre pensó, y yo le creo y lo imito, que mimar a los hijos es el mejor sistema educativo. En un cuaderno de apuntes escribió lo siguiente: "Si quieres que tu hijo sea bueno, hazlo feliz, si quieres que sea mejor, hazlo más feliz. Los hacemos felices para que sean buenos y para que luego su bondad aumente su felicidad". Es posible que nadie, ni los padres, puedan hacer completamente felices a sus hijos. Lo que sí es cierto y seguro es que los pueden hacer muy infelices. Si por algo lo puedo criticar es por haberme manifestado un amor excesivo, aunque no sé si existe el exceso en el amor. Tal vez sí, pues incluso hay amores enfermizos, y en mi casa siempre se ha repetido en son de chiste una de las primeras frases que yo dije en mi vida, todavía con media lengua: [16]

—Papi, ¡no me adores tanto!

---

[8]**porquerías** = cosas sucias [9]**índole mansa** = carácter dócil [10]**advertido** = dicho [11]**extirpar** = erradicar [12]**carcajada** = risa [13]**mariquita y niño consentido** *queer and spoiled child* [14]**fingimiento** *faking* [15]**diera la gana** *whatever they pleased* [16]**media lengua** *baby talk*

Después de leer

6-12 ¿Entendido?

Contesta las preguntas siguientes según el contenido de la lectura.

1. En tus propias palabras, describe a la familia del narrador incluyendo a todas las personas que viven en su casa.

2. Menciona dos cosas peculiares que hace la familia.

3. ¿A qué clase social pertenecen?

4. ¿Cómo reaccionan los amigos a las muestras de cariño del padre del autor?

5. ¿Cuáles son tres frases clave del texto? ¿Por qué lo crees así?

6-13 En mi opinión ♦♦♦

En grupos de tres estudiantes, utilicen las preguntas siguientes como punto de partida para entablar una conversación.

1. ¿Es posible amar demasiado? Expliquen y den ejemplos.

2. Comenten la teoría del padre y la del autor sobre la crianza de los hijos. ¿Están de acuerdo? ¿Los padres deben ser principalmente figuras de autoridad o de cariño?

3. ¿Cuándo y cómo se debe disciplinar a los niños? ¿Es aceptable el castigo físico leve? ¿Resulta eficaz como medio de disciplina? Sean específicos.

Estrategias comunicativas para expresar preferencias

Personalmente yo prefiero…	*Personally I prefer . . .*
Para mí…	*In my opinion . . .*
A mí me parece mejor que…	*I think it is better to . . .*
Me gusta más…	*I like . . . better*
Después de pensarlo, he decidido que…	*After thinking about it, I have decided that . . .*

6-14 En (inter)acción

Realicen las siguientes actividades según se indica.

 1. **¡Perfecto!** Supongan que sus padres, hermanos y abuelos han venido a visitarlos a la universidad. En grupos, hagan planes para pasar un día en familia paseando por el campus y sus alrededores. Traten de satisfacer los gustos de todos. Utilicen algunas de las expresiones de **Estrategias comunicativas**.

2. **¿Distintas aficiones?** En parejas, hagan una lista de las actividades típicas de padres e hijos, y contrástenlas con las que hacen madres e hijas.

Mira esto...

 3. **¿Educación pública, privada u hogareña?** Debatan con toda la clase las ventajas y desventajas de ser educado(a) en casa en lugar de en una institución pública o privada.

 4. **Sinsentidos.** En grupos de cuatro estudiantes, hagan una lista de actividades escolares o universitarias que les resulten absurdas, insoportables o innecesarias. Después, coméntenlas con toda la clase.

6-15 Tu (video)blog

En tu papel de consejero personal o cultural, expresa tu opinión sobre uno de los temas candentes en cuanto a la educación de los niños: cómo protegerlos de la violencia en los medios de comunicación y los videojuegos, de la obesidad, del uso de las drogas, del sexo prematuro, etcétera, y haz algunas recomendaciones pertinentes.

Repaso gramatical	• **Para** y **por**: **Cuaderno**, pág. 165
	• El subjuntivo: conjunciones de propósito, excepción y condición: **Cuaderno**, pág. 168
Práctica escrita	• **Cuaderno**, págs. 167, 169
Práctica oral	• **Cuaderno**, págs. 168, 169

Adultescentes ◀))

SOLEDAD VALLEJOS

El artículo que vas a escuchar examina un fenómeno sociológico contemporáneo: el de los hijos adultos que prefieren continuar viviendo en la casa familiar a independizarse. Padres, hijos y especialistas expresan su particular interpretación de este fenómeno. La autora es una periodista argentina corresponsal de *La Nación* que acostumbra examinar las nuevas tendencias sociológicas.

"Adultescentes" by Soledad Vallejos, *La Nación*, May 26, 2006. Used by permission.

6-16 Ya lo sabes

Contesta las preguntas siguientes.

1. Menciona tres razones por las que algunos hijos adultos vuelven a vivir con sus padres.

2. ¿Por qué (o por qué no) quieres vivir con tus padres?

3. Una persona que trabaja y vive en casa de sus padres, ¿debería contribuir de alguna manera a pagar los gastos de la familia? ¿Hasta qué punto?

Monkey Business Images/Shutterstock.com

Narración

Escucha atentamente la narración siguiente. Presta atención al contenido y a la pronunciación. Escúchala tantas veces como lo necesites. Después, haz los ejercicios que aparecen a continuación.

Palabras útiles

rondan *they are around* **echa raíces** *is taking root* **postergan** = posponen **no tiene ningún apuro** *is not in any hurry* **respalda** = apoya **exigencias** *demands*

Yuri Arcurs/Shutterstock.com

6-17 ¿Te enteraste?

Escoge la respuesta correcta según lo que acabas de oír.

1. El síndrome de Peter Pan significa que…

    a. a los jóvenes les encantan todavía los cuentos de hadas.

    b. los jóvenes no quieren aceptar ninguna responsabilidad.

    c. los padres tratan a sus hijos mayores como si fueran niños.

    d. los padres quieren que sus hijos vuelen (esto es, que se vayan de casa).

2. La palabra **adultescentes** es una combinación de adulto más…

    a. docencia.   c. adolescente.

    b. ascendencia.   d. esencia.

3. La razón que dan los jóvenes entrevistados para quedarse en casa es…

    a. económica.   c. cultural.

    b. psicológica.   d. ecológica.

4. Según los expertos, los **adultescentes** no se van de casa porque…

    a. les cuesta conseguir créditos bancarios.

    b. tienen padres sobreprotectores.

    c. se sienten muy a gusto en casa.

    d. todas las razones arriba mencionadas.

6-18 Un paso más

En grupos de tres estudiantes, expresen su opinión al contestar las preguntas siguientes.

1. Por lo general, ¿a qué edad empiezan a independizarse los jóvenes norteamericanos?

2. ¿Qué opinan de los motivos de estos jóvenes para no abandonar el hogar familiar?

3. ¿Son demasiado comprensivos los padres de estos jóvenes? Expliquen.

4. ¿Qué problemas ven Uds. en cuanto a este fenómeno? Mencionen cuatro.

El hijo de la novia (ARGENTINA, 2001)

Película   **Director:** Juan José Campanella   **Duración:** 123 minutos   **Clasificación:** R

La película explora la vida familiar y los conflictos que surgen entre tres generaciones (los jóvenes, los adultos y los ancianos) en la Argentina contemporánea. La generación madura (Rafael Belvedere) es responsable tanto de sus padres (Nino y Norma) como de su hija adolescente (Victoria).

Antes de ver la película

Haz lo indicado a continuación.

1. ¿Cuáles son los síntomas clásicos de la crisis de los 40 años *(midlife crisis)*?

2. ¿Cómo supones que debe ser la vida del dueño o de la dueña de un restaurante?

 3. ¿Has comido alguna vez de postre **tiramisú**? Si no sabes lo que es, busca una receta en internet.

Durante la película

Haz lo indicado a continuación.

1. Fíjate en el comportamiento del protagonista con sus familiares, amigos y empleados.

2. Observa el cambio entre los momentos cómicos y los dramáticos o tristes. ¿Cómo ocurren?

Después de ver la película

A. Contesta las preguntas siguientes.

1. ¿A quiénes vemos durante las primeras escenas de la película? ¿Volvemos a verlos después?

2. ¿Qué le pasó a Rafa una noche mirando la tele? ¿Era de esperar? ¿Qué consecuencias tuvo este incidente?

3. ¿Cuál fue la reacción de Naty después de que Rafa le contó su sueño? ¿Por qué reaccionó ella así?

4. ¿Qué decidió hacer Rafa con el restaurante de sus padres? ¿Fue una buena decisión?

5. ¿Cómo se llevaba Rafa con Sandra, su ex esposa? ¿Está claro por qué se divorciaron?

6. Aunque Nino intentó casarse con Norma por la Iglesia, no pudo. ¿Por qué? ¿Qué o quién se lo impidió?

7. ¿De qué trataba el poema de Victoria que leyó su padre en voz alta?

8. ¿Cómo consiguió Rafa hacer realidad el sueño de Nino?

9. ¿Quién era Dick Watson?

 B. Discutan los temas siguientes con toda la clase.

1. el estrés: su prevención y tratamiento actual

2. el cuidado de los mayores en la época contemporánea

3. los deseos cumplidos y no cumplidos

4. los amores duraderos y pasajeros

5. cambios de rumbo (tras una enfermedad, una ruptura, un desengaño, etcétera)

© Cengage Learning 2015

Cortometraje

Perú, Nebraska (PERÚ, 2011)

Director: Ricardo Maldonado   **Duración:** 14:59 minutos

Un grupo de peruanos visita la ciudad de Perú, Nebraska, para explicarles a sus homóni-mos de Norteamérica en qué consiste ser peruano.

Antes de ver

Vocabulario del corto

la alcaldía	*city hall*	el(la) embajador	*ambassador*
el atraso	*backwardness*	el grifo	*faucet*
correr olas	*to surf*	el hueco	*hole*
el DNI	*ID card* (acronym for **D**ocumento **N**acional de **I**dentidad)	el tubazo	*big tube (wave for surfing)*

1. **Las tradiciones.** Contesta las siguientes preguntas.

   ¿Cuáles son algunas de las tradiciones de la ciudad o del pueblo donde vives? ¿Son tradiciones exclusivas de tu región, o las comparten con el resto del país? ¿Conoces el origen de esas tradiciones? ¿Son propias del país donde vives o provienen de otras culturas?

 2. **La cultura del Perú.** Busca información en Internet para contestar las siguientes preguntas.

   ¿Cuáles son algunos platos típicos de la cocina peruana? ¿Cuál es el animal icónico del país? ¿De qué colores es la bandera del Perú? ¿Qué es un «chullo»? ¿Qué es el «huaino» o «huayño»? ¿Qué se celebra en Perú el 28 de julio?

3. Predicciones. Trabaja con un compañero. Observen las cuatro imágenes de la sección **Durante la proyección** e intenten hacer predicciones sobre el corto. ¿Qué creen que está sucediendo en cada una de las imágenes?

Durante la proyección

Mira las imágenes y contesta las preguntas referidas a cada escena del corto.

1.

© Cengage Learning 2015

Narrador: «Nuestra misión: ser embajadores de nuestro país y leerles sus derechos como peruanos».

1. ¿Cómo están vestidas las personas que se bajan del autobús?

2. ¿Qué clase de objetos llevan en las manos?

2.

© Cengage Learning 2015

Dina Páucar: «Ustedes tienen derecho a bailar huaino».

1. ¿Cuál es la profesión de Dina Páucar?

2. Según el cartel (*poster*), ¿cómo le dicen a Dina en el Perú? ¿En qué lugar va a presentarse?

3.

Rafo León: «Ustedes tienen derecho de viajar del océano Pacífico a la Amazonía en un vuelo doméstico».

1. ¿Por qué Rafo León utiliza el adjetivo «doméstico»? ¿Qué implicación tiene este adjetivo con respecto a la Amazonía?

2. Además del vuelo, ¿qué otras opciones para viajar propone Rafo León?

4.

Gonzalo Torres: «¿Está comiendo su dona? Bueno, yo quiero acá ofrecerle una igualita, con huequito también».

1. ¿Cuál es la reacción inicial del alguacil (*sheriff*)?

2. ¿Cómo se llama el postre que Gonzalo Torres le ofrece al alguacil?

1. **Citas.** Las siguientes citas están tomadas del corto. Complétalas con términos del **Vocabulario**. Haz los cambios necesarios.

   a. «¿Qué nos alienta? Impedir que Perú, Nebraska, caiga en el _____».

   b. «Quinientos sesenta y nueve habitantes, un _____, un restaurante, una avenida, un banco, un museo…».

   c. «Hay un ciudadano que cumple años el 28 de julio, razón de sobra para que le demos su primer _____».

   d. «[Es] igualita, con _____ también, pero este se llama 'picarón'».

   e. «¡Tienen derecho a surfear! ¡Tienen derecho a _____ buenas _____ !»

2. **Comprensión.** Contesta las siguientes preguntas sobre el corto.

   1. Según el narrador, ¿a qué tiene derecho todo peruano por el solo hecho de ser peruano?

   2. ¿Cuántos habitantes tiene Perú, Nebraska?

   3. Según el narrador, ¿cuál es el problema de los habitantes de Perú, Nebraska?

   4. ¿Cómo reciben inicialmente los habitantes de Perú, Nebraska, a los peruanos?

   5. Menciona al menos tres platos que los peruanos les ofrecen a los habitantes de Perú, Nebraska.

   6. ¿Qué hace el peruano con el cuy (*guinea pig*)? ¿En qué consiste el juego?

   7. De acuerdo con lo que viste en el corto, ¿qué es una 'pachamanca'?

   8. ¿Por qué le dan un DNI a uno de los ciudadanos de Perú, Nebraska?

   9. ¿Qué le regalan los peruanos al guitarrista de Perú, Nebraska?

   10. ¿Cómo cambian el letrero (*sign*) del tanque de agua al final del corto?

3. **Interpretación.** En grupos pequeños, discutan las siguientes preguntas e intenten lograr un consenso.

   1. De acuerdo con el narrador, ¿cuál es el propósito de la visita de los peruanos a los habitantes de Perú, Nebraska?

   2. El corto forma parte de una campaña (*campaign*) llamada «Marca Perú». ¿Cuál creen ustedes que es su objetivo?

   3. ¿Piensan que el corto cumple su propósito? Es decir, ¿es efectivo? ¿Por qué sí o por qué no?

   4. Después de ver el corto, ¿qué impresiones tienen sobre la cultura peruana? ¿Aprendieron algo nuevo sobre la cultura y las tradiciones de ese país?

   5. Si ustedes fueran embajadores culturales de su país, ¿qué llevarían al Perú?

Vinicius Tupinamba/Shutterstock.com

UNIDAD III
PATRIA/NACIÓN: ACERCAMIENTOS

Kirill Trifonov/Shutterstock.com

Omar Torres/AFP/Getty Images

INTRODUCCIÓN

En esta unidad nos centramos en diversas relaciones de los hispanohablantes con su patria o nación. Para unos, evocar la patria significa recordar sus orígenes, sus héroes, sus paisajes o su lengua. Para los que han sido víctimas de gobiernos represivos, su evocación está teñida (*tinged*) de dolorosos recuerdos. Para otros, más atentos al momento presente, hablar de la patria conlleva nombrar los males que la afligen.

En el capítulo 7, **Geografía e historia**, el primer texto nos ofrece una reflexión personal de una escritora sobre lo que significa "patria" para ella ("Fiera patria") y los otros dos, la revisión de figuras históricas que una determinada nación ha elogiado ("Tres héroes") o denigrado ("La Malinche"). La audición "La Monja Alférez" presenta el desafío de una mujer a los roles genéricos y las convenciones de su época. Los textos y audiciones incluidos en **Represiones**, el capítulo 8, muestran la represión física e ideológica ejercida por regímenes dictatoriales ("Preso sin nombre, celda sin número", "Pájaros prohibidos" y "La literatura carcelaria") y los esfuerzos de gobiernos posteriores de rectificar el daño causado a las víctimas ("La Ley de la Memoria Histórica"). El capítulo 9, **Denuncias**, contiene las reacciones de escritores contemporáneos ante la creciente violencia en la sociedad ("Con un ramillete entre los dientes"), las desigualdades sociales ("La villa") y la censura política ("La Generación Y"). La organización de un grupo de mujeres peruanas para resolver un problema que las afecta a todas ellas por igual es el tema de la audición "Los comedores de la solidaridad".

Para el (video)blog de la Unidad III, te convertirás en reportero(a). Tendrás que acceder a los periódicos o noticiarios en línea para ver de qué se habla en ese país y de esa manera estar al día. Sería bueno que cambiaras de país de un capítulo a otro para ampliar tus conocimientos del mundo hispano.

Que yo sepa

En grupos de tres estudiantes, discutan los temas siguientes y contesten las preguntas. Después, resuman lo que haya comentado su grupo al resto de la clase.

1. **Patria/nación/país/estado** son términos que se refieren a la misma entidad, pero cada uno posee una connotación diferente. Discutan los contextos y las circunstancias en que se usa cada uno.

2. La identidad nacional es una construcción social, y no el resultado de un proceso natural. ¿Quién(es) la construye(n) y cómo se perpetúa?

3. La patria, como la familia, no se escoge, pero nos determina. ¿De qué modo?

4. ¿Hasta qué punto se puede comprender bien la historia de un país sin conocer su geografía? Comenten.

5. Dicen que el lugar de nuestro nacimiento es un "error geográfico". ¿Qué entienden por esta frase? ¿Están de acuerdo? ¿Por qué sí o por qué no?

6. Hablen sobre la violencia en nuestra época y en nuestra sociedad. Los medios de comunicación presentan abundantes ejemplos reales o ficticios. ¿Deben censurarse? Expliquen.

CAPÍTULO 7

GEOGRAFÍA E HISTORIA

Heinle Grammar Tutorial:
- Relative clauses
- The imperfect subjunctive

Fiera patria

ÁNGELES MASTRETTA

Ángeles Mastretta (n. 1949, México) es autora de *Arráncame la vida* (1985), *Mujeres de ojos grandes* (1990) y *Mal de amores* (1996), entre otras obras de ficción. En "Fiera patria", que forma parte de su libro *El mundo iluminado* (1998), Mastretta reconoce la influencia del país en la formación de la identidad. Mediante viñetas breves y evocadoras de personas y lugares, la autora evidencia cómo México la ha marcado y la ha convertido en quien es.

Palabra por palabra

el amanecer, amanecer	*dawn, to dawn*	**la patria**	*homeland*
asegurar(se)	*to assure, make sure*	**preguntarse**	*to wonder*
el choque	*traffic accident*	**recoger**	*to pick up*
compartir	*to share*	**la risa**	*laughter*
entrañable	*very endearing*	**el sabor**	*taste, flavor*
oler (ue)*	*to smell*	**la salud**	*health*
el olor	*smell*	**sano(a)**	*healthy*

¡**Ojo!** *Se escriben con la letra *h* las formas verbales con diptongo (**huelo**, **hueles**, **huele**, **huelen**) y sin ella las que no lo tienen (**olemos**, **oléis**).

Mejor dicho

avisar		*to inform, warn, notify*	Nos **avisó** del huracán.
aconsejar		*to give advice, counsel*	Es muy difícil **aconsejar** a alguien que no conoces.
querer (ie) decir	con un sujeto gramatical animado o inanimado	*to mean*	Yo no **quise decir** eso. En quechua la palabra *wawa* **quiere decir** niño.
significar	sólo con un sujeto gramatical inanimado	*to mean*	¿Qué **significa** "neoliberalismo"?

7-1 Práctica

Hagan las actividades siguientes, prestando atención a las palabras del vocabulario.

1. Trabaja con un(a) compañero(a) de clase para relacionar los siguientes dibujos con una palabra del vocabulario. Luego, digan o escriban una frase original describiendo cada uno.

2. En grupos de tres estudiantes, contesten las preguntas siguientes.

   a. ¿Qué nos aconsejan los expertos para cuidar nuestra salud? Por ejemplo, ¿qué no debemos compartir con otras personas cuando tenemos un resfriado?

   b. ¿Hacen Uds. algo especial para mantenerse sanos? ¿Qué es?

   c. Dicen que "la risa es la mejor medicina". ¿Qué quieren decir con eso?

   d. ¿Qué olores y sabores asocian Uds. con su patria?

   e. ¿A qué hora más o menos amaneció hoy? ¿Amanece siempre a la misma hora? ¿Por qué motivos se levantarían Uds. antes del amanecer?

   f. ¿A quién(es) hay que avisar inmediatamente en caso de un choque?

   g. La capital de México se llama México, D.F. ¿Saben qué significan las letras **D.F.**?

Antes de leer

MÉXICO

7-2 **¡Alto!**

Haz lo indicado a continuación.

1. ¿De qué maneras te ha marcado a ti el país donde naciste? Piensa en tres.

2. ¿Qué sabes de México? ¿Podrías nombrar algunas de sus ciudades, playas o estados? ¿Sabes algo de sus partidos políticos o figuras históricas? ¿De sus novelistas, pintores o directores de cine?

3. Échale un vistazo rápido a la lectura. ¿Qué palabra aparece en todos los fragmentos o párrafos?

4. Hay textos que narran, otros que describen, otros que expresan un sentimiento o bien exponen una tesis. Mientras lees el de Mastretta, decide cuál de estas funciones predomina aquí.

5. En el mapa de arriba fíjate en la ubicación de los estados mencionados en la lectura.

Estados Unidos Mexicanos

Richard Laschon/Shutterstock.com

Fiera patria
ÁNGELES MASTRETTA

"La patria es el sabor de las cosas que comimos en la infancia", dice un proverbio chino.

Recojo ahora la sabiduría[1] de esa frase para asirme a ella[2] y asegurarme de que la patria es tantas cosas como nuestra memoria y nuestros afanes[3] puedan volverla.[4] La patria no es sólo el territorio que se pelean los políticos, asaltan los ladrones, quieren para sí los discursos y los manifiestos. No es sólo el nombre que exhiben como despreciable quienes llenan de horror y deshonra los periódicos. La patria es muchas otras cosas, más pequeñas, menos pasajeras, más entrañables.

* * *

Camino alrededor del alto lago de Chapultepec amaneciendo bajo un cielo claro. Sé, porque está en el periódico que recogí al salir, que hay ozono en el aire. Lo respiro.[5] Parece un aire sano. Lo respiramos voraces todos los corredores, patinadores, ciclistas, caminadores, perros, que ansiamos[6] la mañana junto al lago: la patria es el claro aire con ozono que todas las mañanas acompaña nuestro aplicado deambular[7] en torno a una laguna en la que nadan tranquilos muchos patos, viven en paz miles de peces, nos deseamos 'buenos días' cientos de locos con afán de salud.

* * *

Mi abuelo era dentista pero sembraba[8] melones cerca de Atlixco. Largas filas de hojas verdes acunando esferas.[9] Un olor dulce y polvoso contra mi cara. La patria, en mis recuerdos, huele a ese campo.

* * *

---

[1]**sabiduría** *wisdom* [2]**asirme a ella** *latch onto it* [3]**afanes** = deseos [4]**volverla** = convertirla [5]**Lo respiro** *I breathe it in* [6]**ansiamos** = deseamos [7]**aplicado deambular** *determined way of walking* [8]**sembraba** = plantaba [9]**acunando esferas** *cradling melons*

"Fiera patria" by Ángeles Mastretta. *El mundo iluminado*. México, D.F. Ediciones Cal y Arena, 1989, pp. 155-58. © Ángeles Mastretta. Reprinted by permission.

Estamos cantando canciones de ardidos.[10] Recalamos[11] en un mundo raro, somos una paloma querida y otra negra. Nos gritan las piedras del campo, nos falla[12] el corazón, andamos de arrieros,[13] tenemos mil amores, del cielo nos cae una rosa, limosneamos[14] amor, Dios nos quita la vida antes que a todos.[15] La patria está en las voces desentonadas[16] que cantan "La Palma" a las cuatro de la mañana.

★ ★ ★

Imagesource/PhotoLibrary

Fuimos en coche hasta Quintana Roo. Los colores de la tierra fueron cambiando con nosotros. De regreso, tras el mar, tomamos una carretera perfecta, pavimentada por el estado de Quintana Roo, que nos condujo a otra carretera perfecta, pavimentada por el estado de Campeche; entre las dos hubo un pedazo de baches[17] y piedras que no pavimentó nadie. Las tres eran la patria.

★ ★ ★

Manejo contra el tránsito enfurecido de las ocho de la mañana. A mis espaldas oigo la voz de mi hija Catalina diciendo: "Estás largo, chiquito. Has crecido mucho. Ya no eres ése al que cargaba[18] con una mano, al que le daba de comer en la boca. Ya eres otro perro, y ni cuenta me di de cómo pasó el tiempo". Yo tampoco me di cuenta del tiempo haciendo despuntar[19] en su pecho los avisos de una adolescencia precoz, pero la patria estuvo ahí todo ese tiempo.

★ ★ ★

El señor de la casa regresa de un viaje. Ha estado lejos del país por casi tres semanas. Sin embargo, trae consigo a la patria.

★ ★ ★

Caminamos por el Parque México. Por ahí donde ayer acuchillaron[20] a un hombre frente a los ojos de mi comadre María Pía. Mateo quiere saber la razón de tal horror. Acostumbra preguntar como si yo acostumbrara saber las respuestas. Quién sabe cuántos meses le queden a esa costumbre. Yo puedo asegurar que ahí tuve una patria.

★ ★ ★

La antropóloga Guzmán avisó que saldría de Puebla en un autobús. Aseguró que llegaría a las tres. Cuando dan[21] las cinco sin que aparezca me pregunto qué tipo de autobús habrá tomado, si se quedaría prendida al[22] cráter del Popocatépetl,[23] si un baño de lava borraría su camino, si habría un choque de esos que enlazan[24] kilómetros de automóviles. Estoy a punto de imaginar lo peor cuando aparece paseando los pies con su lenta elegancia. Mi sentido del tiempo comparte patria con el suyo.

★ ★ ★

Tenía veintitrés años cuando conocí a Emma Rizo, una gitana con tos cuya sabiduría mayor ha estado siempre en la fuerza invicta[25] con que sabe sonreír. Lectora implacable, escucha sin límite de tiempo, viciosa de[26] los juegos que nos brinda el azar,[27] trabajadora como el agua, buena como el pan hasta el último recoveco.[28] He tenido la fortuna de ser joven y empezarme a hacer vieja junto a su risa terca,[29] audaz, ineludible. Mi patria está anudada[30] al sonido de su risa.

---

[10]**ardidos** *men who have been hurt by women* [11]**Recalamos** = Llegamos [12]**nos falla** *skips a beat* [13]**arrieros** *mule drivers* [14]**limosneamos** *beg for* [15]**un mundo raro… todos** = Todo el párrafo contiene títulos de canciones mexicanas muy populares. [16]**desentonadas** = inarmónicas [17]**baches** *potholes* [18]**cargaba** *held* [19]**despuntar** = emerger [20]**acuchillaron** *stabbed* [21]**dan** = son [22]**prendida al** *hanging from* [23]**Popocatépetl** = un volcán de México [24]**enlazan** *tie together* [25]**invicta** *undefeated* [26]**viciosa de** = adicta a [27]**juegos… azar** *gambling* [28]**el último recoveco** *hidden place (here, in the soul)* [29]**terca** *stubborn* [30]**anudada** = relacionada

Después de leer

7-3 ¿Entendido?

El texto presenta distintos aspectos de la patria. Relaciona cada uno de los términos siguientes con un párrafo diferente de la lectura, y explica la idea principal de esos párrafos en tus propias palabras.

1. los amigos
2. el estado de las carreteras
3. los recuerdos infantiles
4. la violencia
5. las costumbres
6. la puntualidad
7. la identidad mexicana

7-4 En mi opinión 👤👤👤

En grupos de tres estudiantes, utilicen las preguntas siguientes como punto de partida para entablar una conversación.

1. Comenten el título de la lectura. ¿En qué sentido es fiera (*fierce*) la patria? ¿Qué otros adjetivos utilizarían Uds. para describirla?

2. Busquen en el texto ejemplos de cómo la autora pasa de lo concreto a lo abstracto, de lo prosaico a lo poético y de lo positivo a lo negativo.

3. Es sabido que la actitud hacia el tiempo es cultural. Por ejemplo, en los Estados Unidos se invita a los actos sociales a horas fijas (como de seis a ocho de la tarde), lo cual no se hace en el mundo hispano, pues parecería mal indicar la hora de irse. Mencionen otros casos que revelen una actitud diferente hacia el tiempo y su aprovechamiento.

4. En español existe la expresión "la madre patria", mientras que en inglés hay dos opciones: *motherland* o *fatherland*. Comenten el efecto que estas referencias al padre o a la madre tienen en el modo en que concebimos nuestro país.

5. Cuenten anécdotas sobre personas o hechos que han sido decisivos en su vida.

6. Comparen y contrasten la vida en México y en los Estados Unidos basándose en el texto de Mastretta.

Estrategias comunicativas para expresar sorpresa durante un encuentro casual

¡Qué sorpresa!	*What a surprise!*
¡Qué casualidad!	*What a coincidence!*
¿Cómo tú por aquí?	*How come you're here?*
¿Qué haces tú aquí?	*What are you doing here?*
¡Cuánto tiempo sin verte!	*Long time no see!*

7-5 En (inter)acción

Realicen las siguientes actividades según se indica.

1. **¡Esto es asombroso!** Imagínense que llevan viviendo fuera de su país varios años y se encuentran con un(a) conocido(a) suyo(a). Con un(a) compañero(a), improvisen una conversación en la que rememoren su país natal. Utilicen algunas de las expresiones de **Estrategias comunicativas** para reaccionar al encuentro.

2. **Una nación la forman las personas que…** En grupos de cuatro estudiantes, completen esta oración con algunas de las frases que se encuentran abajo y otras que consideren oportunas. Después compartan su decisión con el resto de la clase.

   … pertenecen al mismo grupo racial o étnico.

   … hablan la misma lengua.

   … practican la misma religión.

   … comparten las mismas costumbres y tradiciones.

   … tienen un pasado común.

   … residen en el mismo territorio.

   … están dispuestas a morir luchando por la patria.

   … pagan impuestos *(taxes)*.

3. **El patriotismo.** ¿En qué consiste el patriotismo? ¿Es positivo o negativo? Examinen ambas posturas.

4. **Nociones de patria.** El escritor uruguayo Mario Benedetti dice en su poema "Noción de patria":

   Quizá mi única noción de patria

   sea esta urgencia de decir Nosotros.

   En grupos de cuatro estudiantes, mencionen tres ocasiones cuando emplean "Nosotros los (norteamericanos, mexicanos, japoneses…)" y lo que afirman a continuación (somos, pensamos, creemos…).

Excerpt from Mario Benedetti, "Noción de patria," in *Inventario 67. Poesía*. Editorial Alfa, 1967.

Donald Barger/Shutterstock.com

Los volcanes, Popocatépetl e Ixtaccíhuatl, se encuentran cerca de la Ciudad de México. Dice la leyenda que eran jóvenes enamorados ("Popo", el hombre, e "Ixta", la mujer) a quienes los dioses convirtieron en volcanes.

5. **Alta traición** (*High treason*). Lean en voz alta el poema del poeta mexicano José
Emilio Pacheco. Luego, comparen y contrasten su noción de patria con la de su
compatriota, Ángeles Mastretta, y con las de Uds.

ALTA TRAICIÓN

No amo mi patria.
Su fulgor° abstracto   *sparkle*
es inasible.°   *hard to grasp*
Pero (aunque suene mal)
daría la vida
por diez lugares suyos,
cierta gente,
puertos, bosques, desiertos, fortalezas,
una ciudad deshecha,° gris, monstruosa,   *en ruinas*
varias figuras de su historia,
montañas
—y tres o cuatro ríos.

D.R. © Pacheco, José Emilio, "Alta traición" poema del libro *No me preguntes cómo pasa en tiempo*,
Ediciones Era, México, 2011. Used with permission.

7-6 Tu (video)blog

**¿Cuál es un lugar emblemático de la ciudad donde ahora estás de reportero(a)? ¿Qué
sucedió/sucede allí?**

Repaso gramatical	• Las cláusulas de relativo: restrictivas y no restrictivas: **Cuaderno**, pág. 171
	• Los relativos: **Cuaderno**, pág. 171
Práctica escrita	• **Cuaderno**, pág. 173
Práctica oral	• **Cuaderno**, pág. 174

Tres héroes

JOSÉ MARTÍ

José Martí (1853–1895, Cuba) es conocido como "el apóstol" de la independencia
cubana, aunque vivió casi toda la vida fuera de la isla. Compaginó su actividad
política con la de poeta, novelista, ensayista, periodista y traductor. Sus colecciones
de poesía incluyen *Ismaelillo* (1882), *Versos sencillos* (1891) y *Flores del destierro*
(1932). "Nuestra América" (1891) continúa siendo uno de sus ensayos más leídos
y comentados.

El ensayo que sigue apareció en 1889 en *La Edad de Oro* ("publicación mensual de
recreo e instrucción dedicada a los niños de América", según la portada de la revista que
Martí fundó y editó en Nueva York) y en él elogia la actuación de Simón Bolívar, Miguel
Hidalgo y José de San Martín durante un período crucial de la historia latinoamericana
(1810–1824).

Palabra por palabra

acercarse a	*to approach, come near*	**echar**	*to throw out*
el anochecer	*dusk, nightfall*	**el ejército**	*army*
la bandera	*flag*	**la guerra**	*war*
cansarse	*to get tired*	**honrado(a)**	*honest, honorable*
derrotar	*to defeat*	**montar (a caballo)**	*to ride (on horseback)*
descalzo(a)	*barefoot, without shoes*	**vencer**	*to conquer, defeat*

Mejor dicho

pensar	*to think, believe*	Un hombre que oculta lo que **piensa** no es un hombre honrado.
pensar + infinitivo	*to intend, plan (to do something)*	Antes **pensaba** estudiar arquitectura, pero ya no.
pensar en	*to have something or someone in mind, to think about*	El corazón se llena de ternura al **pensar en** esos héroes.
pensar de*	*to have an opinion about*	¿Qué **piensas del** sacrificio de los soldados?

¡Ojo! *Para contestar preguntas con esta estructura se usa **pensar que**.

la lucha	*struggle*	La **lucha** de clases es un concepto marxista.
luchar	*to struggle*	¿No deberíamos **luchar** todos por la paz?
el combate	*fight (combat)*	No tenían las armas listas para el **combate**.
combatir	*to fight*	Les enseñaremos a **combatir** los incendios forestales.
la pelea	*fight (quarrel)*	Casi siempre una **pelea** entre niños termina pronto.
pelear	*to fight*	Los generales **peleaban** junto a sus tropas con valor sobrenatural.

7-7 Práctica

En parejas, hagan las actividades siguientes o contesten las preguntas, prestando atención a las palabras del vocabulario.

1. Mencionen tres cosas que las personas honradas hacen y tres que nunca harían.

2. ¿Se cansan Uds. fácilmente? ¿Qué hacen cuando están cansados? ¿De qué no se cansan nunca?

3. ¿Adónde van descalzos? ¿Les gusta caminar descalzos? ¿Por qué sí o no?

4. Den antónimos de estas palabras y después úsenlos en una oración.

    la paz   guardar   perder   alejarse de   el amanecer

5. ¿En qué o en quién piensan a menudo? Expliquen.

6. ¿Qué piensan hacer después de graduarse?

7. ¿Con quién(es) pelean mucho? ¿Por qué se pelean? Expliquen.

8. ¿Qué constituye una "lucha diaria" para mucha gente? Den tres ejemplos. ¿Y para Uds. en estos momentos de su vida? ¿Se consideran personas luchadoras o no?

9. Díganle a su compañero(a) dos maneras de combatir:

a. las epidemias de gripe

b. la piratería musical

c. la obesidad

d. el calentamiento global

Antes de leer

7-8   ¡Alto!

Haz lo indicado a continuación.

1. ¿Qué entiendes por **colonia** y **colonización**?

2. ¿Qué sabes de la lucha por la independencia de los países latinoamericanos (s. XIX)?

3. Un símil es una figura retórica que consiste en comparar una cosa con otra. Se utiliza la palabra **como** entre los términos comparados. Nota tres símiles que encuentres en el texto.

Tres héroes

JOSÉ MARTÍ

Cuentan que un viajero llegó un día a Caracas al anochecer, y sin sacudirse[1] el polvo del camino, no preguntó dónde se comía ni se dormía, sino cómo se iba a donde estaba la estatua de Bolívar. Y cuentan que el viajero, solo con los árboles altos y olorosos[2] de la plaza, lloraba frente a la estatua, que parecía que se movía, como un padre cuando se le acerca un hijo. El viajero hizo bien, porque todos los americanos deben querer a Bolívar como a un padre. A Bolívar y a todos los que pelearon como él porque[3] la América fuese del hombre americano. A todos: al héroe famoso y al último soldado, que es un héroe desconocido. Hasta hermosos de cuerpo se vuelven los hombres que pelean por ver libre a su patria.

Bolívar era pequeño de cuerpo. Los ojos le relampagueaban[4] y las palabras se le salían de los labios. Parecía como si estuviera esperando siempre la hora de montar a caballo. Era su país, su país oprimido,[5] que le pesaba en el corazón y no le dejaba vivir en paz. La América entera estaba como despertando. Un hombre solo no vale nunca más que un pueblo entero; pero hay hombres que no se cansan cuando su pueblo se cansa, y que se deciden a la guerra antes que los pueblos, porque no tienen que consultar a nadie más que a sí mismos, y los pueblos tienen muchos hombres, y no pueden consultarse tan pronto. Ése fue el mérito de Bolívar: que no se cansó de pelear por la libertad de Venezuela, cuando parecía que Venezuela se cansaba. Lo habían derribado[6] los españoles; lo habían echado del país. Él se fue a una isla, a ver su tierra de cerca, a pensar en su tierra.

Un negro generoso lo ayudó cuando ya no lo quería ayudar nadie. Volvió un día a pelear, con trescientos héroes, con los trescientos libertadores. Libertó a Venezuela. Libertó a Nueva Granada. Libertó al Ecuador. Libertó al Perú. Fundó una nación nueva, la nación de Bolivia. Ganó batallas sublimes con soldados descalzos y medio desnudos. Todo se estremecía[7] y se llenaba de luz a su alrededor. Los

---

[1]**sacudirse** *dust off* [2]**olorosos** = fragantes [3]**porque** = aquí significa **para que** [4]**relampagueaban** *flashed* [5]**oprimido** *oppressed* [6]**derribado** = derrotado [7]**se estremecía** *shuddered*

"Tres héroes" by José Martí. *La Edad de Oro*, 1889, New York.

generales peleaban a su lado con valor sobrenatural. Era un ejército de jóvenes. Jamás se peleó tanto, ni se peleó mejor en el mundo, por la libertad. Bolívar no defendió con tanto fuego el derecho de los hombres a gobernarse por sí mismos como el derecho de América a ser libre. Los envidiosos exageraron sus defectos. Bolívar murió de pesar del corazón,[8] más que de mal de cuerpo, en la casa de un español en Santa Marta.[9] Murió pobre y dejó una familia de pueblos.

México tenía mujeres y hombres valerosos que no eran muchos, pero valían por muchos: media docena de hombres y una mujer preparaban el modo de hacer libre a su país. Eran unos cuantos jóvenes valientes, el esposo de una mujer liberal y un cura de pueblo que quería mucho a los indios, un cura de sesenta años. Desde niño fue el cura Hidalgo de la raza buena, de los que quieren saber. Los que no quieren saber son de la raza mala. Hidalgo sabía francés, que entonces era cosa de mérito, porque lo sabían pocos. Leyó los libros de los filósofos del siglo XVIII, que explicaron el derecho del hombre a ser honrado y a pensar y hablar sin hipocresía. Vio a los negros esclavos y se llenó de horror. Vio maltratar a los indios, que son tan mansos y generosos, y se sentó entre ellos como un hermano viejo, a enseñarles las artes finas que el indio aprende

Estatuas ecuestres de Bolívar se encuentran en Caracas, Lima, Managua, París y... Washington, D.C. ¿Lo sabías?

bien. Le veían lucir[10] mucho de cuando en cuando los ojos verdes. Todos decían que hablaba muy bien, que sabía mucho nuevo, que daba muchas limosnas el señor cura del pueblo de Dolores. Decían que iba a la ciudad de Querétaro, una que otra vez, a hablar con unos cuantos valientes y con el marido de una buena señora. Un traidor le dijo a un comandante español que los amigos de Querétaro trataban de hacer a México libre. El cura montó a caballo, con todo su pueblo, que lo quería como a su corazón; se le fueron juntando los caporales[11] y los sirvientes de las haciendas, que eran la caballería;[12] los indios iban a pie, con palos y flechas, o con hondas[13] y lanzas.

Se le unió un regimiento y tomó un convoy de pólvora[14] que iba para los españoles. Entró triunfante en Celaya, con música y vivas.[15] Al otro día juntó el Ayuntamiento,[16] lo hicieron general y empezó un pueblo a nacer. Él fabricó lanzas y granadas de mano. Él dijo discursos que dan calor y echan chispas,[17] como decía un caporal de las haciendas. Él declaró libres a los negros. Él les devolvió sus tierras a los indios. Él publicó un periódico que llamó *El Despertador Americano*. Ganó y perdió batallas. Él les avisaba a los jefes españoles que, si los vencía en la batalla que iba a darles, los recibiría en su casa como amigos. ¡Eso es ser grande! Se atrevió a ser magnánimo, sin miedo a que lo abandonase la soldadesca, que quería que fuese cruel. Su compañero Allende tuvo celos[18] de él y él le cedió el mando[19] a Allende. Iban juntos buscando amparo en su derrota cuando los españoles les cayeron encima. A Hidalgo le quitaron uno a uno, como para ofenderlo, los vestidos de sacerdote. Lo llevaron detrás de una tapia[20] y le dispararon[21] los tiros de muerte a la cabeza. Cayó vivo, revuelto en la sangre y en el suelo lo acabaron de matar. Le cortaron la cabeza y la colgaron en una jaula,[22] en la Alhóndiga[23] misma de Granaditas, donde tuvo su gobierno. Enterraron los cadáveres descabezados. Pero México es libre.

San Martín fue el libertador del Sur, el padre de la República Argentina, el padre de Chile. Sus padres eran españoles y a él lo mandaron a España para que fuese militar del rey. Cuando Napoleón entró en España con su ejército, para quitarles a los españoles la libertad, los españoles todos pelearon contra Napoleón: pelearon los viejos, las mujeres, los niños. San Martín peleó muy bien en la batalla de Bailén y lo hicieron teniente coronel. Hablaba poco: parecía de acero;[24] miraba como un águila;[25] nadie lo desobedecía: su

---

[8]**pesar del corazón** *heartache* [9]**Santa Marta** = ciudad de Colombia [10]**lucir** = brillar [11]**caporales** *farm managers* [12]**caballería** *cavalry* [13]**palos... flechas... hondas** *sticks... arrows... slingshots* [14]**pólvora** *gunpowder* [15]**vivas** = gritos de "viva" [16]**juntó el Ayuntamiento** *brought together the town council* [17]**chispas** *sparks* [18]**tuvo celos** *was jealous* [19]**mando** *command* [20]**tapia** = pared [21]**dispararon** *shot* [22]**jaula** *cage* [23]**Alhóndiga** *public granary* [24]**acero** *steel* [25]**águila** *eagle*

caballo iba y venía por el campo de pelea como el rayo[26] por el aire. En cuanto supo que América peleaba por hacerse libre, vino a América: ¿qué le importaba perder su carrera si iba a cumplir con su deber? Llegó a Buenos Aires; no dijo discursos; levantó un escuadrón de caballería; en San Lorenzo fue su primera batalla; sable en mano se fue San Martín detrás de los españoles, que venían muy seguros, tocando el tambor[27] y se quedaron sin tambor, sin cañones y sin bandera. En los otros pueblos de América los españoles iban venciendo: a Bolívar lo había echado Morillo el cruel de Venezuela. Hidalgo estaba muerto. O'Higgins salió huyendo de Chile. Pero donde estaba San Martín siguió siendo libre la América. Hay hombres así, que no pueden ver esclavitud. San Martín no podía y se fue a libertar a Chile y al Perú. En dieciocho días cruzó con su ejército los Andes altísimos y fríos: iban los hombres como por el cielo, hambrientos, sedientos:[28] abajo, muy abajo, los árboles parecían hierba, los torrentes rugían[29] como leones. San Martín se encuentra al ejército español y lo deshace en la batalla de Chacabuco,

lo derrota para siempre en la batalla de Maipú. Liberta a Chile. Se embarca con su tropa y va a libertar al Perú. Pero en el Perú estaba Bolívar y San Martín le cede la gloria. Se fue a Europa triste y murió en brazos de su hija Mercedes. Escribió su testamento en una cuartilla de papel, como si fuera el parte[30] de una batalla. Le habían regalado el estandarte que el conquistador Pizarro trajo hace cuatro siglos y él le regaló el estandarte en el testamento al Perú.

Un escultor es admirable, porque saca una figura de la piedra bruta: pero esos hombres que hacen pueblos son como más que hombres. Quisieron algunas veces lo que no querían querer; pero ¿qué no le perdonará un hijo a su padre? El corazón se llena de ternura al pensar en esos gigantescos fundadores. Esos son héroes; los que pelean para hacer a los pueblos libres, o los que padecen en pobreza y desgracia por defender una gran verdad. Los que pelean por la ambición, por hacer esclavos a otros pueblos, por tener más mando, por quitarle a otro pueblo sus tierras, no son héroes, sino criminales.

---

[26]**rayo** *lightning bolt* [27]**tambor** *drum* [28]**sedientos** = con sed [29]**rugían** *roared* [30]**parte** = informe

Después de leer

7-9 ¿Entendido?

Escribe Simón Bolívar, Miguel Hidalgo o José de San Martín, según corresponda. ¡Ojo! A veces tendrás que escribir más de un nombre.

1. Pensadores franceses lo inspiraron. _____

2. Los españoles lo decapitaron. _____

3. Fundó el país de Bolivia. _____

4. No murió en su país de origen. _____

5. Le habían dado el estandarte de Pizarro. _____

6. Devolvió sus tierras a los indígenas. _____

7. Cruzó los Andes con su ejército en menos de cuatro semanas. _____

8. No se cansó de luchar por la libertad de Venezuela. _____

9. Tenía un cargo militar. _____

10. Liberó al Perú, al Ecuador, a la Nueva Granada. _____

11. Le quitaron la ropa antes de matarlo. _____

12. Primero peleó con los españoles y después contra ellos. _____

7-10 En mi opinión 👤👤👤

En grupos de tres estudiantes, utilicen las preguntas siguientes como punto de partida para entablar una conversación.

1. Martí define el término **libertad** de la siguiente manera en "Tres héroes" (fragmento no incluido en la lectura): "Libertad es el derecho que todo hombre tiene a ser honrado, y a pensar, y a hablar sin hipocresía. Un hombre que oculta lo que piensa, o no se atreve a decir lo que piensa, no es un hombre honrado. Un hombre que obedece a un mal Gobierno, sin trabajar para que el Gobierno sea bueno, no es un hombre honrado". ¿Están de acuerdo con él? Expliquen.

2. "En Venezuela por decreto del 18 de noviembre de 1872, las plazas principales de todos los pueblos venezolanos deben llevar el nombre de 'Plaza Bolívar' y un retrato del 'Libertador' debe figurar en la pared de toda oficina pública".* ¿Qué piensan de este decreto? ¿Habrá estatuas de Bolívar en todas las capitales latinoamericanas? ¿Qué suponen Uds.?

3. El ensayo menciona a "los héroes desconocidos". ¿Quiénes serían estos?

4. ¿Debemos tener días feriados dedicados a los héroes de la patria? ¿Cuál es su propósito? ¿Qué hacen Uds. esos días?

5. ¿Qué significaba (e implicaba) ser patriota en otras épocas? ¿Significaba entonces lo mismo que ahora? Mencionen dos diferencias y dos semejanzas.

6. ¿Cómo utiliza Martí el término **americano**? ¿Les sorprendió? ¿Por qué sí o por qué no?

7. Relacionen el Grito de Dolores (cuando Hidalgo llamó a las armas la madrugada del 15 de septiembre de 1810) con la Fiesta del Grito, sobre la cual leyeron en "El mexicano y las fiestas" (Capítulo 2).

Estrategias comunicativas para elogiar a alguien

¡Bravo!	*Excellent!*
¡Buen trabajo!	*Good job!*
¡Bien hecho!	*Well done!*
¡Impresionante! ¡Fabuloso!	*Impressive! Fabulous!*
¡Eres increíble, fenomenal…!	*You are amazing, outstanding, . . .*

7-11 En (inter)acción

Realicen las siguientes actividades según se indica.

 1. **Un trabajo de primera.** Imagínense que el Día de la Hispanidad o Día de la Raza (el 12 de octubre) todos Uds. colaboraron en alguna de las actividades que tuvieron lugar ese día (colgando banderitas, organizando un espectáculo musical, etcétera). En grupos de tres estudiantes, cuéntenle lo que hicieron a la clase, que reaccionará empleando algunas de las expresiones de **Estrategias comunicativas**.

---

*Nikita Harwich, "Un héroe para todas las causas: Bolívar en la historiografía", *Iberoamericana* 3.10 [2003]: 7.

2. **¿Trivial?** En grupos de cuatro estudiantes, escojan un país hispano y completen el cuadro siguiente. Después, compartan esta información con el resto de la clase.

geografía	moneda *(currency)*	figura histórica	persona famosa actualmente

 3. **Símiles.** "Miraba como un águila" dice el escritor cubano de José de San Martín. Túrnense para describir a una persona famosa, utilizando un símil semejante (de animal).

 4. **¿Quién soy yo?** La clase se divide en dos grupos. Cada grupo elige a tres personas conocidas y selecciona tres pistas *(clues)* para poder identificarlas. Un grupo le dice al otro las pistas una por una, y el otro tiene que adivinar quién es.

    Ejemplo: a. Escritor argentino de fama mundial que murió en 1986.
               b. Se quedó ciego muy joven.
               c. Uno de sus cuentos se titula "El Sur".
            Respuesta: Jorge Luis Borges

5. **Un héroe del siglo XX.** La canción "México insurgente", del cantautor español Ismael Serrano, es sobre un héroe contemporáneo del pueblo mexicano: el subcomandante Marcos. Busquen la letra en internet (y escuchen la canción, si es posible) y luego comenten entre todos las ideas que presenta. ¿Cómo eran los héroes del siglo XIX? ¿Cómo serán los del XXI?

Retrato de Ernesto Che Guevara (1928–1967) en un edificio de La Habana, Cuba. La imagen de este revolucionario argentino es conocida mundialmente.

RoxyFer/Shutterstock.com

L. Kragt Bakker/Shutterstock.com

Busto de Monseñor Óscar Arnulfo Romero (n. 1917) a la entrada de un museo de San Salvador. Gran defensor de los pobres, fue asesinado en 1980 mientras oficiaba misa. Está en proceso de canonización.

7-12 Tu (video)blog

Mientras trabajabas de reportero(a), ¿viste alguna calle, plaza o monumento dedicado a una figura o acontecimiento histórico? Investiga la importancia de esa persona o acontecimiento para el país.

Repaso gramatical
- Formas y usos del imperfecto de subjuntivo: **Cuaderno**, pág. 175
- Los verbos de comunicación con el indicativo y el subjuntivo: **Cuaderno**, pág. 177

Práctica escrita
- **Cuaderno**, págs. 176, 177

Práctica oral
- **Cuaderno**, págs. 177, 178

La Malinche (¿1500?–1527)

S. SUZAN JANE

La Malinche (también conocida como Malintzin y doña Marina) es una de las pocas mujeres indígenas de la época de la conquista que se ha salvado del anonimato. Un soldado y cronista del siglo XVI, Bernal Díaz del Castillo, la menciona y alaba frecuentemente en su libro *Historia verdadera de la conquista de la Nueva España*. De ella nos dice el autor: "Doña Marina en todas las guerras de la Nueva España fue una mujer excelente y buena intérprete, y por eso siempre la llevaba Cortés consigo. Sin doña Marina ninguno de nosotros podría haber entendido la lengua de la Nueva España y México".* Al contrario del cronista español, el pueblo mexicano no ha apreciado tanto a esta figura histórica.

Palabra por palabra

apoderarse de	*to seize, get control of, take over*	**las privaciones**	*hardships, deprivation*
el arma *(fem.)*	*weapon*	**la represalia**	*reprisal, retaliation*
ileso(a)	*unhurt, unharmed, unscathed*	**la riqueza**	*wealth*
no tener más remedio que	*to have no choice but to*	**traicionar**	*to betray*

Mejor dicho

aguantar, soportar, tolerar	*to tolerate, put up with*	No **aguanto (soporto, tolero)** a la gente que habla mucho.
soportar, sostener	*to support physically*	Este puente **soportará** un peso de treinta toneladas. Estaba tan débil que las piernas no me **sostenían**.
mantener	*to support economically*	—¿Quién te **mantiene**? —Nadie, me **mantengo** sola.
apoyar	*to support emotionally or ideologically, to back (up)*	El senador Samuel Ortiz ganó porque todos lo **apoyamos**.
el hecho	*fact*	El **hecho** es que no me devolviste el paraguas.
el dato	*piece of information, datum, figure*	Estos **datos** contradicen tu teoría.
la fecha	*date*	Ahora mismo no me acuerdo de la **fecha** de esa batalla.

---

* México, D.F.: Porrúa, 1960, págs. 61–62.

7-13 Práctica

Hagan las actividades siguientes, prestando atención a las palabras del vocabulario.

 1. Cuando estamos hablando con alguien y no nos acordamos de una palabra en concreto, a veces recurrimos a una circunlocución. Con un(a) compañero(a), piensen en lo que dirían si no se acordaran de las palabras del vocabulario. Luego, comparen sus circunlocuciones con las de otro grupo.

Ejemplo: En lugar de **ileso** podemos decir que "la persona no sufrió ningún daño físico".

 2. En parejas, hablen de tres cosas que no soportan de:

los políticos	los hospitales
los famosos	los aeropuertos

3. En grupos de tres o cuatro estudiantes, digan si apoyarían las siguientes propuestas de ley o no. Expliquen sus respuestas.

    a. el límite de velocidad a ochenta millas por hora

    b. la reducción del presupuesto de defensa nacional

    c. el seguro médico nacional

    d. la pena de muerte

    e. un mes de vacaciones para todos los que trabajan

 4. En parejas, mencionen algunos de los datos que debemos proporcionar para:

    a. sacar la licencia de manejar

    b. solicitar un trabajo

    c. sacar dinero del banco

    d. matricularse *(register)* en un curso

    e. comprar algo por internet

Antes de leer

7-14 ¡Alto!

Haz lo indicado a continuación.

1. Echa una ojeada a las fechas que hay en la lectura. ¿Sobre qué época histórica vas a leer?

2. Fíjate, al leer, en cómo se escribe *Aztecs* en español. ¿Con mayúscula o minúscula? ¿Recuerdas si es una palabra masculina o femenina? Si no, consulta la sección Preliminares (en el Cuaderno).

3. ¿Cuáles son algunas parejas (reales, literarias, históricas, cinematográficas) famosas de ayer y de hoy?

4. ¿Cuál crees que debe ser el papel de la esposa o del esposo de una figura pública? ¿Y el de su amante *(lover)*?

La Malinche (¿1500?–1527)

S. SUZAN JANE

La princesa indígena llamada Malintzin, pero conocida popularmente como la Malinche, es una figura que presenta contradicciones históricas; por un lado, es considerada una traidora a su raza por haber ayudado a Hernán Cortés en la conquista de México y en el sometimiento[1] de los aztecas y, por otro, es vista como la "Eva mexicana", la madre de la gente mestiza.

La Malinche nació en Viluta, pueblo de México, a principios del siglo XVI. Su riqueza y condición social le permitieron recibir una esmerada educación, privilegio que no estaba al alcance[2] de las hijas de padres menos poderosos. Pero durante un período de guerra, fue vendida o capturada por los mayas y luego vendida como esclava a los aztecas. Así perdió los privilegios de los que había gozado hasta entonces, que fueron reemplazados por dificultades y privaciones.

La Malinche se distinguía de las otras esclavas por su belleza, su inteligencia y el conocimiento de varias lenguas; estas cualidades resultaron ser[3] sus mejores armas cuando Hernán Cortés llegó a México al mando de la expedición española. Cuando Cortés desembarcó en 1519, tenía dos misiones: conquistar el país y apoderarse de sus riquezas, y convertir a los indígenas al cristianismo. La Malinche formaba parte de un tributo mandado a Cortés con la vana esperanza de detener su avance. Cortés reconoció la capacidad intelectual y verbal de la Malinche, y prometió concederle la libertad si se convertía en su aliada[4] y lo ayudaba a establecer buenas relaciones con los pueblos indígenas de México.

Siendo una esclava, la Malinche no tuvo más remedio que aceptar. Viajaba con Cortés, acompañándolo a todas las expediciones. Al principio, Cortés dudaba de la lealtad[5] de la Malinche, pero sus dudas se disiparon[6] cuando ella le contó la emboscada[7] que el emperador Moctezuma pensaba tenderles a las tropas españolas. Al enterarse, Cortés mandó en represalia atacar a los aztecas que vivían entre los españoles y los aztecas perdieron a sus mejores guerreros.

Durante los años siguientes, la Malinche continuó apoyando a Cortés. Gracias a su poder de persuasión, ayudó a Cortés a reunir un ejército para luchar contra los aztecas. Con el tiempo, consiguió convencer a Moctezuma mismo de que se dejara apresar[8] por los españoles, lo cual les permitió a éstos dominar por completo la capital azteca, Tenochtitlán. Pero en una caótica escaramuza,[9] Moctezuma murió, apedreado[10] por su propia gente y los aztecas lanzaron[11] un ataque feroz contra los conquistadores españoles.

Aunque la mayoría del ejército español pereció[12] durante la huida nocturna de la ciudad,[13] la Malinche y Cortés resultaron ilesos. Cortés volvió a reunir a sus hombres y lanzó un contraataque masivo. El día 13 de agosto de 1521 caía la ciudad de Tenochtitlán y con ella el imperio azteca.

Los españoles empezaron inmediatamente a reconstruir la ciudad que habían ganado la Malinche y Cortés. En 1522 la Malinche dio a luz un hijo, fruto de su relación con Cortés, dando así comienzo a la población denominada mestiza. Mezcla de sangre española e indígena, este grupo racial predomina hoy día en México. Cortés se aseguró de darle a la Malinche bastantes tierras y oro para que viviera desahogadamente,[14] y le pidió que siguiera sirviéndole de intérprete en la expedición a Honduras. En 1527, poco después de volver de Honduras, la Malinche murió.

Sin duda, el éxito que Cortés consiguió en México hay que atribuirlo directamente a la ayuda que le prestó[15] la Malinche. Los aztecas a quienes ella traicionó no eran su pueblo, aunque todos los indígenas de México fueron conquistados con el tiempo por los invasores a los que apoyó. La Malinche fue testigo del fin de una civilización y el auge[16] de otra nueva y se convirtió en la madre simbólica del nuevo grupo étnico que ha predominado en México hasta nuestros días.

---

[1]**sometimiento** *subjugation, enslavement* [2]**no… alcance** *out of reach* [3]**resultaron ser** *turned out to be* [4]**aliada** *ally* [5]**lealtad** *loyalty* [6]**se disiparon** = desaparecieron [7]**emboscada** *ambush* [8]**apresar** = capturar [9]**escaramuza** *skirmish* [10]**apedreado** *stoned* [11]**lanzaron** *launched* [12]**pereció** = murió [13]**huida… ciudad** = Este hecho histórico es conocido como "La noche triste". [14]**desahogadamente** *comfortably* [15]**prestó** = dio [16]**auge** *rise*

S. Suzan Jane Harkness, "La Malinche (1500?–1527)." This article was originally published by Viking Press (*HERSTORY: Women Who Changed the World*) and has been reprinted with permission of the author.

© Rosario Marquardt & Roberto Behar. R & R Studios. "La Malinche". 1992,
Oil pastel and pencil on paper, 17 × 23 inches.

Después de leer

7-15 ¿Entendido?

Pon en orden cronológico estos diez hechos, de acuerdo con el contenido de la lectura.

_____ La Malinche fue entregada a Cortés como tributo.

_____ Los aztecas apedrearon a Moctezuma.

_____ La Malinche y Cortés volvieron de una expedición a Honduras.

_____ Caída de la ciudad de Tenochtitlán.

_____ Los aztecas atacaron a los españoles.

_____ La Malinche fue vendida o capturada por los mayas.

_____ Nacimiento de Martín Cortés, hijo de la Malinche y el conquistador español.

_____ Los españoles atacaron a los aztecas por primera vez.

_____ La Malinche vivía como una princesa; sus padres eran poderosos y ricos.

_____ Hernán Cortés llegó al territorio que hoy conocemos como México.

7-16 En mi opinión

En grupos de tres estudiantes, utilicen las preguntas siguientes como punto de partida para entablar una conversación.

1. Expliquen la referencia a la Malinche como Eva. ¿Qué características tienen en común? Acuérdense de la lectura "Eva" (pág. 77).

2. Se suele oponer la Virgen de Guadalupe a la figura de la Malinche. ¿En qué se basaría esta oposición? Busquen información sobre la Virgen de Guadalupe en internet si necesitan más información para contestar la pregunta.

3. Hay muy pocos monumentos en México dedicados a la Malinche. En Villa Oluta, Veracruz, por ejemplo, se encuentra uno de ellos. ¿Hay monumentos controvertidos en su ciudad o país? ¿A quiénes están dedicados?

4. En la formación de una pareja, ¿qué papel juegan la suerte y el destino? Den ejemplos.

5. ¿Es posible el amor entre personas que pertenecen a jerarquías sociales diferentes, como en el caso de la Malinche y Hernán Cortés? ¿Creen que hubo amor entre ellos dos o simplemente abuso de poder por parte del conquistador español? ¿O ambición por parte de ella? Expliquen.

6. En oposición a Bernal Díaz del Castillo, Cortés no menciona a la Malinche en sus escritos. ¿Cómo explicarían este silencio por parte del segundo? ¿Pueden suponer por qué no se casó Hernán Cortés con la Malinche?

Estrategias comunicativas para expresar probablilidad

Es posible/probable que...	No me sorprendería que...
It's possible/probable that . . .	*It wouldn't surprise me if . . .*
Seguramente...	**Lo más seguro/probable es que...**
Probably . . .	*It's very likely that . . .*
Posiblemente...	**Debe haber** + participio...
Possibly . . .	*He/She must have . . .*
Probablemente...	**Parece ser que...**
Probably . . .	*It seems that/looks like . . .*

7-17 En (inter)acción

Realicen las siguientes actividades según se indica.

1. **A descifrar.** La imagen siguiente es la reproducción de un famoso códice que narra la conquista de México, el Lienzo de Tlaxcala. Ahora, basándose en lo que han leído, trabajen en grupos de tres estudiantes para describir lo que representa. Empleen algunas de las expresiones de **Estrategias comunicativas**.

2. **¿La historia la absolverá?** Debatan con toda la clase el papel de la Malinche en la historia mexicana. ¿Qué hay que tener en cuenta a la hora de juzgar su actuación?

3. **Tomar la palabra.** Con un(a) compañero(a), preparen un monólogo en el que la Malinche se defienda de las acusaciones de las cuales ha sido objeto a lo largo de la historia. Luego, preséntenlo delante de la clase.

4. **Representación artística.** Según Edward Lucie-Smith, Antonio Ruiz (1895–1964, México) en *El sueño de la Malinche* (1939) sugiere que "el pasado indígena de México todavía duerme bajo los adornos del presente europeo".* En grupos de tres estudiantes, observen detenidamente el cuadro y expliquen cómo ha llegado a esa interpretación Lucie-Smith. Por último, digan si están de acuerdo con él o no.

Arte latinoamericano del siglo XX. Barcelona: Destino, 1993, pág. 102.

7-18 Tu (video)blog

Como a los antihéroes no se les erigen monumentos, averigua de alguna otra manera cuáles son dos de ellos en la ciudad o país donde estás de reportero(a). ¿Qué hicieron o no hicieron para tener esa mala reputación?

Repaso gramatical
- El subjuntivo con verbos de petición y mandato: **Cuaderno**, pág. 179
- Las acciones recíprocas: **Cuaderno**, pág. 182

Práctica escrita
- **Cuaderno**, págs. 179, 183

Práctica oral
- **Cuaderno**, págs. 180, 184

La Monja Alférez ◀))

Hoy día nos parece normal y justo que tanto las mujeres como los hombres luchen contra las limitaciones impuestas a su sexo o género. Pero ¿se consideraba también normal y justo en otras épocas y en otras sociedades? La Monja Alférez, en los escritos autobiográficos que nos ha dejado, explica cómo consiguió hacer lo que deseaba en el siglo XVI, aunque no le estaba permitido por ser mujer.

"La Monja Alférez," texto adaptado de la *Enciclopedia Espasa-Calpe*, Madrid, pg. 412. Used with permission.

7-19 Ya lo sabes

Contesta las preguntas siguientes.

1. ¿Por qué razón son famosas algunas mujeres anteriores al siglo XXI? Da por lo menos dos ejemplos.

2. ¿Es la ropa actual una manifestación de la opresión o de la liberación sexual? ¿Crees que algún día será común ver a los hombres con vestidos y zapatos de tacón alto?

3. ¿Por qué los militares son juzgados en un tribunal militar y no civil? ¿Por qué a los ciudadanos de un mismo país se les trata de diferente manera?

Narración

Escucha atentamente la siguiente narración. Presta atención al contenido y a la pronunciación. Escúchala tantas veces como lo necesites. Después, haz los ejercicios que aparecen a continuación.

Palabras útiles

recorrió *traveled, traversed* **se unió a** *joined* **alférez** *second lieutenant* **altivo** *haughty*
obispo *bishop* **monja** *nun* **recompensa** *reward*

Las mujeres de la nobleza vestían así en la España del siglo XVII.

7-20 ¿Te enteraste?

Escoge la(s) respuesta(s) correcta(s) según lo que acabas de oír.

1. La Monja Alférez nació en España en…

    a. 1653.
                c. 1592.

    b. 1529.
                d. 1635.

2. Ella era natural de…

    a. Erauso.
                c. Guamanga.

    b. San Sebastián.
          d. el Nuevo Mundo.

3. Como soldado del ejército español luchó en…

    a. España.
                c. Perú.

    b. Italia.
                 d. Francia.

4. Tenía fama de ser una persona…

    a. antisocial.
              c. valiente.

    b. religiosa.
             d. ambiciosa.

5. Catalina de Erauso murió en…

    a. la hoguera *(stake)*.
        c. la cárcel.

    b. el océano Atlántico.
      d. no se sabe.

7-21 Un paso más 👥

Expresa tu opinión al discutir las preguntas siguientes con un(a) compañero(a).

1. ¿Qué les pareció lo más sorprendente de esta figura femenina? Expliquen por qué.

2. Tanto el rey de España como el papa aprobaron *(approved)* el carácter y las costumbres de Catalina de Erauso. ¿Cómo se explicaría esto? ¿Estarían el rey y el papa a favor de la emancipación femenina?

3. Lean la siguiente cita de Mary Elizabeth Perry y luego digan si están de acuerdo con la autora o no.

> "Catalina rehusó la feminización y adoptó sólo cualidades masculinas […] Luchó como un hombre para proteger su honor como lo habría hecho un hombre. Consciente de las restricciones que imponía el género en su vida, no intentó cambiar la injusticia entre los géneros. En lugar de esto decidió cambiarse a sí misma, negar su cuerpo, repudiar el convento, el hábito y la sumisión que se esperaba de ella como mujer, y construirse una personalidad masculina que borrara completamente su identidad como mujer".*

4. En su época, Catalina de Erauso no podía ser juzgada por un tribunal civil por ser monja. Es decir que le correspondía un tribunal religioso, no civil. ¿Existe esta práctica en su país? ¿Les parece raro, normal, justo? Coméntenlo.

5. ¿Qué es el travestismo? ¿En qué circunstancias hoy día una persona utilizaría ropa o accesorios que se asocian con el sexo contrario?

6. ¿Por qué causa tanta risa en las películas que un hombre se vista de mujer y no tanto que una mujer se vista de hombre? ¿Qué nos demuestra esta reacción diferente del público?

Ni espada rota ni mujer que trota. Mujer y desorden social en la Sevilla del Siglo de Oro, Barcelona: Grijalbo-Mondadori, 1993, pág. 133.

Fresa y chocolate (CUBA, 1994)

Película   **Director:** Tomás Gutiérrez Alea   **Duración:** 111 minutos   **Clasificación:** R

Slavoljub Pantelic/ Shutterstock.com

Diego y David se conocen a fines de los años setenta comiendo helado en Coppelia, una cafetería muy popular de La Habana. La película explora la relación entre estas dos personas diametralmente opuestas en la superficie. Ambos intentan convencer al otro de que su punto de vista es el correcto. Sus diálogos, que van más allá de lo personal, analizan las penas y glorias de la vida en Cuba bajo Fidel Castro.

Antes de ver la película

Haz lo indicado a continuación.

1. Piensa en la situación de los homosexuales en los Estados Unidos: lo que les está legalmente permitido hacer o no y cómo su situación ha evolucionado durante la última mitad del siglo XX y principios del XXI.

2. Busca información en internet sobre un documental de 1984 sobre la situación de los intelectuales y los homosexuales en Cuba, titulado *Conducta impropia* (Dir. Néstor Almendros y Orlando Jiménez Leal).

3. Recuerda lo aprendido en las lecturas del libro de texto o películas anteriores sobre la Revolución Cubana y la vida en Cuba hoy.

Durante la película

1. Observa la precaria situación en que se desenvuelven los personajes (por ejemplo, la falta de comida).

2. Fíjate en cómo Diego, David y Nancy mienten o se engañan los unos a los otros.

Después de ver la película

A. Contesten estas preguntas en parejas.

1. Expliquen el significado y las implicaciones del título.

2. ¿Por qué no dicen siempre la verdad los personajes?

3. Comenten la relación entre los vecinos que viven en el mismo edificio. Hagan referencia a escenas específicas.

4. Mencionen tres problemas que tiene Diego, tres que tiene David y tres que tiene Nancy.

5. ¿Cuáles son las pasiones de los protagonistas? Describan la personalidad de Diego y la de David con referencia a ellas.

6. Se podría decir de Diego y David que no tienen nada en común excepto lo que cuenta. ¿Qué sería eso?

B. Hagan las actividades siguientes en grupos.

1. Mencionen tres momentos clave de la película y expliquen su importancia y significado.

2. Discutan la presencia de los estereotipos en la película y decidan si está justificado su uso o no. ¿Reflejan la época en que se filmó la película?

3. Comenten algunas escenas que les parecieron cómicas.

4. ¿Qué aprendieron los protagonistas el uno del otro?

5. Comenten el final y sugieran dos otros desenlaces posibles.

6. Analicen la imagen de Cuba y de la Revolución que nos ofrece este film hecho en Cuba. ¿Es positiva o negativa? Expliquen y den ejemplos. ¿Qué han aprendido de ese país viendo el film?

7. Relacionen la cita siguiente con la película:

> "En la imagen del héroe revolucionario cubano se confundieron los conceptos de hombría *(manhood)* y nación *(nationhood)*. Para redimir al país se requería la creación de un hombre nuevo y no tanto de una mujer. Nada parece amenazar *(to threaten)* la utopía del nuevo hombre más que la homosexualidad".*

*Ruth Behar, ęd. *Bridges to Cuba. Puentes a Cuba*. Ann Arbor: University of Michigan Press, 1995, pág. 12.

CAPÍTULO 8

REPRESIONES

Heinle Grammar Tutorial:
- The subjunctive vs. indicative in adjective clauses
- The imperfect subjunctive
- Time expressions
- Definite and indefinite articles
- Nominalization

Preso sin nombre, celda sin número

JACOBO TIMERMAN

Jacobo Timerman, un conocido escritor y periodista argentino de familia judía, nació en Ucrania en 1923. En 1928 su familia se trasladó a Buenos Aires. Durante la dictadura militar de 1976 a 1983, fue secuestrado por miembros del ejército argentino y encerrado en una cárcel clandestina. Allí lo interrogaron y torturaron repetidamente. Estuvo preso dos años y medio (1977–1979). Después de pasar varios años exiliado en Israel, volvió a Argentina tras la restauración de la democracia. Murió en 1999.

En *Preso sin nombre, celda sin número* (1980) Timerman ha relatado sus experiencias en la cárcel. En las páginas siguientes nos habla de los espacios en que vivió confinado y de un encuentro inolvidable.

Palabra por palabra

acostarse (ue)	*to lie down, go to bed*	el llanto	*crying*
asustar	*to frighten*	el odio	*hatred*
la cárcel	*jail, prison*	la oración	*prayer*
débil	*weak*	peligroso(a)	*dangerous*
desnudo(a)	*nude, naked*	el secuestro	*kidnapping*
extrañar	*to miss*	la soledad	*loneliness*

Mejor dicho

sentir (ie, i)	*to be sorry, regret*	**Hemos sentido** mucho lo de mi cuñado.
		Cuánto **siento** no haber pasado por tu casa antes.
sentir + sustantivo	*to feel*	**Sentían** mucho cariño por todos ellos.
sentirse + adjetivo, adverbio	*to feel*	Lidia **se siente** muy enérgica últimamente.
		¿Cómo **te sentiste** después de tu clase de yoga?

el sentimiento	*emotional feeling*	El odio es un **sentimiento** destructivo.
la sensación	*physical feeling*	Tenía una **sensación** rara en el estómago.
el sentido*	*meaning*	No entendieron bien el **sentido** de la oración.
	sense	Tenemos cinco **sentidos**.
	consciousness	El paciente perdió el **sentido** cuando se cayó.

¡**Ojo!** *Recuerda que **tener sentido** significa *to make sense*. Otras expresiones con **sentido** son: **sentido común**, **sentido del humor** y **sexto sentido**.

8-1 **Práctica**

Hagan las actividades siguientes, prestando atención a los términos de **Palabra por palabra** y **Mejor dicho.**

The Sob, 1939 by David Alfaro Siqueiros. Enamel on composition board, 48 1/2 x 24 3/4". Given anonymously. (490.1941) Digital Image ©Artists Rights Society (ARS), New York; Photo: ©The Museum of Modern Art/Licensed by SCALA/Art Resource, NY

1. Utilizando el vocabulario de esta lección, toda la clase inventa una historia sobre la persona que aparece en el cuadro del pintor mexicano David Alfaro Siqueiros, *El sollozo*, 1939. Mencionen cómo se siente y qué le ha ocurrido. ¿Es una mujer o un hombre?

2. En parejas, decidan si las palabras a continuación constituyen una sensación o un sentimiento.

Ejemplo: el rencor
          El rencor es un sentimiento.

a. el dolor	d. la furia	g. la ternura	j. la sed
b. el frío	e. el placer	h. la alegría	k. el miedo
c. el calor	f. el hambre	i. la náusea	l. la nostalgia

3. En grupos de tres estudiantes, digan cómo se sentirían Uds. en las siguientes circunstancias. Comparen sus sentimientos y sensaciones con los de otros grupos de la clase.

a. con los ojos vendados *(blindfolded)*   d. durmiendo desnudo(a) en el suelo

b. después de comer tres hamburguesas   e. encerrado(a) en un ascensor

c. al recuperar sus objetos perdidos

4. En grupos de tres o cuatro estudiantes, hagan una lista de cinco cosas que para Uds. no tienen sentido en esta vida, y expliquen por qué. Comparen la suya con las de otros grupos.

Ejemplo: la tortura… porque…

Antes de leer

8-2 ¡Alto!

Haz lo indicado a continuación.

1. ¿Has oído hablar de los **desaparecidos**? ¿Y de la llamada "Guerra Sucia" en Argentina (1976–1983)? Si no lo has hecho, busca esta información en internet.

2. Al preso de esta selección le faltan muchas cosas. Busca tres y fíjate en el uso del vocabulario para expresar ausencia o falta.

3. La narración está dividida en varias partes. A medida que lees, decide dónde empieza y termina cada una.

El antiguo Presidio de Ushuaia, Tierra del Fuego, Argentina fue convertido en un museo.

Preso sin nombre, celda sin número

JACOBO TIMERMAN

La celda es angosta.[1] Cuando me paro[2] en el centro, mirando hacia la puerta de acero,[3] no puedo extender los brazos. Pero la celda es larga. Cuando me acuesto, puedo extender todo el cuerpo. Es una suerte, porque vengo de una celda en la cual estuve un tiempo —¿cuánto?— encogido,[4] sentado, acostado con las rodillas dobladas.[5]

La celda es muy alta. Saltando,[6] no llego al techo. Las paredes blancas, recién encaladas.[7] Seguramente había nombres, mensajes, palabras de aliento,[8] fechas. Ahora no hay testimonios, ni vestigios.[9]

El piso de la celda está permanentemente mojado.[10] Hay una filtración[11] por algún lado. El colchón[12] también está mojado. Yo tengo una manta.[13] Me dieron una manta y para que no se humedezca la llevo siempre sobre los hombros. Pero si me acuesto con la manta encima, quedo empapado[14] de agua en la parte que toca el colchón. Descubro que es mejor enrollar el colchón, para que una parte no toque el suelo. Con el tiempo la parte superior se seca. Pero ya no puedo acostarme y duermo sentado. Vivo,

---

[1]**La… angosta.** *The cell is narrow.* [2]**me paro** *I stand* [3]**acero** *steel* [4]**encogido** *scrunched* [5]**rodillas dobladas** *bent knees* [6]**Saltando** *Jumping* [7]**encaladas** *whitewashed* [8]**aliento** *encouragement* [9]**vestigios** *traces* [10]**mojado** *wet* [11]**filtración** *leak* [12]**colchón** *mattress* [13]**manta** *blanket* [14]**quedo empapado** *I get soaked*

durante todo este tiempo, —¿cuánto?— parado o sentado.

La celda tiene una puerta de acero con una abertura[15] que deja ver una porción de la cara, o quizás un poco menos. Pero la guardia tiene orden de mantener la abertura cerrada. La luz llega desde afuera, por una pequeña rendija[16] que sirve también de respiradero.[17] Es el único respiradero y la única luz. Una lamparilla prendida[18] día y noche, lo que elimina el tiempo, produce una semipenumbra[19] en un ambiente de aire viciado,[20] de semi-aire.

Extraño la celda desde la cual me trajeron a ésta —¿desde dónde?—, porque tenía un agujero en el suelo para orinar y defecar.[21] En ésta que estoy ahora tengo que llamar a la guardia para que me lleve a los baños. Es una operación complicada y no siempre están de humor: tienen que abrir una puerta que seguramente es la entrada del pabellón[22] donde está mi celda, cerrarla por dentro,[23] anunciarme que van a abrir la puerta de mi celda para que yo me coloque[24] de espaldas a ésta,[25] vendarme los ojos,[26] irme guiando hasta los baños y traerme de vuelta repitiendo toda la operación. Les causa gracia[27] a veces decirme que ya estoy sobre el pozo[28] cuando aún no estoy. O guiarme —me llevan de una mano o me empujan[29] por la espalda —de modo tal que hundo[30] una pierna en el pozo. Pero se cansan del juego y entonces no responden al llamado. Me hago encima.[31] Y por eso extraño la celda en la cual había un pozo en el suelo.

Me hago encima. Y entonces necesito permiso especial para lavar la ropa y esperar desnudo en mi celda hasta que me la traigan ya seca. A veces pasan días porque —me dicen— está lloviendo. Estoy tan

solo que prefiero creerles. Pero extraño mi celda con el pozo dentro.

La disciplina de la guardia no es muy buena. Muchas veces algún guardia me da la comida sin vendarme los ojos. Entonces le veo la cara. Sonríe. Les fatiga hacer el trabajo de guardianes, porque también tienen que actuar de torturadores, interrogadores, realizar las operaciones de secuestro. En estas cárceles clandestinas sólo pueden actuar ellos y deben hacer todas las tareas. Pero, a cambio, tienen derecho a una parte del botín[32] en cada arresto. Uno de los guardianes lleva mi reloj. En uno de los interrogatorios, otro de los guardianes me convida con[33] un cigarrillo y lo prende con el encendedor[34] de mi esposa. Supe después que tenían orden del Ejército de no robar en mi casa durante mi secuestro, pero sucumbieron a las tentaciones. Los Rolex de oro y los Dupont[35] de oro constituían casi una obsesión de las fuerzas de seguridad argentinas en ese año de 1977.

En la noche de hoy, un guardia que no cumple con el Reglamento[36] dejó abierta la mirilla[37] que hay en mi puerta. Espero un tiempo a ver qué pasa, pero sigue abierta. Me abalanzo,[38] miro hacia afuera. Hay un estrecho pasillo,[39] alcanzo a divisar[40] frente a mi celda, por lo menos dos puertas más. Sí, abarco[41] completas dos puertas. ¡Qué sensación de libertad! Todo un universo se agregó a mi Tiempo, ese largo tiempo que permanece[42] junto a mí en la celda, conmigo, pesando[43] sobre mí. Ese peligroso enemigo del hombre que es el Tiempo cuando se puede casi tocar su existencia, su perdurabilidad, su eternidad.

Hay mucha luz en el pasillo. Retrocedo un poco enceguecido,[44] pero vuelvo con voracidad. Trato de llenarme del espacio que veo. Hace mucho que no tengo sentido de las distancias y de las proporciones.

---

[15]**abertura** *opening* [16]**rendija** *crack* [17]**respiradero** *air vent* [18]**prendida** *lit* [19]**semipenumbra** *semidarkness* [20]**viciado** *foul* [21]**agujero… defecar** *hole in the floor to urinate and defecate* [22]**pabellón** *cell block* [23]**por dentro** *from inside* [24]**me coloque** = me ponga [25]**de… ésta** *with my back to it (the door)* [26]**vendarme los ojos** *blindfold me* [27]**Les causa gracia** = Les divierte [28]**pozo** *hole* [29]**empujan** *push* [30]**hundo** *I sink* [31]**Me hago encima.** *I soil myself.* [32]**botín** *booty* [33]**me convida con** = me ofrece [34]**encendedor** *lighter* [35]**Dupont** = marca de encendedor [36]**no… Reglamento** *does not follow the rules* [37]**mirilla** *peephole* [38]**Me abalanzo** *I rush* [39]**estrecho pasillo** *narrow hallway* [40]**alcanzo a divisar** = logro ver [41]**abarco** = veo [42]**permanece** *remains* [43]**pesando** *weighing* [44]**Retrocedo… enceguecido** *I step back somewhat blinded*

Siento como si me fuera desatando.[45] Para mirar debo apoyar la cara contra la puerta de acero, que está helada.[46] Y a medida que[47] pasan los minutos, se me hace insoportable el frío. Tengo toda la frente[48] apoyada contra el acero y el frío me hace doler la cabeza. Pero hace ya mucho tiempo —¿cuánto?— que no tengo una fiesta[49] de espacio como ésta. Ahora apoyo la oreja, pero no se escucha ningún ruido. Vuelvo entonces a mirar.

Él está haciendo lo mismo. Descubro que en la puerta frente a la mía también está la mirilla abierta y hay un ojo. Me sobresalto:[50] me han tendido una trampa. Está prohibido acercarse a la mirilla, y me han visto hacerlo. Retrocedo y espero. Espero un Tiempo, y otro Tiempo, y más Tiempo. Y vuelvo a la mirilla. Él está haciendo lo mismo.

Y entonces tengo que hablar de ti, de esa larga noche que pasamos juntos, en que fuiste mi hermano, mi padre, mi hijo, mi amigo. ¿O eras una mujer? Y entonces pasamos esa noche como enamorados.[51] Eras un ojo, pero recuerdas esa noche, ¿no es cierto? Porque me dijeron que habías muerto, que eras débil del corazón y no aguantaste la "máquina",[52] pero no me dijeron si eras hombre o mujer. Y, sin embargo, ¿cómo puedes haber muerto, si esa noche fue cuando derrotamos a la muerte?

Tienes que recordar, es necesario que recuerdes, porque si no, me obligas a recordar por los dos y fue tan hermoso que necesito también tu testimonio. Parpadeabas.[53] Recuerdo perfectamente que parpadeabas y ese aluvión[54] de movimientos demostraba sin duda que yo no era el último ser humano sobre la Tierra en un Universo de guardianes torturadores. A veces, en la celda, movía un brazo o una pierna para ver algún movimiento sin violencia, diferente a cuando los guardias me arrastraban[55] o me empujaban. Y tú parpadeabas. Fue hermoso.

Eras —¿eres? —una persona de altas cualidades humanas y seguramente con un profundo conocimiento de la vida, porque esa noche inventaste todos los juegos; en nuestro mundo clausurado[56] habías creado el Movimiento. De pronto te apartabas[57] y volvías. Al principio me asustaste. Pero en seguida comprendí que recreabas la gran aventura humana del encuentro y el desencuentro.[58] Y entonces jugué

contigo. A veces volvíamos a la mirilla al mismo tiempo y era tan sólido el sentimiento de triunfo que parecíamos inmortales. Éramos inmortales.

Volviste a asustarme una segunda vez cuando desapareciste por un momento prolongado. Me apreté contra[59] la mirilla, desesperado. Tenía la frente helada y en la noche fría —¿era de noche, no es cierto?— me saqué la camisa para apoyar la frente. Cuando volviste, yo estaba furioso y seguramente viste la furia en mi ojo porque no volviste a desaparecer. Debió ser un gran esfuerzo para ti, porque unos días después, cuando me llevaban a una sesión de "máquina", escuché que un guardia le comentaba a otro que había utilizado tus muletas[60] como leña. Pero sabes muy bien que muchas veces empleaban estas tretas[61] para ablandarnos[62] antes de una pasada[63] por la "máquina", una charla con la Susana,[64] como decían ellos. Y yo no les creí. Te juro que no les creí. Nadie podía destruir en mí la inmortalidad que creamos juntos esa noche de amor y camaradería.

Eras —¿eres? —muy inteligente. A mí no se me hubiera ocurrido más que mirar y mirar. Pero tú de pronto colocabas tu barbilla frente a la mirilla. O la boca. O parte de la frente. Pero yo estaba muy desesperado. Y muy asustado. Me aferraba[65] a la mirilla solamente para mirar. Intenté, te aseguro, poner por un momento la mejilla, pero entonces volvía a ver el interior de la celda y me asustaba. Era tan nítida[66] la separación entre la vida y la soledad, que sabiendo que tú estabas ahí, no podía mirar hacia la celda. Pero tú me perdonaste, porque seguías vital y móvil. Yo entendí que me estabas consolando y comencé a llorar. En silencio, claro. No te preocupes, sabía que no podía arriesgar ningún ruido. Pero tú viste que lloraba, ¿verdad?, lo viste, sí. Me hizo bien llorar ante ti, porque sabes bien cuán triste es cuando en la celda uno se dice a sí mismo que es hora de llorar un poco, y uno llora sin armonía, con congoja,[67] con sobresalto. Pero contigo pude llorar serena y pacíficamente. Más bien era como si uno se dejara[68] llorar. Como si todo se llorara en uno y entonces podría ser una oración más que un llanto. No te imaginas cómo odiaba ese llanto entrecortado[69] de la celda. Tú me enseñaste, esa noche, que podíamos ser Compañeros del Llanto.

---

[45]**como… desatando** *as if I were breaking free* [46]**helada** = muy fría [47]**a medida que** = mientras [48]**frente** *forehead*
[49]**fiesta** *feast* [50]**Me sobresalto** *I am startled* [51]**enamorados** *lovers* [52]**máquina** = aparato de tortura [53]**Parpadeabas** *You were blinking* [54]**aluvión** = avalancha [55]**arrastraban** *dragged* [56]**clausurado** = cerrado [57]**te apartabas** *you moved away*
[58]**encuentro y desencuentro** *meeting and parting* [59]**Me apreté contra** *I pressed myself against* [60]**muletas** *crutches* [61]**tretas** *tricks* [62]**ablandarnos** *to weaken us* [63]**una pasada** *a session* [64]**Susana** = nombre sarcástico para un aparato de tortura [65]**Me aferraba** *I clung to* [66]**nítida** *sharp* [67]**congoja** = angustia [68]**se dejara** = se permitiera [69]**llanto entrecortado** *choking sobs*

Después de leer

8-3 ¿Entendido?

Contesta las preguntas siguientes de acuerdo con el contenido de la lectura.

1. Describe o dibuja la segunda celda donde pusieron a Timerman. ¿Cómo es diferente de la de antes? ¿Por qué extraña la otra celda?

2. ¿Por qué se pregunta el protagonista "¿cuánto?" y "¿desde dónde?"?

3. Cuando los guardias lo sacaban de la celda, ¿adónde lo llevaban?

4. ¿Qué beneficios recibían los guardias a cambio de su trabajo en las cárceles clandestinas?

5. ¿Cuál fue la reacción de Timerman al ver a otro ser humano en las mismas circunstancias?

6. ¿Qué hicieron juntos los dos presos? ¿Te pareció extraño eso?

7. ¿Cómo suponía Timerman que era el otro preso? ¿En qué basaba sus suposiciones?

8. ¿Por qué no quería Timerman ver el interior de la celda esa noche?

9. ¿Por qué fue diferente el llanto de Timerman esa noche?

© Victoria García Serrano

8-4 En mi opinión 👥👥👥

En grupos de tres estudiantes, utilicen las preguntas siguientes como punto de partida para entablar una conversación.

1. Comenten el título del libro de Timerman. ¿Por qué no tiene nombre el preso ni número la celda?

2. Discutan la importancia del nombre propio. ¿Les gusta su nombre? ¿Se lo cambiarían? ¿Tienen algún apodo (nickname)? Señalen otros modos de identificación.

3. El juego es un concepto muy importante en el relato de Timerman. ¿Por qué? ¿En qué se diferencia el juego de los guardias del de los presos? ¿A qué juegan?

4. ¿Qué nos dice el autor del Tiempo? ¿Por qué utiliza mayúsculas (uppercase letters)? ¿Es ese el uso normal de las mayúsculas en español? En la experiencia de Uds., ¿cuándo pasa despacio el tiempo y cuándo rápido? ¿Es a veces el tiempo algo palpable? ¿En qué circunstancias?

5. También habla Timerman de dos tipos de llanto: llorar y sollozar. Contrasten Uds. las diferentes maneras de llorar en las siguientes situaciones:

    a. viendo una película romántica

    b. en un funeral

    c. durante una confesión muy personal

    d. como víctimas de una catástrofe natural

    e. cuando uno tiene un ataque de risa

Estrategias comunicativas para ordenar algo

Con mandatos	Con expresiones de cortesía
Abra la puerta.	**Por favor, ¿puede/podría abrir la puerta?**
Open the door.	*Could you open the door, please?*
No me llames más.	**Te agradecería que no me llamaras más.**
Don't call me anymore.	*I would appreciate it if you did not call me anymore.*
Dame una aspirina.	**Quisiera una aspirina.**
Give me an aspirin.	*I would like an aspirin.*
Vámonos.	**No me importaría que nos fuéramos ahora mismo.**
Let's go.	*I would not mind if we left right now.*

8-5 En (inter)acción

Realicen las siguientes actividades según se indica.

1. **Decisiones.** En grupos de tres estudiantes, decidan primero si utilizarían mandatos o expresiones de cortesía en las situaciones que se mencionan a continuación. Luego, digan dos oraciones para cada situación. Utilicen las expresiones que se encuentran en **Estrategias comunicativas**.

    Ejemplos: Si estuviera comprando en una tienda, utilizaría expresiones de cortesía.
            ¿Me podría probar estos pantalones?
            ¿Le importaría traerme una talla más grande?

    a. en un entrenamiento militar

    b. en un restaurante

    c. en un quirófano *(operating room)*

    d. en un taxi

    e. en una clase de danza

    f. en un banco

    g. en casa con su perro

    h. en la calle ayudando a alguien que está perdido

2. **¿Un museo o no?** Cuando hace algunos años se propuso la construcción de un museo en memoria de los desaparecidos en Buenos Aires, algunos grupos se opusieron al proyecto porque decían que los sucesos aciagos (desgraciados) del pasado era mejor olvidarlos. Otros defendieron que preservar en la memoria colectiva la violación de los derechos humanos durante la llamada "Guerra Sucia" era fundamental para que esas violaciones no se repitieran. En internet averigüen si al final se construyó el museo o no. Luego, comenten si consideran que un museo puede prevenir futuras represiones y genocidios.

3. **¿Amnistía = amnesia?** Muchos militares argentinos responsables de torturas y asesinatos durante la dictadura no han cumplido hasta ahora condenas de cárcel por causa de dos leyes aprobadas durante el gobierno de Raúl Alfonsín: la de la Obediencia Debida (es decir, los militares cumplían órdenes superiores) y la de Punto Final (ponía una fecha límite para presentar las denuncias). Pero en el 2003 los diputados argentinos anularon dichas leyes y en el 2005 la Corte Suprema las declaró inconstitucionales. ¿Ha sido una buena decisión anular esas leyes que exculpaban a los militares de sus crímenes? Discútanlo con los demás compañeros.

8-6 Tu (video)blog

Busca información sobre algún individuo, grupo u organismo que haya sido decisivo en la denuncia de algún problema social o de su resolución en el país donde te encuentras de reportero(a). Describe el problema y los esfuerzos llevados a cabo para resolverlo.

Repaso gramatical	• El subjuntivo en cláusulas adjetivales: **Cuaderno**, pág. 185
	• El imperfecto de subjuntivo en **-se**: **Cuaderno**, pág. 187
Práctica escrita	• **Cuaderno**, págs. 186, 187
Práctica oral	• **Cuaderno**, págs. 187, 188

Pájaros prohibidos ◀))
EDUARDO GALEANO

La literatura carcelaria ◀))
MAURICIO ROSENCOF

Uruguay fue gobernado por una dictadura militar desde 1972 hasta 1985. Aparte del tratamiento inhumano, la tortura y las desapariciones de los detenidos, de la impunidad con que actuó la policía y otras violaciones de los derechos humanos, hay que mencionar que durante la década de los 70 Uruguay fue el país con el mayor porcentaje de presos políticos del mundo.* Este es el contexto histórico de los breves relatos siguientes. En ellos, los escritores uruguayos Eduardo Galeano (n. 1940) y Mauricio Rosencof (n. 1933) nos muestran el poder de la mente para superar las limitaciones físicas impuestas por otros.

*Servicio, Paz y Justicia. Uruguay. *Nunca más. Violación de los derechos humanos*, 1989.

8-7 **Ya lo sabes**

Contesta las preguntas siguientes.

1. ¿Por qué existe la distinción entre presos políticos y presos comunes? ¿Hay presos políticos en tu país? ¿Por qué razones específicas?

2. La imaginación, la fantasía y los sueños constituyen maneras de evadirse de la realidad. ¿En qué circunstancias resulta recomendable este tipo de evasión y en cuáles no?

3. ¿Cómo presentan las películas actuales la vida en la cárcel? ¿Te parece realista o no? ¿Recuerdas alguna película en especial cuya acción se desarrolle dentro de una cárcel?

Narración

Escucha atentamente los siguientes relatos. Presta atención al contenido y a la pronunciación. Escúchalos tantas veces como lo necesites. Después, haz los ejercicios que aparecen a continuación.

Palabras útiles

"Pájaros prohibidos": silbar *to whistle* **mariposas** *butterflies* **elogia** *praises* **copas** *tops* **a escondidas** = en secreto

"La literatura carcelaria": calabozo = cárcel **sepultado** = encerrado **nicho** *niche* (aquí, celda de una prisión) **arañitas** *little spiders* **pozo** *well, hole* **tendido** = acostado **hormigón** = cemento **salpicaban** *splashed* **envase** = botella **requisas** *checks* **odisea** *odyssey (here, ordeal)*

8-8 **¿Te enteraste?**

A. Completa las oraciones siguientes de acuerdo con tu comprensión de "Pájaros prohibidos".

1. Tres cosas que estaban prohibidas en la cárcel eran…

2. Los guardias no dejaban entrar dibujos de…

3. A Didaskó Pérez los círculos que había en el dibujo le parecían…; según su hija eran…

4. La anécdota nos enseña que…

B. Las oraciones siguientes son falsas de acuerdo con el contenido de "La literatura carcelaria". Explica por qué son falsas.

1. El protagonista se volvió loco por vivir once años en total aislamiento.

2. La cárcel estaba cerca de la playa, porque era allí adonde llevaban a los presos a tomar el sol.

3. El preso odiaba ir a la playa porque los bañistas le tiraban arena.

4. Los guardias entraban en la celda a buscar botellas de Coca-Cola.

5. El preso sabía distinguir en todo momento la realidad de la fantasía.

8-9 Un paso más

En grupos de tres estudiantes, hagan lo indicado a continuación.

1. Describan lo que ocurre en cada uno de los cuadros de esta tira cómica de Quino. Luego, expliquen la relación de la tira con el tema de este capítulo.

Joaquín Salvador Lavado (QUINO) Esto No Es Todo – Ediciones de La Flor, 2001

2. Dibujen en la pizarra o en su cuaderno cómo se imaginan el dibujo de Milay. Compartan los dibujos con toda la clase y elijan los mejores.

3. Cuando se dice de alguien que "tiene mucha imaginación", ¿suele ser esto un elogio o una crítica? Expliquen. ¿A qué suelen dedicarse más las personas que tienen mucha imaginación: a las artes o a las ciencias? ¿Qué cualidades se atribuyen a los escritores?

4. El control de la mente y la censura ¿ocurren sólo bajo gobiernos totalitarios? ¿Hay modos de control o influencia en las sociedades democráticas actuales? ¿Qué es un lavado de cerebro (brainwashing)? ¿Y un mensaje subliminal? Den ejemplos concretos.

La Ley de la Memoria Histórica

Entre 1936 y 1939 España sufrió una sangrienta guerra civil, y a continuación una dictadura militar que duró cerca de cuarenta años. Pero no fue hasta el 2007 cuando por fin se aprobó la ley que permitiría reconocer o rectificar algunos de los daños causados a una parte de la población española durante esos dos períodos históricos. El texto que sigue es un extracto de esta ley, que desde su aprobación ha resultado ser muy polémica.

Palabra por palabra

aprobar	*to pass*	**la fosa**	*grave*
los bienes	*property*	**la herida**	*wound*
el (la) ciudadano(a)	*citizen*	**el marco**	*frame, framework*
desgarrador(a)	*heartbreaking*	**el paradero**	*whereabouts*
empujar	*to push*	**la prueba**	*proof*

Mejor dicho

ser confuso(a)	con sujetos gramaticales inanimados	*to be unclear, confusing*	Estas instrucciones para armar la bici **son** muy **confusas**.
estar confuso(a) y confundido(a)	con sujetos gramaticales animados	*to be confused, mixed up*	Después de leer a Kant, **estábamos** bastante **confusos (confundidos)**.

desde	*since (time)*	Esa ley estaba vigente **desde** el año 2002.
	from (space)	Le robaron el coche y tuvo que ir caminando **desde** la oficina a casa.
puesto que, ya que, como*	*since (cause), because*	**Puesto que (Ya que, Como)** conoces tan bien este suceso histórico, ¿por qué no nos lo explicas?

¡**Ojo!** *Recuerda que las conjunciones **puesto que**, **ya que** y **como** se utilizan al principio de una oración en lugar de **porque** *(because)*, a menos que sea la respuesta a una pregunta con **¿por qué?**

8-10 Práctica

Hagan las actividades siguientes, prestando atención a las palabras del vocabulario.

 1. En parejas, formen grupos de tres palabras, dos con un significado parecido. Asegúrense de incluir un término del vocabulario de esta lección en cada grupo. Luego, sus compañeros decidirán cuál de ellas no corresponde al grupo.

 Ejemplo: los ciudadanos la población el partido
  (el partido)

 2. Con un(a) compañero(a) preparen mini-diálogos (de dos o tres oraciones por estudiante) en los que empleen las palabras de este vocabulario y las de otros anteriores. Después, preséntenlos delante de la clase.

 Ejemplo: Estudiante 1: ¿Cómo te hiciste la herida del brazo?
  Estudiante 2: Estaba aprendiendo a montar a caballo y me caí.

 3. En parejas, reaccionen a las situaciones que aparecen a continuación, usando **ser confuso(a)** o **estar confundido(a)**.

 Ejemplo: Estudiante 1: Desde el accidente mi vecino tiene amnesia.
  Estudiante 2: Él está muy confundido.

  a. Santiago contestó que "blanco" se dice *black* en inglés.
  b. El timbre del teléfono acaba de despertar a Iván de un profundo sueño.
  c. Al trabajo escrito de Carola le faltan varias páginas.
  d. Gabriel no sabe si doblar a la izquierda o a la derecha para llegar al estadio.
  e. El uso del subjuntivo depende de muchos factores.

Antes de leer

8-11 ¡Alto!

Haz lo indicado a continuación.

1. ¿Tienes familiares de los que no sabes mucho o nada? ¿Algún pariente tuyo está encargado de preservar la historia familiar para las generaciones futuras?

2. Haz una lista de los términos legales y jurídicos que encuentres en la lectura. ¿Cuáles no entiendes de la lista?

3. Una guerra civil es un acontecimiento trágico en la historia de una nación. ¿Ha habido una guerra civil en tu país de origen? ¿Qué sabes de la guerra civil en los Estados Unidos?

La Ley de la Memoria Histórica

Es hora [...] de que la democracia española y las generaciones vivas que hoy disfrutan de ella honren y recuperen para siempre a todos los que directamente padecieron las injusticias y agravios[1] producidos, por unos u otros motivos políticos o ideológicos o de creencias religiosas, en aquellos dolorosos períodos de nuestra historia. Desde luego, a quienes perdieron la vida. Y con ellos, a sus familias. También a quienes perdieron su libertad, al padecer prisión, deportación, confiscación de sus bienes, trabajos forzosos o internamientos en campos de concentración dentro o fuera de nuestras fronteras. También, en fin, a quienes perdieron la patria al ser empujados a un largo, desgarrador y, en tantos casos, irreversible exilio.

En este sentido, la Ley sienta las bases[2] para que los poderes públicos lleven a cabo políticas públicas dirigidas al conocimiento de nuestra historia y al fomento de la memoria democrática.

La presente Ley parte de la consideración de que los diversos aspectos relacionados con la memoria personal y familiar, especialmente cuando se han visto afectados por conflictos de carácter público, forman parte del estatuto jurídico de la ciudadanía democrática. Se reconoce, en este sentido, un derecho individual a la memoria personal y familiar de cada ciudadano.

En efecto, en dicho precepto se hace una proclamación general del carácter injusto de todas las condenas, sanciones y expresiones de violencia personal producidas, por motivos inequívocamente políticos o ideológicos, durante la Guerra Civil, así como las que, por las mismas razones, tuvieron lugar en la Dictadura posterior.

En los artículos 5 a 9 se establece el reconocimiento de diversas mejoras de derechos económicos ya recogidos en nuestro Ordenamiento.[3] En esta misma dirección, se prevé el derecho a una indemnización[4] en favor de todas aquellas personas que perdieron la vida en defensa de la democracia, de la democracia que hoy todos disfrutamos, y que no habían recibido hasta ahora la compensación debida.

Se recogen diversos preceptos que, atendiendo también en este ámbito[5] una muy legítima demanda de no pocos ciudadanos, que ignoran el paradero de sus familiares, algunos aún en fosas comunes, prevén medidas e instrumentos para que las Administraciones públicas faciliten, a los interesados que lo soliciten, las tareas de localización, y, en su caso, identificación de los desaparecidos, como una última prueba de respeto hacia ellos.

---

[1]**agravios** *grievous wrongs, offenses* [2]**sienta las bases** *sets the foundation* [3]**Ordenamiento** *Ordinance* [4]**indemnización** = compensación [5]**ámbito** = área

"La Ley de la Memoria Histórica" (Ley 52/2007 de 26 de Diciembre). Ministerio de Justicia. Gobierno de España.

Se establecen, asimismo, una serie de medidas en relación con los símbolos y monumentos conmemorativos de la Guerra Civil o de la Dictadura, sustentadas[6] en el principio de evitar toda exaltación de la sublevación militar, de la Guerra Civil y de la represión de la Dictadura, en el convencimiento de que los ciudadanos tienen derecho a que así sea, a que los símbolos públicos sean ocasión de encuentro y no de enfrentamiento,[7] ofensa o agravio.

La presente ley amplía la posibilidad de adquisición de la nacionalidad española a los descendientes hasta el primer grado de quienes hubiesen sido originariamente españoles. Con ello se satisface una legítima pretensión de la emigración española, que incluye singularmente a los descendientes de quienes perdieron la nacionalidad española por el exilio a consecuencia de la Guerra Civil o la Dictadura.

En definitiva, la presente Ley quiere contribuir a cerrar heridas todavía abiertas en los españoles y a dar satisfacción a los ciudadanos que sufrieron, directamente o en la persona de sus familiares, las consecuencias de la tragedia de la Guerra Civil o de la represión de la Dictadura. Quiere contribuir a ello desde el pleno convencimiento de que, profundizando de este modo en el espíritu del reencuentro y de la concordia de la Transición, no son sólo esos ciudadanos los que resultan reconocidos y honrados sino también la Democracia española en su conjunto.[8] No es tarea del legislador implantar una determinada memoria colectiva. Pero sí es deber del legislador, y cometido de la ley, reparar a las víctimas, consagrar y proteger, con el máximo vigor normativo, el derecho a la memoria personal y familiar como expresión de plena ciudadanía democrática, fomentar los valores constitucionales y promover el conocimiento y la reflexión sobre nuestro pasado, para evitar que se repitan situaciones de intolerancia y violación de derechos humanos como las entonces vividas.

© Victoria García Serrano

© Victoria García Serrano

Archivo de la Guerra Civil Española, Salamanca

---

[6]**sustentadas** = basadas [7]**enfrentamiento** = confrontación [8]**en su conjunto** = en su totalidad

Después de leer

8-12 ¿Entendido?

Resume en cuatro o cinco oraciones lo que entendiste de la lectura. Luego, compara tu resumen con el de un(a) compañero(a).

8-13 En mi opinión

En grupos de tres estudiantes, utilicen las preguntas a continuación como punto de partida para entablar una conversación.

1. ¿Por qué es importante la aprobación de esta ley? ¿Es probable que la ley consiga los fines propuestos? Comenten.

2. ¿Se puede legislar la memoria colectiva? Expliquen.

3. ¿Cómo se diferencia La Ley de la Memoria Histórica de otras que conocen (por ejemplo, la que prohíbe mandar mensajes mientras manejamos o la que establece un límite de velocidad)?

4. ¿Hay leyes que consideren frívolas, innecesarias o estúpidas? ¿Cuáles y por qué lo son?

5. ¿Hay alguna ley o regulación que no tenemos y deberíamos tener en esta ciudad? ¿En este país? ¿En el campus universitario?

Estrategias comunicativas para dar explicaciones

Debido a…	*Due to …*
A causa de…	*Because of …*
Como…	*As/Because …*
Como resultado/consecuencia de…	*As a result/consequence of …*
Por este motivo…	*For this reason …*
Y por lo tanto…	*And therefore …*
Por razones (de seguridad, médicas)…	*For (security, medical) reasons …*

8-14 En (inter)acción

Realicen las siguientes actividades según se indica.

1. **Noticias de última hora.** La clase se divide en tres grupos. Cada uno prepara un boletín informativo sobre un tema de actualidad, y luego lo presenta a la clase. Utilicen algunas de las expresiones de **Estrategias comunicativas**.

2. Cuando nos ocurre algo muy malo, traumático, desgarrador, los psicólogos a veces nos aconsejan que olvidemos el incidente y nos enfoquemos en el futuro. No obstante, cuando es un acontecimiento como la Guerra Civil Española, el Holocausto, el 11 de septiembre de 2001, nos dicen que es imprescindible que recordemos. Es más, se construyen monumentos y museos para conmemorar estos eventos. En parejas, digan cómo se explica esto. ¿Cuándo es más saludable recordar y cuándo es preferible olvidar?

Flores y velas depositadas en la estación de Atocha de Madrid tras los atentados terroristas del 11 de marzo del 2004

© Victoria García Serrano

3. En el texto anterior hay una referencia a la Transición (española). Busquen información en internet sobre este período histórico y compartan con la clase lo que hayan aprendido.

4. La Ley de la Memoria Histórica alude a las compensaciones. ¿Qué forma podrán tomar? El gobierno estadounidense, por ejemplo, ha otorgado indemnizaciones a los pueblos indígenas por haberles privado de sus tierras. Después de los atentados del 11 de septiembre de 2001, un comité decidió cuánto dinero iban a recibir los familiares de las víctimas. En parejas, expresen su opinión sobre este procedimiento. Además de dinero, ¿qué otros tipos de compensaciones puede ofrecer un gobierno? Compartan sus opiniones con la clase.

5. La Ley de la Memoria Histórica ha sido muy controvertida. ¿Pueden conjeturar por qué? Busquen información en internet sobre la ley y sobre el juez Baltasar Garzón. Presenten a toda la clase lo que hayan averiguado.

8-15 Tu (video)blog

En el país hispano donde estás de reportero(a), ¿han aprobado recientemente alguna ley polémica? Menciona cuál es y haz un resumen de los pros y los contra que conlleva su aprobación. Incluye tu propia opinión sobre la ley.

Repaso gramatical	• Las expresiones temporales con **hace**: **Cuaderno**, pág. 189
	• Los artículos definidos e indefinidos (segundo repaso): **Cuaderno**, pág. 192
	• La nominalización de los adjetivos: **Cuaderno**, pág. 193
Práctica escrita	• **Cuaderno**, págs. 190, 192, 194
Práctica oral	• **Cuaderno**, págs. 191, 193, 194

El laberinto del fauno (MÉXICO/ESPAÑA/EE. UU., 2006)

Película   **Director:** Guillermo del Toro   **Duración:** 112 minutos   **Clasificación:** R

Slavoljub Pantelic/
Shutterstock.com

Durante los últimos meses de embarazo, Carmen se traslada de la ciudad al campo para estar con su nuevo marido, el capitán Vidal, cuando el niño nazca. La acompaña Ofelia, hija de su primer esposo y ávida lectora de cuentos de hadas. Escenas que tienen lugar en el campamento militar (un antiguo molino habilitado para este fin) donde los personajes residen alternan con otras que supuestamente son producto de la imaginación de Ofelia, creándose así un interesante contrapunto entre realidad y fantasía.

Antes de ver la película

Haz lo indicado a continuación.

1. Cuando estás leyendo una novela o viendo una película, ¿cómo sabes que es fantástica?

2. Escribe cuatro o cinco características de un cuento de hadas tradicional. ¿Cuál era tu favorito de pequeño(a)?

3. ¿Qué es un fauno? Describe alguno que hayas visto dibujado en un libro o en internet.

 4. Busca información sobre la resistencia en España a la dictadura de Francisco Franco (por ejemplo, los llamados "maquis").

Durante la película

1. Fíjate en las tres pruebas que el fauno le propone a la protagonista y en si esta las lleva a cabo o no.

2. La sangre está presente en numerosas escenas. Observa si su aparición se debe siempre a la misma causa.

Después de ver la película

A. Contesta estas preguntas.

1. ¿Qué importancia tiene el reloj del capitán a lo largo de la película?

2. Describe la relación entre madre e hija. ¿Qué opinaba Carmen de la afición de Ofelia por los cuentos de hadas? ¿Alguien más pensaba igual?

3. Ofelia pasó mucho miedo a lo largo del film. ¿Qué o quién se lo causó?

4. ¿Cómo descubrió el capitán Vidal la traición del médico y de Mercedes?

5. Ofelia le hizo una promesa a su hermano cuando este aún no había nacido. ¿La cumplió o no? Explica.

6. El personaje del capitán Vidal parece la encarnación del mal. ¿Posee alguna característica que lo redima?

7. Al final del film, Ofelia no obedeció al fauno. ¿Por qué?

B. Comenten los temas siguientes en grupos de tres estudiantes.

1. el hecho de que la película empiece y termine con la misma escena

2. el final ambiguo que admite varias interpretaciones

3. los actos violentos

4. el uso de la fantasía; los seres fantásticos imaginados y creados por Guillermo del Toro

5. la ideología de los dos bandos enfrentados durante la contienda bélica (la Guerra Civil Española)

CAPÍTULO 9

DENUNCIAS

Heinle Grammar Tutorial:
- The present perfect and past perfect subjunctive
- *If* clauses
- The verbs **ser** and **estar**
- The subjunctive in adverbial clauses
- The passive voice
- Simple prepositions

Con un ramillete entre los dientes

MARIO BELLATIN

Nacido en México (1960), Mario Bellatin es uno de los escritores que más han renovado las letras latinoamericanas en los últimos tiempos. Su narrativa resulta difícil de caracterizar o catalogar debido a los peculiares recursos y técnicas que emplea. Entre las obras por las que ha recibido reconocimiento y premios se encuentran *Salón de belleza* (1994), *Flores* (2000) y *El gran vidrio* (2007). En el artículo siguiente, cuya traducción apareció en el *New York Times* en 2010, el escritor reflexiona sobre una epidemia nacional.

Palabra por palabra

a cambio (de)	*in exchange (for), in return*	**huir**	*to flee, escape*
alquilar	*to rent, hire*	**el (la) sicario(a)**	*hired assassin*
aterrado(a)	*terrified*	**tener que ver**	*to have to do*
atreverse a	*to dare to*		*(with something)*

estar dispuesto(a) a
  + infinitivo
	to be prepared/willing to
	  + infinitive		

Mejor dicho

el papel	*paper*	Cada vez hay más productos de **papel** reciclado.
	role	Se han producido grandes cambios en los **papeles** sociales de ambos sexos.
hacer/desempeñar un papel	*to play a role, part*	Lola **desempeñará un papel** secundario en la comedia.
el trabajo (escrito)	*written (research) paper*	Tuvimos que escribir un **trabajo** sobre la globalización.
el periódico o diario	*(news)paper*	Uno de los **periódicos** más antiguos de México es el *Excélsior*.

el crimen	*(attempted) murder, (attempted) homicide*	matar o herir gravemente a alguien	No nos enteramos de quién había cometido el **crimen** hasta el final de la película.
el (la) criminal		persona que comete un crimen	El **criminal** recibió la pena máxima.
el delito	*offense, misdemeanor, crime*	cualquier acción ilegal que no es un crimen	Robar en una tienda es un **delito**.
el (la) delincuente		persona que comete un delito	Mantuvieron encarcelada a la **delincuente** cuarenta y ocho horas.

9-1 Práctica

Hagan las actividades siguientes prestando atención a las palabras del vocabulario.

 1. Trabaja con un(a) compañero(a) para inventar una historia, empleando por lo menos cinco términos de **Palabra por palabra** y **Mejor dicho**.

 2. En grupos de tres estudiantes, piensen en algunas series televisivas que tienen que ver con delitos y crímenes, como por ejemplo *CSI*. ¿Cuáles son algunos temas que presentan? ¿Recuerdan algún episodio en particular? Nárrenselo a sus compañeros.

 3. Trabaja con un(a) compañero(a) para hacer una lista de objetos de papel. Comparen su número de respuestas con el de la pareja de al lado para averiguar quién tiene más.

 4. ¿Qué papeles desempeñan hoy día los escritores en la sociedad? ¿Y los periodistas? Contesta estas preguntas con un(a) compañero(a).

 5. Hagan una encuesta con toda la clase sobre qué prefieren hacer: un examen escrito o un trabajo. Después, discutan las preguntas siguientes: ¿qué requiere más tiempo: estudiar para un examen o escribir un trabajo? ¿Piden ustedes a sus compañeros que les revisen los trabajos? ¿Han escrito o leído alguna vez un trabajo sobre el tema de esta lectura?

 6. ¿Qué periódico leen generalmente? ¿Han leído alguna vez un periódico extranjero? ¿Cuál? ¿Se puede saber qué ideas políticas tiene una persona por el periódico que lee? Contesten estas preguntas en parejas.

Antes de leer

9-2 ¡Alto!

Haz lo indicado a continuación.

1. Basándote en el título de la lectura, haz dos predicciones sobre su contenido. Después de leer, vuelve a mirar lo que escribiste. ¿Acertaste o no?

2. Echa un vistazo a **¿Entendido?** (pág. 166). Te ayudará a identificar los temas centrales del texto.

3. Al leer fíjate en que el autor utiliza varios sinónimos para la palabra **alquilar** y sus derivados. Subráyalos.

RayAnthony/Big Stock Photo

Con un ramillete[1] entre los dientes

MARIO BELLATIN

En México existe una curiosa modalidad[2] que se entiende[3] como el arte de la renta. Se pueden tomar en alquiler, por ejemplo, personas dispuestas a pasar por dinero dos noches de cárcel en representación nuestra[4] cuando hemos sido sorprendidos por la policía conduciendo después de haber ingerido[5] más alcohol que el permitido. Se puede rentar también un infante[6] en la puerta del Museo del Niño, pues ingresar[7] acompañado de un menor es el requisito indispensable para visitarlo. En las entradas de emergencia de los hospitales siempre hay señoras dispuestas a fungir[8] como familiares de los pacientes, pues una de las reglas para admitir enfermos es que haya siempre algún pariente, sentado en la sala de espera todo el tiempo que dure el internamiento,[9] que se haga responsable de la situación. Con esa misma lógica se puede rentar a sujetos[10] que golpeen o maten a un enemigo, como a personas que presten sus nombres para que aparezcan como titulares[11] de negocios turbios.[12]

Ante la violencia e impunidad que poco a poco toma el país en un rumbo[13] que parece no tener marcha atrás,[14] he pensado en más de una ocasión en alquilar a alguien que escriba en mi nombre. Una persona que pueda hacer frente[15] a la situación sin que yo tenga que ver involucrado[16] mi trabajo personal. Es que en México todos estamos aterrados y, sin embargo, muchos de nosotros no nos lo tomamos a título personal.[17] Es como si existiera un país conformado[18] sólo por arrendadores y arrendatarios.[19] Da la impresión de que un sector de la sociedad ha rentado a otro para que haga el papel de muerto, de

---

[1]**ramillete** *bouquet (of flowers)* [2]**modalidad** = práctica [3]**se entiende** = se conoce [4]**en representación nuestra** = en nuestro lugar [5]**ingerido** = bebido [6]**infante** = niño [7]**ingresar** = entrar [8]**fungir** = actuar, desempeñar el papel de [9]**internamiento** = la estancia en el hospital [10]**sujetos** = personas [11]**titulares** = dueños [12]**turbios** = ilegales [13]**rumbo** = dirección [14]**tener marcha atrás** *to reverse itself* [15]**hacer frente** = confrontar [16]**involucrado** = implicado [17]**a título personal** = personalmente [18]**conformado** = compuesto [19]**arrendadores y arrendatarios** = los que contratan y los que son contratados

sicario, de descuartizado,[20] de autoridad corrupta, de mujer desaparecida porque, aunque parezca difícil creerlo, el común de los ciudadanos[21] cree que se trata de una situación que le atañe[22] sólo de manera tangencial. Allá ellos,[23] parecen decir. Mientras yo no sea rentado como víctima o victimario no tengo nada que ver en el asunto.

Las imágenes más fuertes que hemos visto estas semanas, lamentablemente no tienen la novedad que algunos pretenden que posean. Más bien parece que la propaganda que despiertan ciertos hechos actuales sirven de velo[24] para ocultar a rentados anteriores. La aparición furibunda[25] de grupos de narcotraficantes da la idea de querer suplantar de manera perfecta a las muertas de Juárez, a las matanzas indígenas, a los secuestros y torturas que van en línea recta desde la frontera sur a la norte del país. Sólo de esa manera, en su carácter de seres rentados, es posible imaginar como algo fuera de lo común pero de alguna forma admitido, el hallazgo de un autobús estacionado al lado de una carretera con el chofer y los pasajeros perfectamente sentados pero sin cabeza, o la aparición de los cadáveres de las personas secuestradas decoradas con

¿Arma de juguete o de verdad?

David H Wells/PhotoLibrary

un rozagante[26] ramo de flores amarillas saliendo de la boca.

Deseo por eso alquilar a alguien que me suplante para yo poder vivir en esta sociedad con la conciencia tranquila. Para ser uno de los tantos mexicanos comunes y corrientes para los cuales hay sólo cierto desequilibrio social en algunas regiones. No tengo tanto dinero como para rentar un Presidente o a un grupo que haga las veces[27] de políticos de alto nivel.[28] Menos aún para pedir los servicios de alguien que personifique el papel de una Secretaria de Estado de un país vecino. Los imagino a los dos. Al Presidente y a la Secretaria de Estado alquilados discutiendo de asuntos cruciales con la franqueza que sólo la suplantación[29] puede otorgar.[30] Pero como eso no sucederá, pues ninguno de los dos expresará con franqueza lo que desea del otro ya que ambos tienen mucho que perder si lo hacen, la situación seguirá un rumbo ya entrevisto.[31] Tal vez el hecho de rentarnos los unos a los otros de maneras tan extravagantes, nos haya llevado a perder de vista que en este extraño trueque[32] la muerte es la única que se atreve a pedirnos en alquiler para huir después sin pagarnos ni un solo centavo a cambio.

---

[20]**descuartizado** = cuerpo mutilado [21]**el común de los ciudadanos** = el ciudadano común [22]**atañe** = afecta [23]**allá ellos** = ése es asunto suyo, ése es su problema [24]**velo** *veil* [25]**furibunda** = furiosa [26]**rozagante** = magnífico [27]**haga las veces** = haga el papel [28]**nivel** *level, rank* [29]**suplantación** = reemplazo, sustitución [30]**otorgar** = dar [31]**entrevisto** *foreseen* [32]**trueque** = intercambio

Después de leer

9-3 ¿Entendido?

Selecciona la(s) respuesta(s) correcta(s) según el contenido de la lectura.

1. Bellatin comenta que hoy día en México algunas personas pagan a otra...
   a. para que visite a los parientes que están en la cárcel.
   b. para que lleve a los niños a los museos.
   c. para que se haga pasar por un familiar en un hospital.

2. Según el autor del artículo...
   a. alguien debería realizar su trabajo, esto es, escribir.
   b. muchos mexicanos no se dan cuenta de la gravedad de la situación actual.
   c. la culpa la tienen los que contratan a otros.

3. La violencia relacionada con el narcotráfico...
   a. tiene precedentes en México.
   b. causa muchas víctimas.
   c. es un fenómeno nuevo y fuera de lo común.

4. Los que suplantan a otros...
   a. llegarán a ser presidentes.
   b. cometen muchos errores.
   c. arriesgan su vida.

5. El título del artículo...
   a. se refiere a una noticia aparecida en los medios de comunicación.
   b. es una de las costumbres del Día de los Muertos.
   c. describe algo que presenció el autor.

9-4 En mi opinión

En grupos de tres estudiantes, utilicen las preguntas siguientes como punto de partida para entablar una conversación.

1. ¿Cuál es el tema principal de la lectura?

2. ¿A quién(es) considera responsable(s) Bellatin de los actos de violencia en su país? ¿Están de acuerdo con él? ¿Por qué sí o por qué no?

3. ¿Existe "el arte de la renta" o algo equivalente en su país? Expliquen.

4. ¿Tienen Uds. fe en el sistema judicial? Por ejemplo, ¿reciben los culpables siempre el castigo que merecen? ¿Son justas las leyes y se aplican por igual a todos los ciudadanos? ¿Estamos de acuerdo todos siempre en lo que es justo y no lo es? Mencionen algunos ejemplos.

 5. Bellatin hace referencia a las mujeres desaparecidas. Busquen información en internet sobre el documental de Lourdes Portillo, *Señorita extraviada* (2001), para entender a qué sucesos se está refiriendo el autor. Después, informen a la clase sobre lo que hayan averiguado.

Estrategias comunicativas para expresar certeza

Seguro que...	*I'm sure that . . .*
Estoy seguro(a) de que...	*I'm positive that . . .*
Está clarísimo que...	*It's obvious that . . .*
Estoy convencido(a) de que...	*I'm convinced that . . .*
Sin duda alguna, sin lugar a dudas, no cabe la menor duda...	*Without a doubt / There's absolutely no doubt about it . . .*
Por supuesto que...	*Of course . . .*

9-5 En (inter)acción

 1. **Con toda seguridad.** ¿Son cada vez más violentas o peligrosas las sociedades en que vivimos o no? Con la clase dividida en dos grupos, debatan este tema apoyándose en hechos y datos. Empleen algunas de las expresiones de **Estrategias comunicativas**.

 2. **Tomar el pulso.** En muchos países es frecuente realizar encuestas para saber cuáles son las mayores preocupaciones de la población. Hagan una encuesta para averiguar las tres inquietudes más apremiantes que tienen los estudiantes de la clase. Empleen algunos de los temas de abajo y añadan otros.

el narcotráfico	el desempleo	el calentamiento global
el seguro médico	el aborto	la energía nuclear
la superpoblación	el terrorismo	el SIDA
los virus informáticos	la inmigración ilegal	la seguridad ciudadana

3. **Como en el cine.** Comenten entre todos la siguiente cita de Carlos Monsiváis, un cronista mexicano:

"En la comprensión de lo que es el narco es enorme la deuda con el cine (el de México y el de Estados Unidos), que entre otras cosas afecta la idea que de sí mismos tienen los causantes directos del subgénero fílmico. Ésta sería su conclusión: «No éramos así hasta que distorsionaron nuestra imagen, y entonces ya fuimos así porque ni modo de hacer quedar mal a la pantalla». El narco del cine tiene automóviles de portento, vive parte del tiempo en Florida, ostenta anillos de diamantes, revólveres con cacha de oro y plata y botas de piel de víbora. ¿Por qué no se van a apropiar de estas imágenes los narcos de las butacas *(theater seats)*?"*

Policías federales en Ciudad Juárez, México

Frontpage/Shutterstock.com

 4. **Los narcocorridos.** En parejas, investiguen en internet el tema de los narcocorridos e informen a la clase sobre lo que hayan aprendido.

---

*Monsiváis, Carlos et al. *Viento rojo. Diez historias del narco en México,* "El narcotráfico y sus legiones". México, D.F.: Plaza y Janés, 2004, pág. 35.

9-6 Tu (video)blog

¿Qué es lo último que has oído decir referente al tema del narcotráfico en el país donde estás de reportero(a)?

Repaso gramatical	• El pluscuamperfecto de subjuntivo: **Cuaderno**, pág. 195
	• Las oraciones condicionales: **Cuaderno**, pág. 196
Práctica escrita	• **Cuaderno**, págs. 195, 197
Práctica oral	• **Cuaderno**, págs. 196, 199

La villa

CÉSAR AIRA

El prolífico autor César Aira (n. 1949, Argentina) ha escrito hasta la fecha más de cincuenta novelas, entre las que destacan *Cómo me hice monja* (1993), *Un episodio en la vida del pintor viajero* (2002), *Las noches de Flores* (2004) y *Las aventuras de Barbaverde* (2008). Aira ha tratado temas muy diversos en su narrativa, desde históricos y filosóficos hasta científicos. Su obra se caracteriza por la erudición, la constante experimentación y el deseo de desconcertar a los lectores.

La siguiente selección corresponde al principio de *La villa* (2001), novela escrita durante la crisis económica que sacudió a la Argentina a principios del siglo XXI. Ambientada en esa misma época, la novela narra la peculiar relación de amistad que surge entre Maxi y los habitantes de una villa cercana.

Palabra por palabra

a duras penas	*hardly, with great difficulty*	**levantar**	*to lift (up), raise*
la basura	*garbage, trash*	**meter**	*to put in, introduce*
la bolsa	*bag*	**el montón**	*heap, pile*
la carga	*load*	**pesar**	*to weigh*
darle lo mismo a alguien	*to make no difference, be the same thing, not matter to anyone*	**el valor**	*value, worth*

Mejor dicho

el alimento	*food item*	Nos interesa saber el valor nutritivo de los **alimentos**.
la comida	*meal, (prepared) food*	Dicen que la **comida** más importante es la del desayuno.

salvar	*to rescue, save*	Una mujer desconocida **salvó** al niño.
		Hay que **salvar** a las pocas ballenas *(whales)* que quedan.
guardar	*to keep, put aside*	Es mejor **guardar** el café en el congelador.
ahorrar	*to save up, set aside, conserve*	Mis primos **ahorraban** siempre la mitad de su sueldo.

9-7 Práctica 👥

Hagan las siguientes actividades prestando atención a las palabras del vocabulario.

1. Inventen la conversación de las mujeres de la foto, utilizando palabras de este vocabulario y de los anteriores.

2. Túrnense con un(a) compañero(a) para contestar las preguntas de abajo. Uno(a) lee la pregunta en voz alta y el (la) otro(a) debe contestarla sin mirar el libro.

   a. ¿Te da lo mismo que te cobren por las bolsas de plástico en algunos supermercados o no? ¿Qué haces con las bolsas en casa? ¿Las guardas en algún lugar específico? ¿Dónde?

   b. ¿Sabes qué hacen muchos restaurantes con la comida que les sobra al final del día? ¿Y tú? ¿Qué haces con las sobras?

   c. ¿Debería haber más control sobre los alimentos que consumimos? ¿Quién debería ejercer ese control?

   d. ¿Cuándo sería apropiado preguntarle a alguien cuánto pesa?

   e. ¿Cómo se puede ahorrar agua? Menciona tres modos.

   f. ¿Cuántos kilos crees que podrías levantar fácilmente con una sola mano? ¿Y a duras penas?

   g. En tu cuarto, ¿hay montones de libros, botellas o ropa por todos lados? ¿Con qué frecuencia ordenas tu cuarto?

   h. Si tuvieras un objeto de mucho valor, ¿dónde lo guardarías?

Inga Spence/Index Stock Imagery/PhotoLibrary

© Victoria García Serrano

© Victoria García Serrano

Antes de leer

9-8 ¡Alto!

Haz lo indicado a continuación.

1. Lee la primera oración de cada párrafo. ¿De qué tratan? ¿Hay alguna relación entre ellas?

2. ¿A qué hora del día recogen la basura en tu ciudad? ¿Y con qué frecuencia: una vez a la semana, todos los días, etcétera? ¿Es obligatorio reciclar?

3. ¿Hay zonas en tu ciudad a las que no has ido nunca? ¿Por qué no lo has hecho?

4. ¿Qué términos utilizas para referirte a los barrios marginales (con menos recursos, servicios sociales, etcétera) en tu país? ¿Son términos eufemísticos? ¿Qué te sugiere el término **villa**?

Carlos Miranda, *Cartoneros*. Pencil on paper.

"Cartoneros" de Carlos Miranda

La villa

CÉSAR AIRA

Una ocupación voluntaria de Maxi era ayudar a los cartoneros del barrio a transportar sus cargas. De un gesto casual había pasado a ser, con el correr de los días, un trabajo que se tomaba muy en serio. Empezó siendo algo tan natural como aliviar a un niño, o a una mujer embarazada, de una carga que parecían no poder soportar (aunque en realidad sí podían). Al poco tiempo ya no hacía distinciones y le daba lo mismo que fueran chicos o grandes, hombres o mujeres: de cualquier modo él era más grande, más fuerte, y además lo hacía por gusto, sin que nadie se lo pidiera. Nunca se le ocurrió verlo como una tarea de caridad, o solidaridad, o cristianismo, o piedad, o lo que fuera: lo hacía y basta.[1]

Llamarlos "cartoneros" era hacer uso de un eufemismo, que todo el mundo había adoptado y servía al propósito de entenderse (aunque también se entendía el nombre más brutal de "cirujas"). En realidad, el cartón,[2] o el papel en general, era sólo una de sus especialidades. Otras eran el vidrio, las latitas,[3] la madera, y de hecho donde hay necesidad no hay especialización. Salían a rebuscárselas, y no le hacían ascos[4] a nada, ni siquiera a los restos de comida que encontraban en el fondo de las bolsas. Al fin de cuentas, bien podía ser que esos alimentos marginales o en mal estado fueran el verdadero objetivo de sus trabajos, y todo lo demás, cartón, vidrio, madera o lata, la excusa honorable.

En fin, Maxi no se preguntaba por qué lo hacían, apartaba discretamente la mirada cuando los veía revolver[5] en la basura... Empezó en el otoño, en las siniestras medias luces del crepúsculo, y cuando se le hizo un hábito la estación había avanzado y ya era noche oscura. Los cartoneros salían a esa hora, no porque les gustase ni por esconderse, sino porque la gente sacaba la basura al final del día, y a partir de ahí se creaba una urgencia por ganarle de mano a los camiones recolectores que limpiaban con todo.

---

[1]**y basta** *and that was that* [2]**cartón** *cardboard* [3]**latitas** *aluminum cans* [4]**no le hacían ascos** *did not turn up their noses* [5]**revolver** *to poke around in*

Selection from *La villa* by César Aira. Buenos Aires: Emecé, 2001. Reprinted by permission of the author.

La profesión de cartonero o ciruja se había venido instalando en la sociedad durante los últimos diez o quince años. A esta altura, ya no llamaba la atención. Se habían hecho invisibles, porque se movían con discreción, casi furtivos, de noche (y sólo durante un rato), y sobre todo porque se abrigaban en un pliegue[6] de la vida que en general la gente prefiere no ver.

Venían de las populosas villas miseria del Bajo de Flores, y volvían a ellas con su botín. Los había solitarios, y con ésos Maxi nunca se metía,[7] o montados en un carro con caballo. Pero la mayoría llevaba carros que tiraban[8] ellos mismos, y salían en familia. Si se hubiera preguntado si aceptarían o no su ayuda, si hubiera buscado las palabras para ofrecerse, no lo habría hecho nunca. Lo hizo por casualidad, naturalmente, al cruzarse con un niño o una mujer embarazada (no recordaba cuál) sin poder mover una enorme bolsa, que él tomó de sus manos sin decir nada y que levantó como si fuera una pluma y llevó hasta la esquina donde estaba el carrito. A él nada le pesaba, podría haberlos cargado a ellos[9] también, con el otro brazo. Esa gente enclenque,[10] mal alimentada, consumida por sus largas marchas, era dura y resistente, pero livianísima.[11] La única precaución que aprendió a tomar antes de meter la carga en el carrito era mirar adentro, porque solía haber un bebé. Los niños chicos, de dos años para arriba, correteaban a la par de sus madres, y colaboraban a su modo en la busca en las pilas de bolsas de basura, aprendiendo el oficio.

El grueso del botín estaba en las inmediaciones de la avenida Rivadavia, en las calles transversales y las paralelas, con su alta densidad de edificios altos, comercios, restaurantes, verdulerías. Si no encontraban ahí lo que buscaban, no lo encontraban más. Cuando llegaban a Directorio, si habían hecho buen tiempo,[12] podían relajarse y rebuscar con más tranquilidad en los montones de basura. Siempre había algo inesperado, algún mueble pequeño, un colchón,[13] un artefacto, objetos extraños cuya utilidad no se adivinaba a simple vista. Si había lugar, lo metían en el carrito, y si no había lugar también, lo ataban encima con cuerdas que llevaban para ese fin, y parecían estar efectuando una mudanza; el volumen de lo que se llevaban al fin debía igualar al del total de sus posesiones, pero sólo era la cosecha de una jornada; su valor, una vez negociado, debía de ser unas pocas monedas.[14] A esa altura[15] las mujeres ya habían separado lo que se podía comer, y lo llevaban en bolsas colgando de las manos… Pero estaban cansados, y cargados, los niños tropezaban de sueño, el carrito zigzagueaba, la marcha tomaba el aire de un éxodo de guerra.

Maxi nunca se había llegado hasta la villa, pero se había acercado lo suficiente para verla, extrañamente iluminada, en contraste con el tramo oscuro que debían atravesar, casi radiante, coronada de un halo que se dibujaba en la niebla.[16] Era casi como ver visiones. A la distancia, y a esa hora, podía parecerle un lugar mágico, pero no era tan ignorante de la realidad como para no saber que la suerte de los que vivían allá estaba hecha de sordidez y desesperación. Quizás era por vergüenza que los cirujas se despedían de él antes de llegar. Quizás querían que este joven apuesto y bien vestido que tenía el curioso pasatiempo de ayudarlos siguiera creyendo que vivían en un lugar lejano y misterioso, sin entrar en detalles deprimentes.

Puede parecer extraño que una villa miseria dispusiera[17] de tanta luz artificial. Pero tenía una explicación perfectamente razonable. La conexión con la red eléctrica era ilegal; todos sabían que las villas se "colgaban"[18] de la red, y tenían electricidad gratis. Al no pagarla, podían derrocharla[19] sin problemas. Una "bajada" de un cable de alta tensión es fácil de hacer: no obstante, hay que hacerlo, hay que saber cómo conectar y cómo distribuir. Pero justamente en la villa abundan electricistas, como abundan todos los oficios, al menos en su fase básica. Casi se podía decir que todos sus habitantes eran "oficiales básicos" de todo; los pobres debían arreglárselas con las cosas, no tenían más remedio.

Las calles interiores eran muy angostas, a duras penas podía pasar un auto, y cuando había uno, viejísimo, oxidado, a veces sin ruedas o sin vidrios o sin puertas, las obstruía por completo. Lo más extraño era la disposición de estas calles: no partían perpendiculares al borde de la villa sino en un ángulo pronunciado, de casi cuarenta y cinco grados. También era extraño que corrieran en línea bastante recta, a pesar de lo informal de las construcciones.

---

[6]**pliegue** *fold* [7]**no se metía** = dejaba en paz [8]**tiraban** *pulled, pushed* [9]**haberlos cargado a ellos** *have carried them* [10]**enclenque** = débil [11]**livianísima** = muy ligera [12]**habían hecho buen tiempo** = habían recogido la basura con rapidez [13]**colchón** *mattress* [14]**monedas** *coins* [15]**A esa altura** *By that point* [16]**dibujaba en la niebla** *formed in the mist* [17]**dispusiera** = tuviera [18]**colgaban** = conectaban [19]**derrocharla** = desperdiciarla

El borde de la villa se curvaba suavemente, sugi-
riendo que la forma general era un enorme círculo.
Era muy populosa. ¿Cuánta gente podía vivir ahí?
Decenas de miles.

Esta ciudad de la pobreza dentro de la ciudad
podía obedecer a sus propias leyes. El hacinamiento[20] era increíble, las casillas de un tamaño
ridículo de tan reducido, y literalmente apiladas unas
contra otras; esto era comprensible, y al parecer
sucedía lo mismo en todas las villas: se levantaban
en sitios limitados, que no podían extenderse, y su
población aumentaba sin cesar, por el crecimiento
descontrolado y por las migraciones del interior y
países limítrofes.

Cuando Maxi entró por esas callejuelas en
ángulo, y pasó por debajo de los ramos de foquitos,[21] lo invadió un sentimiento de maravilla que ya
no lo abandonó en adelante. Se creía un privilegiado, y no sabía por qué; no era ningún privilegio

entrar por ese laberinto maloliente de casillas de
lata, donde se hacinaban los más pobres entre los
pobres. Pero justamente, él no era pobre, y si lo llevaban hasta allí era una prueba de confianza. Podía
haber apostado que ninguno de sus conocidos del
colegio, del gimnasio, del barrio, o amistades de
sus padres o parientes, habían entrado nunca a una
villa, ni entrarían. ¡Y estaban tan cerca! A la vuelta
de su casa, podría decirse. De modo que no era
gran cosa, pero a la vez sí lo era. No entraba nadie
que no perteneciera por un motivo que cubría
todos los demás: por miedo. Es cierto que, además,
no habrían tenido ningún motivo, sinceramente,
para ir. Pero eso era parte del miedo. Ahí estaba
la clave[22] de los lugares, de los lugares sociales y
también de todos los otros, incluidos los imagina-
rios. El miedo era la matriz de los lugares, lo que
hacía que hubiera lugares y uno pudiera moverse
por ellos (o no).

---

[20]**hacinamiento** *overcrowding* [21]**ramos de foquitos** *clusters of little bulbs* [22] **clave** *key*

Después de leer

9-9 ¿Entendido?

Contesta las preguntas siguientes según el contenido de la lectura.

1. ¿A qué se dedican los llamados **cartoneros?** ¿Qué otro nombre reciben? ¿Por qué crees que el narrador considera brutal esa denominación?

2. En las familias cartoneras ¿qué actividades realizan los niños, los hombres y las mujeres?

3. Describe con detalles la manera en que Maxi ayudaba a los cartoneros. ¿Qué hacía él específicamente?

4. ¿Qué son las **villas** y quiénes las habitan? ¿Son zonas urbanas o rurales?

5. ¿Por qué era gratis la luz eléctrica en la villa?

6. ¿Cómo era la villa por dentro? ¿A través de los ojos de quién observamos los lectores ese lugar?

7. ¿Por qué razón se sentía Maxi privilegiado?

 8. ¿Supones que los nombres de las calles son reales (corresponden con el plano de Buenos Aires) o inventados? Averígualo haciendo una búsqueda en internet.

9-10 **En mi opinión**

En grupos de tres estudiantes, utilicen las preguntas siguientes como punto de partida para entablar una conversación.

1. El fenómeno de los cartoneros y la proliferación de villas son claros ejemplos de las repercusiones que tiene una crisis económica en los habitantes de un país. ¿Conocen otros ejemplos recientes? Coméntenlos.

2. El reciclaje surgió como medida para proteger y salvar el medioambiente. ¿Qué usos se mencionan en el texto? ¿Creen que el reciclaje puede ser un buen negocio?

3. Maxi es un joven solidario. ¿Qué hacen los jóvenes hoy día para contribuir al mejoramiento de la sociedad? ¿Qué opinan de las ONG (Organizaciones No Gubernamentales)? ¿Participan o han participado alguna vez en una de ellas o han realizado trabajos voluntarios? Relaten sus experiencias.

4. ¿Por qué es tensa la relación entre los distintos grupos sociales? ¿Cómo, dónde y cuándo se percibe en su ciudad esa tensión?

5. ¿Qué imagen mental nos hacemos de la villa al leer el texto de Aira? Dibújenla y compartan sus dibujos con la clase.

Estrategias comunicativas para agradecer algo

Un millón de gracias, ahora sí…	*Thanks so much, now . . .*
No sabes cuánto te lo agradezco.	*You have no idea how much I appreciate it.*
Gracias, me has hecho un gran favor. Te debo una.	*Thank you, you have done me a big favor. I owe you one.*
Te estoy/quedo muy agradecido(a).	*I am very grateful to you.*

9-11 **En (inter)acción**

Realicen las siguientes actividades según se indica.

 1. **Dar las gracias.** Pídanles consejos a sus compañeros de cómo gastar menos electricidad, reciclar en el campus, reducir la basura que producimos, etcétera. Agradézcanselos usando las expresiones de **Estrategias comunicativas**.

2. **Presentaciones.** En grupos de tres estudiantes, investiguen en internet uno de los temas siguientes, y preparen un breve informe (de cinco minutos) para presentarlo en clase.

   Tema 1: La crisis económica de 2001 en Argentina, el llamado **corralito**

   Tema 2: Los espacios urbanos marginales (las villas miseria, las favelas, las nuevas poblaciones, las poblaciones callampa, etcétera)

   Tema 3: El escritor César Aira

3. **La Nueva Trova.** Pablo Milanés y Silvio Rodríguez son los cantautores más representativos de un movimiento musical denominado "La Nueva Trova", surgido en Cuba después de 1959. Con sus canciones, intentaban concienciar políticamente al público. Busquen en internet, por ejemplo, la letra de "La vida no vale nada" o la de "Tengo", ambas de Pablo Milanés. Reflexionen sobre lo que quiere concienciarnos este cantante. Después, compartan sus reflexiones con el resto de la clase.

9-12 Tu (video)blog

En el país donde estás de reportero(a), ¿hay zonas o barrios que necesitan algún tipo de ayuda? Imagínate que los has ido a visitar. ¿Qué viste allí? De acuerdo con tus talentos, conocimientos e intereses, ¿cómo podrías echarles una mano a sus habitantes?

Repaso gramatical	• **Ser**, **estar** y **haber** (segundo repaso): **Cuaderno**, pág. 202
	• La voz pasiva con **ser** (segundo repaso): **Cuaderno**, pág. 202
Práctica escrita	• **Cuaderno**, págs. 202, 203
Práctica oral	• **Cuaderno**, págs. 202, 204

La Generación Y

YOANI SÁNCHEZ

Considerada por la revista *Time* una de las personas más influyentes del año 2008, la joven escritora (n. 1975, Cuba) ha merecido diversos premios, entre otros el de Héroe Mundial de la Libertad de Prensa. En muy poco tiempo Sánchez ha adquirido fama ciberespacial. ¿La razón? Su blog difundido por internet a pesar de la censura de los medios en Cuba. En las propias palabras de Sánchez: "Generación Y es un blog inspirado en gente como yo, con nombres que comienzan o contienen una 'i griega', nacidos en la Cuba de los años 70 y los 80". Sánchez mira con ojo crítico las condiciones de vida en la isla de su nacimiento, donde todavía reside. Su voz representa un desafío al control del gobierno de Fidel y Raúl Castro, así como una afirmación del derecho a expresarse libremente, sean cuales sean las circunstancias.

Palabra por palabra

al principio	*at the beginning*	**la firma, firmar**	*signature, to sign*
alcanzar	*to achieve, reach, be sufficient*	**la huelga**	*strike*
el anuncio	*advertisement*	**jactarse**	*to boast*
el aumento	*raise, increase (in salary, price . . .)*	**ponerse de acuerdo**	*to reach (or come to) an agreement, agree*
demasiado(a)	*too much*	**producir**	*to cause, produce*
despedir	*to fire (from a job)*		

Mejor dicho

tratar a alguien	*to treat someone*	Me gusta mucho el modo en que mi cuñada **trata a** sus vecinos.
tratar de + infinitivo	*to try to*	Siempre **he tratado de** no **ser** un pesado *(a pain in the neck)*.
tratar de + sustantivo	*to deal with*	— ¿De qué **trata** esa novela?
		— De las penas de la adolescencia.
tratarse de	*to be a question of*	**Se trataba de** ganar el partido.
comprobar	*to check, verify*	**¿Has comprobado** si está permitido exportar objetos de valor histórico?
probar*	*to test, prove*	Resultó imposible **probar** su hipótesis.
probarse	*to try on*	Esta chaqueta es preciosa; debes **probártela**.

¡**Ojo!** *Recuerda que **probar** también significa *to try, taste*.

9-13 Práctica

Hagan las actividades siguientes, prestando atención a las palabras del vocabulario.

 1. ¿De qué se jactan los atletas, los políticos, los intelectuales y los vegetarianos? ¿Hay algo de lo que uno no se debe jactar jamás? Contesta estas preguntas con un(a) compañero(a).

 2. Con un(a) compañero(a), digan lo que **tratarían de hacer** en estas circunstancias.

    a. Mientras almuerzas en un restaurante, ves a una persona famosa en la mesa de al lado.

    b. Llegas tarde al aeropuerto y pierdes el vuelo.

    c. Vas por la calle cuando ves a un niño caerse de la bicicleta.

    d. Tienes prisa por llegar a casa pero en la autopista el tráfico es horrible.

3. En grupos de tres estudiantes, mencionen:

    a. dos cosas nuevas que les gustaría probar

    b. una razón por la que los estudiantes universitarios han ido a la huelga

    c. dos metas que quieren alcanzar antes de graduarse de la universidad

    d. dos tipos de información que siempre comprueban para ver si es cierta

Antes de leer

 9-14 ¡Alto!

Haz lo indicado a continuación.

1. Busca información en internet sobre la Revolución Cubana para contextualizar la lectura. Intenta averiguar cuáles son sus grandes logros y sus fallos principales. Al leer, presta atención para ver si hay alusiones a ellos en los blogs.

2. Presta atención a la distancia entre la ley y la práctica cotidiana en Cuba hoy. Anota al menos dos ejemplos en que discrepen.

© Alex Woodhouse

¡Todavía funciona!

La Generación Y

YOANI SÁNCHEZ

10 enero 2009

Una pregunta en torno a los 50 años de la Revolución Cubana es si se trata del aniversario de lo ocurrido hace medio siglo o del cumpleaños de algo que aún está vivo. Las revoluciones tienen ambiciones de inmortalidad, vocación de parte-aguas, ansias destructivas de lo que hubo antes, prisa por el futuro. Cuando una de ellas se jacta de cumplir medio siglo, en realidad su certificado de defunción[1] se ha firmado muchos años atrás. Prolongarse en el tiempo, aferrarse al poder, tener sueños de eternidad, es la forma de suicidarse que tienen las revoluciones.

Para la generación que fue testigo consciente del triunfo revolucionario y protagonista de los años fundacionales, la palabra "antes" significa lo previo a 1959. Sin embargo los nacidos entre los 70 y los 80 la interpretan de una manera muy diferente; para ellos la revolución es su pasado. Las conquistas que este proceso logró, especialmente las alcanzadas en la época de la subvención soviética,[2] no produjeron en la nueva generación el efecto de salvación mesiánica, porque ellos nacieron en medio de su mejor momento y fueron testigos de su decadencia. Al no sentirse rescatados de ningún mal del pasado, les cuesta identificarse como beneficiarios del socialismo y esto les permite ser más objetivos, lo que los lleva a ser más críticos. Esa es la generación que tendrá en sus manos la decisión de cómo será el futuro y no podrán contar para ello con la experiencia de un "antes" que no vivieron.

© Alex Woodhouse

---

[1]**defunción** = muerte [2]**subvención soviética** = la URSS sostenía la economía cubana

Blog entry from *Generacion Y* by Yoani Sánchez. Used with permission.

29 noviembre 2010

Noche oscura, apagón[3] en los alrededores del barrio Buena Vista, en Playa. El desvencijado[4] taxi colectivo donde voy se queda parado, echa un resoplido de agotamiento y no quiere arrancar[5]. Un pasajero y el chofer intentan arreglarlo, mientras a ambos lados de la calle se ve a gente sentada fuera de sus casas, resignadas ante el corte eléctrico. Busco el móvil en la cartera, quiero decirle a mi familia que demoro, que no hay por qué preocuparse. El panorama es feo: estamos en medio de la penumbra, en una zona donde la criminalidad no es juego de muchachos y para colmo mi celular no funciona. Cada vez que intento marcar un número aparece el mensaje de "llamada fallida". Finalmente, el carro vuelve a ronronear[6] y logramos avanzar, pero el servicio telefónico no se restablece. Cuando llego a casa, descubro que tampoco Reinaldo puede llamar desde el suyo y que mis amigos bloggers ni siquiera consiguen recibir sms.

Nuestra única compañía telefónica móvil nos cortó las líneas durante toda la noche del viernes y parte del sábado; nos canceló por más de veinticuatro horas un servicio por el que pagamos en moneda convertible. Cubacel se comporta así como cómplice de la censura por motivos ideológicos y ayuda a que la reprimenda de la policía política se materialice en un mensaje de error en nuestras pantallas[7]. Usa su poder de monopolio para castigar[8] a esos clientes que se desvían de la línea de pensamiento oficial. Parte de su capital empresarial y el de sus inversionistas extranjeros se utiliza para implementar una infraestructura del boicot —momentáneo o prolongado— a ciertos números de celulares. Contradictorio papel para una empresa que debería conectarnos al mundo, no dejarnos colgados[9] cuando más la necesitamos.

No es la primera vez que ocurre algo así. De vez en cuando alguien acciona un interruptor[10] y nos deja en el silencio. Curiosamente, ocurre cuando hay noticias importantes que reportar e informaciones urgentes que sacar a la luz. Lo cierto es que esa noche del viernes —en medio de la oscuridad y la preocupación— Cubacel me volvió a fallar, me mostró ese uniforme militar que esconde debajo de su falsa imagen de entidad corporativa.

9 diciembre 2010

Estudió medicina, se puso la bata blanca, entró en un hospital para hacer la especialidad y se creyó a pie juntillas[11] las máximas de Hipócrates. En un primer momento —imbuido por la fascinación de las células, los músculos y los tendones— apenas reparó[12] en que sus colegas andaban con los zapatos remendados[13] y a él mismo no le alcanzaba lo que ganaba para alimentar a la familia. Vio demasiado en ese hospital de Artemisa: la grandeza profesional de algunos y el descalabro[14] material de todos. Un día de 2005 se anunció a bombo y platillo[15] que se les subiría el salario a los trabajadores de la salud. Sin embargo, apenas 48 pesos —el equivalente a 2.00 CUC[16] o a 1.60 USD— fue lo agregado a su magro[17] sueldo de cada mes.

Así que escribió junto a un amigo una carta comunicándole al ministro de su ramo[18] la inconformidad de los médicos ante tan ridículo aumento. Lograron recoger 300 firmas que entregaron en el Ministerio de Salud, en el Consejo de Estado y en cuanto órgano de poder hay en esta Isla. La respuesta llegó algunas semanas después en forma de expulsión de la especialidad que cursaban. Cinco meses más tarde, a ambos los despidieron del trabajo y les inhabilitaron[19] sus títulos universitarios. Han pasado ya cinco años de aquellos hechos, pero ninguno de los dos ha podido volver a entrar a una consulta como doctor.

---

[3]**apagón** *blackout* [4]**desvencijado** *dilapidated* [5]**arrancar** *to start* [6]**ronronear** *to purr* [7]**pantallas** *screens* [8]**castigar** *to punish* [9]**colgados** = sin servicio [10]**acciona un interruptor** *flips a switch* [11]**a pie juntillas** = literalmente [12]**reparó** = notó [13]**remendados** *patched* [14]**descalabro** = desastre [15]**a bombo y platillo** = con gran ceremonial [16]**CUC** = moneda especial cubana para transacciones restringidas [17]**magro** *meager* [18]**ramo** = campo de especialización [19]**inhabilitaron** = anularon, invalidaron

La semana pasada, Geovany Jiménez Vega —protagonista y víctima de esta historia— decidió ponerse en huelga de hambre en el parque Martí de Guanajay para reclamar ante la Dirección del Ministerio de Salud Pública la rehabilitación en el ejercicio de la medicina de él y su compañero el Dr. Rodolfo Martínez Vigoa. En los mismos días en que el noticiero cubano señalaba hacia la huelga de controladores en España y a las protestas de obreros en Grecia, dos hombres languidecían muy cerca de nosotros y no nos enterábamos. Ayer, afortunadamente, volvieron a comer porque Geovany ha decidido abrirse un blog, contarle al mundo, no optar por la inanición[20] sino por la información. Se ha percatado[21] de que aquella carta que sólo firmaron unos pocos podría recaudar[22] miles de adhesiones[23] si se hace pública, si llega a todos los doctores capacitados[24] y desposeídos que tiene este país.

18 diciembre 2010

Una anciana[25] camina por el Paseo del Prado con un cartel colgado del cuello. Está hecho a mano —con tinta azul— y en él se ofrece "un apartamento de 2 habitaciones en el Cerro" a cambio de algo similar en el municipio Playa. Desde las siete de la mañana comienza a llegar gente al lugar, con propuestas para intercambiar una casa por otra, en un país donde aún está prohibida la compra y venta de éstas. También se ve a los intermediarios, conocidos como permuteros, que proliferan allí donde no pueden hacerlo las inmobiliarias, donde han sido satanizados los anuncios públicos y legales de un mercado de viviendas. De las preguntas más difíciles que me hacen mis alumnos de español, mientras les enseño esta ciudad desvencijada y peculiar donde he nacido, está la de "¿Qué tipo de persona vive en ciertas casas o en determinados barrios?" Trato de explicarles que lo mismo se puede encontrar una señora —que se gana la vida limpiando pisos— radicada en una mansión de Miramar, que a un cirujano en un cuartucho sin agua corriente. Probablemente a la mujer de la enorme casa se le esté cayendo el techo y su jardín sea un caos de maleza y herrumbre, pues el salario no le alcanza para sostener tantos metros cuadrados. El galeno,[26] por su parte, tiene un capital acumulado gracias al negocio ilícito de implantes mamarios;[27] pero no puede —legalmente— conseguir una vivienda acorde a sus posibilidades. Así que la humilde limpiadora y el doctor se ponen de acuerdo, se saltan la ley y deciden intercambiar sus domicilios. Para lograrlo, corrompen a tres o cuatro funcionarios del Instituto de la Vivienda. Pasado un año, él

© Alex Woodhouse

Muchos años sin pintura

---

[20]**inanición** *starvation* [21]**se ha percatado** = se ha dado cuenta [22]**recaudar** = recoger [23]**adhesiones** = apoyos [24]**capacitados** = calificados [25]**anciana** = mujer muy vieja [26]**galeno** = médico [27]**mamarios** *breast*

disfruta de un césped salpicado de buganvilia y ella de los miles de pesos convertibles que recibió por "reducirse".

24 diciembre 2010

Ir a trabajar el 25 de diciembre, tener clases el mismísimo día de Noche Vieja[28] o estar en un trabajo voluntario mientras el año llegaba a su fin. Todo eso era posible en la Cuba del fervor ideológico y de los extremos ateístas, del falso ascetismo y la subestimación de las festividades, que nos llevaron a esas Navidades ausentes, grises, en voz baja. Las últimas semanas de 1980, 1983 o 1987, fueron tan repetidamente aburridas, tan idénticas en su falta de colorido, que se me mezclan en los recuerdos como una sola. Pasé varias de esas jornadas sentada en un pupitre, mientras en otras partes del mundo la gente compartía con la familia, abría los regalos, celebraba en la intimidad de sus hogares.

Tal parecía que las vacaciones de Navidad nunca más iban a establecerse en las escuelas cubanas, que los estudiantes sólo tendrían receso durante las celebraciones patrióticas o de corte ideológico. Sin embargo, poco a poco, sin anunciarse en ninguna parte ni aprobarse en nuestro peculiar parlamento, los propios alumnos comenzaron a recuperar esos feriados. Al principio, en cada aula sólo un tercio faltaba a la escuela por esos días, pero lentamente el virus del asueto[29] comenzó a contagiar a todos. Las ausencias durante las últimas semanas del año se elevaron tanto en las escuelas que al Ministerio de Educación no le ha quedado más remedio que decretar hasta una quincena de pausa en las clases. Es de esas pequeñas victorias ciudadanas que ningún periódico reporta, pero que todos evaluamos como un terreno arrebatado a la falsa sobriedad que nos quieren imponer desde la tribuna.

Hoy, mi hijo Teo se ha levantado tarde, no irá a la escuela hasta el próximo año. Sus colegas llevan desde el miércoles sin presentarse en el preuniversitario. Verlo dormir hasta las diez, hacer planes para los próximos días de descanso, me ayudan a compensar mis aburridas navidades infantiles. Me hacen olvidar todas aquellas Noche Buenas que pasé sin percatarme siquiera que había un motivo para celebrar.

Piedra sobre piedra

© Alex Woodhouse

---

[28]**Noche Vieja** = el 31 de diciembre [29]**asueto** = vacaciones

Después de leer

9-15 ¿Entendido?

En tus propias palabras, resume lo que dice Yoani Sánchez sobre:

    a. la permanencia de la Revolución Cubana

    b. la vida profesional y sus condiciones para los médicos

    c. el intercambio de las viviendas

    d. las celebraciones religiosas tradicionales

    e. la intromisión de la política en los negocios

9-16 En mi opinión 👤👤👤

En grupos de tres estudiantes, utilicen las preguntas siguientes como punto de partida para entablar una conversación.

1. ¿Qué impresión les causó el blog de Yoani Sánchez? Presenten sus reacciones iniciales al tono de esta bloguera y a las condiciones de vida que presenta.

2. ¿Qué cosas se pueden y no se pueden hacer en Cuba? ¿Son muy distintas de las que estamos acostumbrados en los países democráticos? Si tuvieran que escribir un blog sobre su país de origen al estilo del de Yoani Sánchez, ¿sobre qué temas escribirían?

3. ¿Cómo es la relación entre los individuos y el gobierno según la presenta Sánchez?

4. ¿Qué adjetivos usarían para describir a su propia generación? ¿Existen algunos ya? ¿Están Uds. de acuerdo con esa caracterización?

5. ¿Han sufrido alguna vez un contratiempo *(mishap)* con su móvil/celular? Cuéntenselo a sus compañeros y digan si/cómo se resolvió.

Estrategias comunicativas para dar una noticia

¿A que no sabes que…?	**No te lo vas a creer.**
I bet you don't know that . . .	*You are not going to believe it.*
¿Sabes una cosa?	**Te va a parecer mentira.**
Guess what.	*It will seem incredible.*
¿A que no te imaginas…?	**Te vas a quedar de piedra.**
I bet you cannot guess . . .	*You will be stunned.*
¿No te has enterado todavía de…?	**Es increíble, pero…**
Haven't you heard yet . . . ?	*Unbelievable, but . . .*

9-17 **En (inter)acción**

Realicen las siguientes actividades según se indica.

 1. **¡Mentira!** En grupos de tres estudiantes, uno(a) utiliza una de las expresiones de **Estrategias comunicativas** para dar una noticia inesperada o sorprendente. Los demás responden a la noticia. Practiquen la conversación en grupos, y luego preséntensela a la clase.

   Ejemplo: Estudiante 1: ¿A que no saben que me han tocado doscientos millones de dólares en la lotería?
   Estudiante 2: Vaya, ¡qué suerte!
   Estudiante 3: Lo siento mucho, pero yo no me lo creo.

2. **Reformas.** En grupos de tres estudiantes, preparen carteles pidiendo que cambien algunas de las regulaciones de la universidad.

3. **En la pantalla.** Existen muchas películas y documentales que presentan y examinan la persecución de distintos grupos: los judíos, las mujeres, los homosexuales, los intelectuales, los sospechosos de cualquier tipo. Si conocen alguno(a), hablen de él en grupos de tres estudiantes; si no, investiguen en internet este tipo de discurso o resistencia para discutirlo con sus compañeros.

4. **Palabras a los intelectuales.** En un famoso discurso de 1961, Fidel Castro dijo lo siguiente para indicar la postura de su gobierno: "Con la revolución, todo; contra la revolución, nada". ¿Qué implica esto? ¿Cuáles serían algunos de los efectos de tomar estas palabras como ley? Contesten estas preguntas con toda la clase.

Todo tranquilo

© Alex Woodhouse

 5. **Tensiones.** Trabajen en parejas para informarse sobre las relaciones entre los Estados Unidos y Cuba durante el último medio siglo. Usen internet para identificar los incidentes más importantes:

   a. Bahía de Cochinos

   b. la crisis de los misiles

   c. el éxodo del Mariel

   d. el bloqueo (o embargo) económico

9-18 **Tu (video)blog**

Como reportero(a) habrás observado ejemplos de humor político, ya sea en chistes que cuenta la gente, ya sea en tiras cómicas aparecidas en la prensa. Selecciona algún chiste o tira cómica que te haya llamado la atención y explica en qué consiste su humor.

Repaso gramatical	• El subjuntivo y el indicativo con cláusulas adverbiales de tiempo: **Cuaderno**, pág. 205
	• Las preposiciones (segundo repaso): **Cuaderno**, pág. 207
	• Los pronombres preposicionales (segundo repaso): **Cuaderno**, pág. 207
Práctica escrita	• **Cuaderno**, págs. 205, 207
Práctica oral	• **Cuaderno**, págs. 206, 207, 208

Los comedores de la solidaridad 🔊

TEKI

El informe que vas a escuchar presenta los esfuerzos de unas mujeres peruanas para alimentar diariamente a todas las familias de su vecindad. Han resuelto el problema a base de imaginación y solidaridad, creando a la vez lazos comunitarios más fuertes. En otras partes de Latinoamérica, como por ejemplo en Chile, esta práctica se conoce también como "la olla común". La labor de estas mujeres nos enseña que la cooperación en tiempos difíciles es crucial.

"Los comedores de la solidaridad," Teki - Utilizado con autorizacion de la revista *Trabajadora*, de la Secretaría Confederal de la Mujer de CCOO.

9-19 **Ya lo sabes**

Contesta las preguntas siguientes.

1. Menciona dos programas o instituciones en tu país que proporcionen alimentos o comida gratis. Explica cómo o quién los subvenciona.

2. ¿Cómo le explicarías a una persona extranjera lo que es un *potluck*? ¿Cuál es su propósito?

3. Escribe tres consejos para no desperdiciar comida.

4. ¿Has cooperado con otros para obtener algo? Explica.

Narración

Escucha atentamente el informe siguiente. Presta atención al contenido y a la pronunciación. Escúchalo tantas veces como lo necesites. Después, haz los ejercicios que aparecen a continuación.

Palabras útiles

abaratar = hacer más barato **organización de base** *grassroots organization* **socias**
members **turnos** *shifts* **ingresos** *income*

9-20 ¿Te enteraste?

Escoge la respuesta correcta, según lo que acabas de oír.

1. ¿Cuántos comedores populares había en Perú en 1997 (cuando Teki escribió el artículo)?

    a. 1978   b. 7000   c. 700   d. 2500

2. La elaboración de menús, las compras y la organización de los turnos de cocina es la
responsabilidad…

    a. de las socias más pobres.   c. de la Asamblea General.

    b. del Comité.   d. de la presidenta.

3. Según la narración, preparar comidas para un grupo resulta ___ que para una sola familia.

    a. menos eficaz   c. más divertido

    b. menos pesado   d. más barato

4. Las mujeres que participan en los comedores populares…

    a. aprenden a cocinar.

    b. saben preparar un menú bajo en calorías.

    c. se vuelven más seguras e independientes.

    d. opinan que el trabajo allí es muy estresante.

5. Estas organizaciones en que las mujeres cocinan para un grupo…

    a. surgieron en Canadá en 1978.

    b. no funcionan muy bien.

    c. las han copiado en Perú.

    d. son propias de algunas comunidades indígenas latinoamericanas.

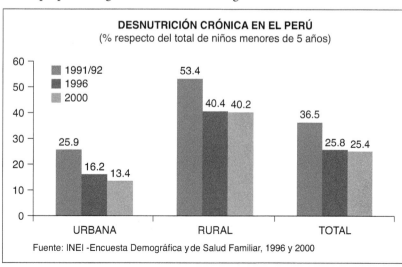

DESNUTRICIÓN CRÓNICA EN EL PERÚ
(% respecto del total de niños menores de 5 años)

1991/92   1996   2000

URBANA: 25.9, 16.2, 13.4
RURAL: 53.4, 40.4, 40.2
TOTAL: 36.5, 25.8, 25.4

Fuente: INEI -Encuesta Demográfica y de Salud Familiar, 1996 y 2000

9-21 Un paso más

Expresen su opinión al contestar las preguntas siguientes.

1. ¿Podrían funcionar bien en los Estados Unidos los comedores populares? Expliquen.

2. ¿Por qué se critica tanto en los Estados Unidos el programa de ayuda social denominado *welfare*? Señalen algunas semejanzas o diferencias con los comedores peruanos.

3. ¿Han tenido que cocinar alguna vez para un grupo de personas? ¿Qué prepararían si tuvieran que hacerlo? ¿Cuánto dinero estarían dispuestos a gastarse? Mencionen dos tipos de bebidas y comidas que servirían.

 4. Investiguen en internet cómo es la situación de los comedores en la actualidad, y presenten en clase el resultado de sus investigaciones.

La historia oficial (ARGENTINA, 1985)

Película   **Director:** Luis Puenzo   **Duración:** 112 minutos   **Clasificación:** R

Slavoljub Pantelic/
Shutterstock.com

Ganadora del Óscar a la mejor película extranjera, la trama transcurre en la Argentina de principios de los años ochenta, cuando el país estaba gobernado por una junta militar. Roberto y Alicia, una pareja acomodada pero sin hijos, adoptan a una niña, Gaby. Las verdaderas circunstancias del nacimiento de Gaby, que Alicia se empeña en descubrir, amenazan con destruir a su familia.

Antes de ver la película

 Busca información en internet sobre:

1. Los desaparecidos (en especial el secuestro de bebés)

2. El llamado **Proceso de Reorganización Nacional** de Argentina

3. Las Madres de la Plaza de Mayo

Durante la película

Haz lo indicado a continuación.

1. Presta atención a la transformación que se opera en Alicia a lo largo de la película.

2. Fíjate en los numerosos lugares que recorre la protagonista en sus pesquisas *(inquiries)*.

Después de ver la película

A. Contesta estas preguntas.

1. ¿Cuál era la profesión de Alicia? ¿Cómo era su relación con los estudiantes? ¿Cambió esta relación a lo largo de la película? ¿Cómo y por qué?

2. ¿Qué tiene que ver la profesión de Alicia con lo que ocurre en la película? ¿Y con el título de la misma?

3. ¿Cómo impulsó Ana la acción de la película?

4. ¿Creen que Roberto ha cometido algún crimen o delito? ¿Cuál debería ser su castigo en una sociedad justa?

5. ¿Por qué protestaban las Madres de la Plaza de Mayo? ¿Qué estaban pidiendo?

6. ¿Cómo era la relación de Roberto con sus padres y su hermano? ¿Por qué?

7. ¿Hay alguna semejanza entre la vida de Alicia y la de Gaby?

8. ¿Qué sucedió al final de la película?

9. ¿Cuál era la historia oficial? ¿Y la verdadera? ¿Quiénes conocían la historia verdadera?

B. Hagan las siguientes actividades en grupos.

1. Lean y analicen la canción que canta la niña en la película. ¿Qué relevancia tiene?

   En el país de No-me-acuerdo

   doy tres pasitos y me pierdo:

   un pasito para allí

   no recuerdo si lo di;

   un pasito para acá

   ¡ay! qué miedo que me da…

   EN EL PAIS DE NOMEACUERDO. Words and Music by MARIA ELENA WALSH.
   © 1986 EDITORIAL LAGOS (SADAIC). All Rights Administered by WB MUSIC CORP.
   All Rights Reserved. Used by Permission.

2. Piensen en algunos finales posibles para resolver el conflicto familiar que presenta el film.

3. Discutan lo que les pasará a Alicia, a Gaby y a la señora que dice ser su abuela. ¿Cuál sería la mejor resolución para Gaby?

4. ¿Qué le sucederá a Roberto? ¿Se arrepentirá? ¿Se irá de Argentina?

 5. Busquen y lean reseñas de otras películas que tratan igualmente el tema de los desaparecidos, como *Kamchatka* (2002) y *Cautiva* (2005). Luego, compartan lo que hayan aprendido con sus compañeros.

Cortometraje

Un juego absurdo (ARGENTINA, 2009)

Director: Gastón Rothschild   **Duración:** 12:28 minutos

Un joven enamorado describe científicamente el proceso de acercamiento a una chica durante una fiesta.

Antes de ver

Vocabulario del corto

apestar	*to stink*	flacucho(a)	*skinny*
las boludeces	*foolishness, stupidity (vulg., Arg.)*	los «huevos»	*courage (vulg.)*
		ineducado(a)	*ill-mannered*
boludo(a)	*stupid, jerk (vulg., Arg.)*	la mina	*girl, woman (vulg., Arg.)*
el chaleco	*vest*		
darle bola a alguien	*to pay attention to someone (Arg.)*	ponerse boludo(a)	*to become awkward, stupid (vulg., Arg.)*
el escote	*neckline, cleavage*	la pulsión	*psychic energy*

1. **Práctica de vocabulario.** Escoge los términos correctos para completar las oraciones.

   1. El joven (del chaleco / de la pulsión) se fijó en el (boludo / escote) de la muchacha.

   2. Según algunos invitados (boludos / ineducadas), la música de la fiesta (apestaba / era flacucha).

3. ¿Por qué el muchacho creía que existía (una pulsión / un escote) entre él y la (boludez / mina)?

4. Por ser muy (flacucho / chaleco), el chico (da bola / se pone boludo) en presencia de la muchacha bonita.

2. **El enamoramiento** (*crush*). Contesta las siguientes preguntas.

¿Recuerdas tu primer enamoramiento? ¿Cómo te sentías? ¿Qué edad tenías? ¿Cómo te comportabas cuando veías o estabas cerca de esa persona? ¿Alguna vez hiciste algo para atraerlo(a)? ¿Lo lograste?

3. **Discusión.** Trabaja con un compañero. Contesten la siguiente pregunta y justifiquen su respuesta con ejemplos.

¿Creen que los enamoramientos de la infancia y la adolescencia son diferentes de los enamoramientos de la edad adulta?

3. **El comportamiento.** En grupos pequeños, discutan las siguientes preguntas. Justifiquen sus respuestas con ejemplos.

¿Cómo se comportan las personas enamoradas? ¿Qué hacen cuando están solas? ¿Qué hacen cuando están en presencia de la persona que las atrae? ¿Creen que los hombres y las mujeres actúan de maneras diferentes?

Durante la proyección

Mira las imágenes y contesta las preguntas referidas a cada escena del corto.

1.

© Cengage Learning 2015

Él: «La intensidad de la pulsión es proporcional a la distancia a la que se encuentra el objeto deseado».

1. ¿A qué se refiere la fórmula científica que describe el protagonista? ¿Para qué sirve?

2. Explica la fórmula con tus propias palabras.

2.

Él: «Mirá, vos a mí me gustás, pero no te puedo hablar porque me pongo boludo».

1. En esta escena, ¿qué acciones concretas realiza el protagonista cuando «se pone boludo»? ¿Cómo es su diálogo con la muchacha?

2. ¿Por qué el protagonista pierde la paciencia?

3.

Cantante: «Esto es así y siempre va a ser así. Un juego absurdo. Pero si fuera más fácil, sería aburrido».

1. ¿A qué se refiere el cantante con "esto"? ¿Qué va a ser siempre "así"?

2. ¿Cómo cambia la situación del protagonista?

1. **¿Cierto o falso?** Di si las siguientes oraciones son ciertas o falsas. Corrige las oraciones falsas.

   1. El padre del protagonista también está en la fiesta.

   2. El joven se imagina que su madre le prohíbe hablar con la chica.

   3. Al protagonista le gusta mucho la primera muchacha con la que baila.

   4. Cuando el protagonista se acerca finalmente a la chica, se pone nervioso y dice **boludeces.**

2. **Comprensión.** Contesta las siguientes preguntas sobre el corto.

   1. ¿Por qué el protagonista no se quita el chaleco a pesar de que tiene calor? ¿Qué piensa de su propio aspecto físico?

   2. ¿Por qué piensa en su madre y luego en su padre? ¿Qué le dice cada uno de ellos?

   3. ¿Cómo describe su propia sensibilidad en uno de sus monólogos?

   4. ¿Por qué cree que la chica bonita lo está mirando?

   5. ¿Qué le dice a la chica bonita sobre la música?

   6. Y la chica bonita, ¿qué le dice sobre su suéter?

   7. ¿Qué pretexto usa la chica para no bailar con el protagonista?

   8. ¿Por qué cambia la actitud de la chica respecto del protagonista?

3. **Interpretación.** En grupos pequeños, discutan las siguientes preguntas e intenten lograr un consenso.

   1. ¿Por qué creen que al protagonista no le gusta la primera chica con la que baila?

   2. ¿Piensan que los personajes son estereotípicos u originales? Justifiquen su respuesta con ejemplos.

   3. ¿Por qué creen que la historia transcurre en esa década? ¿Consideran que es algo que podría ocurrir en la época contemporánea? Expliquen su respuesta.

   4. ¿Por qué creen que el corto se llama *Un juego absurdo*? ¿Cuál es el **juego absurdo**?

   5. ¿Qué creen que va a suceder después de la fiesta? ¿Y el lunes siguiente, en la escuela?

Rob Wilson/Shutterstock.com

UNIDAD IV
DE ACÁ PARA ALLÁ

urmoments/Big Stock Photo

Gronk/Big Stock Photo

INTRODUCCIÓN

A lo largo del siglo XX, pero muy particularmente en la última mitad, millones de personas abandonaron su tierra natal por razones políticas (exiliados y refugiados) o económicas (emigrantes). Por eso, el siglo XX es conocido como el siglo de los éxodos masivos. En esta unidad, examinaremos diversas experiencias migratorias.

El capítulo 10, **Desplazamientos**, comienza con un texto sobre las religiones afrolatinoamericanas, "La santería: una religión sincrética", y continúa con el poema "Mujer negra", sobre las mujeres africanas traídas al Nuevo Mundo en condición de esclavas. "El Barrio" nos habla de una zona neoyorquina conocida por la presencia de emigrantes puertorriqueños. La audición "Las mujeres que permanecen" nos ofrece una perspectiva distinta sobre el tema de la emigración: la situación de las mexicanas que se quedan en su país cuando los hombres emigran.

El capítulo 11 se titula **Desarraigos**, palabra derivada del verbo **desarraigar**, que significa literalmente "arrancar de raíz" *(to uproot)*. "Usted estuvo en San Diego" narra las vicisitudes de una inmigrante ilegal en los Estados Unidos, mientras que "Los extranjeros" contiene las reflexiones de un escritor sobre un fenómeno reciente en su país. La audición "Geografías" nos presenta el juego de dos exiliados uruguayos empeñados en mantener vivo el recuerdo de su tierra.

En el último capítulo, **En primera persona**, encontramos textos autobiográficos escritos por hispanos emigrados a los Estados Unidos. La audición "¡Ay, papi, no seas coca-colero!" relata los primeros meses de un exiliado cubano en Miami. "La historia de mi cuerpo" recoge las observaciones de una joven puertorriqueña que se muda a Nueva Jersey y, por último, "In between" capta la soledad que siente una emigrante argentina.

En el (video)blog de esta unidad nos comentarás tus contactos, intercambios y conocimientos sobre los inmigrantes hispanohablantes en los Estados Unidos.

Que yo sepa

La clase se divide en dos grupos para comentar los temas siguientes. Luego, ambos deben presentar sus ideas al resto de la clase.

1. ¿Cuáles son algunas consecuencias de la proximidad entre distintas razas, lenguas y culturas hoy en día? Mencionen al menos tres.

2. ¿De qué países vinieron originalmente sus familiares? ¿Emigraron recientemente a los EE. UU. o han vivido aquí por varias generaciones? ¿Conocen algunos detalles de su emigración? ¿Conocen personalmente a algún (alguna) exiliado(a) o emigrante?

3. Antiguamente, tener que dejar la patria por cualquier razón era el peor castigo que una persona podía sufrir, casi como si la hubieran expulsado del paraíso. Actualmente, a mucha gente le parece inconcebible quedarse toda la vida en el lugar donde nació. Mencionen algunas ventajas y desventajas de vivir toda la vida en el mismo lugar y las de cambiar de lugar de residencia a menudo.

4. Hagan una lista de las diferencias entre emigrantes y exiliados (sus razones, esperanzas, actitud, orientación, educación, situación económica, etcétera).

5. ¿Saben cuáles son los tres grupos más numerosos de inmigrantes latinoamericanos en los Estados Unidos y las razones de su presencia aquí? ¿De qué otros países hispanohablantes ha venido mucha gente? ¿Saben por qué?

10
DESPLAZAMIENTOS

Heinle Grammar Tutorial:
- Interrogative words
- Exclamations
- Relative clauses
- The present subjunctive
- Possessive adjectives and pronouns
- Comparisons
- Superlatives

La santería: una religión sincrética

DARIÉN J. DAVIS

Aunque a partir de 1492 el catolicismo se convirtió en la única religión reconocida oficialmente en América Latina, los esclavos traídos de África para trabajar en las plantaciones lograron conservar sus creencias y ritos ancestrales. Con el paso del tiempo adaptaron sus tradiciones a la religión católica. La fusión de dos creencias o ideologías distintas se ha denominado sincretismo. Una de las religiones sincréticas más conocidas es la santería, que se practica en el Caribe. El profesor Davis de Middlebury College, Vermont, nos explica el origen y algunas características fundamentales de esta práctica religiosa.

Palabra por palabra

a lo largo de (+ tiempo)	*throughout*	**el mestizaje**	*mixture of races*
el apoyo	*moral support, backing*	**la mezcla**	*mixture*
		la ofrenda	*offering*
el bien y el mal	*good and evil*	**el pecado**	*sin*
la creencia	*belief*	**la raíz**	*root*
el (la) creyente	*believer*		
hasta	*even, until (time), up to (place)*		

Mejor dicho

ponerse + adjetivo	*to become (temporary physical or emotional changes)*	**Te has puesto** muy morena este verano.
		Los gorilas **se pusieron** nerviosos ante tanta gente.
volverse + adjetivo	*to become (sudden or gradual personal changes that become permanent)*	Ese chico **se ha vuelto** muy trabajador desde que se casó.
		Se han vuelto muy intolerantes.

hacerse + adjetivo o sustantivo	*to become (changes due to one's personal efforts)*	Esa cantante **se hizo** rica antes de cumplir los veinte años. Mi vecino quería que yo **me hiciera** santero.
llegar a ser + adjetivo o sustantivo	*to become (changes after a period of time)*	Con el tiempo el golf **ha llegado a ser** popular. Carlota **llegará a ser** la primera dama del país.
convertirse en* + sustantivo	*to become (a physical or fantastic change)*	El vino **se convirtió en** vinagre. ¿**Se convertirá** la rana **en** un hermoso príncipe?

¡Ojo! ***Convertirse a** significa *to change one's religion*: Rolando **se convirtió al** judaísmo.

En general, cuando el sujeto no es un ser animado sino que se trata de una situación, relación, etcétera, se puede usar cualquiera de los dos primeros verbos. **Ejemplo:** La discusión **se puso (se volvió)** violenta.

El adjetivo **loco(a)** se emplea casi exclusivamente con el verbo **volverse**. La expresión **volverse loco(a)** se puede entender en sentido literal o figurado.

Muchas veces *to become/get* se expresa en español con verbos reflexivos específicos: **aburrirse**, **enfadarse**, **cansarse**, **enfermarse**, **perderse**, etcétera.

10-1 **Práctica**

Hagan las actividades siguientes, prestando atención a las palabras del vocabulario.

1. En grupos de tres estudiantes, den ejemplos de:

   ofrendas   pecados   mezclas   apoyos   el bien y el mal

2. En parejas, hagan oraciones usando la información de la página siguiente y los verbos de **Mejor dicho**.

   Ejemplo: las uvas / vino
   ¿Sabes cómo el jugo de las uvas se convierte en vino?

a. Maruja / enfermera

b. Elena / gimnasta

c. Luis y Carmen / modelos

d. el joven / furioso

e. el hielo / agua

Antes de leer

10-2 **¡Alto!**

Haz lo indicado a continuación.

1. Anticipa tres cosas del texto tras leer las oraciones del ejercicio 10-3 **¿Entendido?**

2. Señala dos contribuciones de las culturas africanas a la cultura norteamericana.

3. ¿Qué sabes de las religiones africanas, asiáticas o indígenas?

La santería: una religión sincrética

DARIÉN J. DAVIS

La influencia política de los africanos en Latinoamérica ha sido menor que la de otros grupos étnicos porque entraron en la sociedad americana como clase oprimida y, por ende,[1] con poco poder político. Sin embargo, a lo largo de toda la historia de las Américas, el elemento africano siempre ha tenido una influencia importante en la economía y la cultura. Uno de los sectores culturales donde su influencia es más evidente es en la religión. En muchos casos las religiones africanas se han combinado con las tradiciones cristianas para formar nuevas religiones, en un proceso llamado sincretismo religioso. Algunos ejemplos de las nuevas religiones son la *santería* en Cuba, el *candomblé* en Brasil y el *vudú* en Haití.

La santería es una religión sincrética que combina las religiones Lucumí-Yoruba con el catolicismo. La santería se asocia principalmente con la isla de Cuba, pero se practica en muchas partes del Caribe. Históricamente la santería representaba no sólo un apoyo espiritual sino también un tipo de resistencia en contra de la sociedad blanca dominante. Por eso, su práctica era censurada y a veces hasta prohibida. Sin embargo, con el tiempo la santería cruzó las divisiones de clase y de etnia, y llegó a ser popular entre la población en general. Es importante entender que hoy no sólo los negros participan en estas religiones sino todos los sectores de la sociedad. En los lugares donde existen estas prácticas sincréticas, los participantes proceden de todos los grupos raciales, étnicos y sociales.

En la santería, como en la Iglesia católica, hay un guía espiritual o sacerdote, llamado el santero o la santera. Él o ella es el intermediario entre el *orishá* u *orichá* y los creyentes. Los orishás realmente representan una mezcla o sincretismo de los santos católicos con los dioses africanos. Son evocados tanto por sus nombres africanos como por sus nombres católicos. Por ejemplo, Santa Bárbara es conocida como Changó y San Lázaro como Babalú-Ayé. Y como los santos, cada orishá tiene un día especial de celebración.

En las dos orillas: una imagen de San Lázaro a la venta en una tienda ("botánica") de Miami; en la plaza de la catedral de La Habana, una santera disfruta de un tabaco.

---

[1]**por ende** = por lo tanto

"La huella africana en América Latina" by Darién J. Davis, from *La tierra mágica. Una exploración cultural de América Latina*. Latin American Resource Center, Stone Center for Latin American Studies; Tulane University, 1991. Reprinted by permission of the Latin American Resource Center.

No obstante,[2] la santería ha adquirido sus propias características. Los orishás se distinguen de los santos católicos en un aspecto esencial: tienen varias características carnales. En este sentido el orishá es considerado más poderoso que el ser humano, pero no siempre es moralmente superior. Como nosotros, ellos también prefieren ciertos platos. En las celebraciones en honor de cada orishá, se sirven estas comidas y se incluyen ofrendas. Si un ser humano quiere pedirle un favor a un orishá, le puede regalar comida u otra de sus cosas favoritas. Cada orishá es asociado también con un color y en las fiestas del orishá todo el mundo se viste de ese color.

El día 8 de septiembre, por ejemplo, es la celebración de la patrona de Cuba, que es la Virgen de la Caridad en la tradición católica y Ochún en la santería.[3] La miel es uno de sus platos preferidos, y se usa en la preparación de dulces que se comen e incluyen en ofrendas. A Ochún se la asocia con el mar y muchas de las celebraciones tienen lugar en la playa.

Debido al gran número de negros que hay en Brasil, las influencias africanas están más próximas a sus orígenes en este país a pesar del mestizaje y sincretismo. Hay muchas variantes de los cultos[4] afrobrasileños. En Bahía es común el candomblé, en Río de Janeiro se practica la macumba o la umbanda y en Recife el culto predominante es conocido como el Xangó. Pero todos son variantes del candomblé. Así como en la santería, el dios supremo del candomblé es Olofi-Olorún, creador del mundo. Los sacerdotes del candomblé son conocidos como babalão-orishá o

pai de santo.[5] Si un creyente quiere pertenecer a esta religión, tiene que pasar por un proceso de aprendizaje[6] parecido al catecismo del catolicismo o la confirmación del protestantismo, pero más riguroso. Como en la santería, hay festividades en honor de cada orishá. También tienen platos y colores preferidos.

En general, hay tres diferencias importantes que distinguen las religiones africanas de las europeas. Primero, en la tradición africana los seres humanos y los dioses no viven en mundos separados. En cambio, el hombre y la mujer son parte de una continuidad que también incluye a los muertos y a los dioses. Lo físico es igualmente importante para el orishá como para el ser humano. Por esta razón se les regala comida y otras ofrendas, como cigarros y jabón, a los orishás. Segundo, el mal no es concebido como una fuerza absoluta sino en relación con el bien y la fuerza vital. Es decir, el concepto cristiano del pecado original no existe en la mayoría de las religiones afrolatinoamericanas. Finalmente, la evocación del orishá produce un cambio objetivo en el creyente. La posesión es un medio de comunicación entre Dios y el ser humano.

La música y el baile son partes integrales de las ceremonias del candomblé, el vudú y la santería. Pero aun en sus manifestaciones seculares, la música latinoamericana tiene raíces africanas. Los bailes como el merengue y la salsa surgieron de estos ritmos africanos. Los negros de Brasil bailaban un ritmo que se conocía como "umbigada". Hoy este baile se conoce como la samba, el baile nacional de Brasil.

© Cristina de la Torre

---

[2]**no obstante** = sin embargo [3]Ese día también se celebra en Miami y en Puerto Rico. [4]**cultos** *worship* [5]**pai de santo** = padre de santo. Si es una mujer, ella será **la mae de santo**. [6]**aprendizaje** = entrenamiento, iniciación

Después de leer

10-3 ¿Entendido?

Indica si las oraciones a continuación son verdaderas o falsas. Corrige las oraciones falsas según el texto.

1. Los africanos siempre han influido en la política de Latinoamérica tanto como otros grupos étnicos.

2. La santería, el catolicismo y el candomblé son religiones sincréticas.

3. La santería era una forma de protesta contra la cultura dominante.

4. Solamente los descendientes de esclavos africanos practican estas religiones sincréticas.

5. En la santería el orishá es equivalente a un(a) santo(a) católico(a).

6. Sólo los hombres pueden servir de sacerdotes en estas religiones.

7. Los orishás son, como todos los dioses, superiores a los seres humanos.

8. Ciertos colores y platos favoritos distinguen a un orishá de otro.

9. Se acostumbra ofrecer algo al orishá para obtener un favor.

10. La música latinoamericana tiene sus orígenes en los ritmos africanos.

10-4 En mi opinión 👤👤👤

En grupos de tres estudiantes, utilicen las preguntas siguientes como punto de partida para entablar una conversación.

1. ¿Por qué creen que la religión sobre la que han leído recibió el nombre de **santería**? ¿Pudo haber sido un término despectivo en sus orígenes? ¿Quién lo habría inventado: los amos o los esclavos? ¿Por qué no hay un nombre para el sincretismo de las religiones indígenas y el catolicismo?

2. Si hubiera sólo una religión universal, ¿qué mandamientos debería tener? Mencionen cinco.

3. En Miami, hace algún tiempo, un santero defendió su derecho a matar animales durante ciertos ritos diciendo que en los Estados Unidos existe libertad religiosa. ¿Qué creen Uds.? En nombre de la religión, ¿se debe poder sacrificar animales? Expliquen.

4. ¿Qué diferencia hay entre una creencia y una superstición?

5. Relacionen esta publicidad con lo que han leído.

La gran médium espiritual
ESTRELLA
te conecta con tu ángel

¡La solución a tus problemas ahora está en tus manos!
Aclara el pasado y el presente, encauza tu futuro.
Videncia y consejos espirituales y prácticos para situaciones de todo tipo: sentimentales, profesionales, legales…
Resultados garantizados

Bubica/Shutterstock.com/© Cengage Learning

Estrategias comunicativas para mantener el interés

Ah, ¿sí? ¿De verdad?	*Really? Is that so?*	**¡Qué bien!**	*Oh, good! / Great!*
¿Por ejemplo?	*For example?*	**¡Qué pena!**	*What a shame!*
		¡Qué lástima!	*What a pity!*
¡No me digas!	*No kidding!*	**¡Qué chisme!**	*What gossip!*
¡Cuéntame más!	*Tell me more!*	**¡Qué barbaridad!**	*That's awful!*
¿Y qué pasó después?	*And then what happened?*	**¡Mentira!**	*Unbelievable!*

10-5 En (inter)acción

Realicen las siguientes actividades según se indica.

 1. **Por otros rumbos.** Uno de sus amigos se ha hecho miembro de una secta *(cult)*. En grupos de tres estudiantes, un(a) estudiante cuenta la historia y los otros deben animarlo(la) a seguir hablando. Utilicen algunas expresiones de **Estrategias comunicativas**.

 2. **Irreverencia.** Con toda la clase, relacionen el **sacrilegio** del que habla la canción siguiente con la lectura anterior.

 Changó es el dios del trueno

de los negros africanos,

lo visten de rojo y blanco

y lleva un hacha° en la mano.   *axe, hatchet*

En el día de su fiesta

los negros tocan tambor

y con ron y frutas frescas

le expresan su adoración

(y todos cantan)

Zarabanda Changó ta' veni.

Zarabanda Changó ta' veni.

Entre muchos invitados

a esta fiesta de Changó

"Mister, Don't Touch the Banana" by Marisela Verena. © Kiri Kiri Music (ASCAP), 1990.

había tres americanos

tentados por el folklor(e).

Viendo la mesa de frutas,

ofrenda de amor y fe,

uno cogió un platanito

pues creía que era un buffet

(pues creía quééééé???)

pues creía que era un buffet.

Alguien gritó ¡Sacrilegio!,

madrina se desmayó,

hubo uno que cogió un muerto°   un muerto habló a través de él

y otro que se despojó°   *exorcised evil spirits*

y una que tenía hecho santo°   iniciada en la santería

muy furiosa le gritó:

"Mister, don't touch the banana;

Banana belong to Changó."

"Mister, don't touch the banana;

Banana belong to Changó."

"Mister, don't touch the banana."

(coro: La banana es de Changó.) ♪

3. **Correspondencias.** A continuación hay un cuadro con información sobre algunos orishás: el santo católico equivalente, sus poderes, número, colores, comida preferida y símbolo. En grupos de cuatro estudiantes, decidan a cuál deben consultar, qué ofrenda le van a hacer y cómo se vestirán para conseguir lo que desean.

    a. encontrar trabajo

    b. solucionar un problema amoroso

    c. neutralizar a un enemigo o protegerse de él

    d. curar los dolores de cabeza

    e. sacarse la lotería

    f. tener un hijo

Orishá	Santo(a)	Poderes	Nº	Colores	Comida	Símbolos
Elegguá	San Antonio	mensajes, controla el destino, lo inesperado	3	rojo y negro	pollo, ron, cigarros, cocos, pescado, juguetes, dulces	bordón (hooked staff)
Oggún	San Pedro, Santiago	empleos, guerra, hospitales	7	verde y negro	gallos, palomas, ron, cigarros, plátanos	hierro, metal, armas y cuchillos
Oshún/Ochún	La Virgen de la Caridad	amor, matrimonio, oro	5	blanco y amarillo	miel, calabazas, vino blanco, ron, tortas, joyas y gallinas	abanicos (fans), espejos, oro, pavos reales, plumas y barcos
Changó	Santa Bárbara	poder, pasión, control de enemigos	4, 6	rojo y blanco	manzanas, bananas, gallos rojos, toros, carneros (rams) y cerdos (pigs)	hacha de dos filos, mortero (mortar), castillo
Yemayá	Nuestra Señora de Regla	maternidad, feminidad	7	azul y blanco	sandía, azúcar, jarabe, patos, cabras (goats) y gallinas	conchas, canoas, corales, abanicos
Babalú- Ayé	San Lázaro	causa y cura enfermedades	17 o 13	negro o azul claro	tabaco, ron, palomas, gallinas, frijoles y maíz tostado	muletas, cañas (reeds) y conchas

4. **Lo prometido es deuda.** Digan qué sacrificio personal o promesa están dispuestos a hacer para que los orishás les concedan ese favor. Cuéntenselo a su grupo.

Ejemplo: Para conseguir el trabajo, yo prometo no comer chocolate durante un año.

 5. **Agudeza visual.** ¿Qué símbolos nos indican que esta figura representa a Yemayá? Discútanlo con toda la clase.

10-6 Tu (video)blog

Unas amigas tuyas hispanas te han recomendado que consultes a un santero o a un curandero que conocen por un problema físico o emocional que tienes. ¿Les vas a hacer caso o no? ¿Qué has oído decir sobre estos métodos de curación?

"Yemayá" de Yolanda Fundora

Yolando Fundora/www.urban-amish.com

Repaso gramatical	• Los interrogativos: **Cuaderno**, pág. 209
	• Los exclamativos: **Cuaderno**, pág. 211
	• Los relativos: **cuyo, lo que, lo cual: Cuaderno**, pág. 213
Práctica escrita	• **Cuaderno**, págs. 210, 212, 215
Práctica oral	• **Cuaderno**, págs. 211, 212, 215

Mujer negra

NANCY MOREJÓN

Nancy Morejón (n. 1944, Cuba) se ha dedicado a la poesía toda su vida. Parte de su obra poética se encuentra recogida en *Mutismos* (1962), *Octubre imprescindible* (1982) y *Elogio y paisaje* (1997). También ha realizado traducciones de varios poetas franceses y norteamericanos. Vive en La Habana.

"Mujer negra" traza la trayectoria de las mujeres africanas desde el momento en que fueron traídas al Nuevo Mundo como esclavas (s. XVI–XIX) hasta su participación en la Revolución Cubana (1959).

Palabra por palabra

acordarse de/recordar	*to remember*	**rebelarse**	*to rebel*
atravesar	*to cross*	**la sierra**	*mountain range, mountains*
el hueso	*bone*	**el (la) testigo**	*witness*
olvidarse de/olvidar	*to forget (about)*	**la tierra**	*land, ground, earth, soil*
padecer	*to suffer*		

Mejor dicho

volver, regresar	*to return, go back (to/from a place)*	No piensan **volver/regresar** jamás a Vallecas.
volver a + infinitivo	*to do something again*	Nunca más **volví a** verlos.
devolver	*to return, give back (things)*	**Devuélveme** las llaves ahora mismo.
porque + verbo conjugado	*because*	Sus padres lo castigaban a menudo **porque** era muy desobediente.
a/por causa de + sustantivo	*because of, due to*	El avión se demorará **a causa de** la tormenta.

¡Ojo! **Porque** no se utiliza al principio de una oración excepto si es la respuesta a una pregunta con **¿Por qué?** En su lugar se emplean las conjunciones **puesto que**, **ya que** y **como**.

10-7 **Práctica**

Hagan las siguientes actividades, prestando atención a las palabras del vocabulario.

 1. En grupos de tres estudiantes, describan las fotos siguientes, utilizando los términos de **Palabra por palabra** y **Mejor dicho**.

1shostak/Big Stock Photo

Hunta/Shutterstock.com

endomotion/Big Stock Photo

Canadian Loon/Big Stock Photo

2. En parejas, contesten las siguientes preguntas.

   a. ¿Recuerdan sus sueños al despertarse? ¿Se acuerdan de alguna pesadilla
      (*nightmare*) en particular que hayan tenido recientemente? Descríbanla.

   b. ¿Hay algo de lo que se olvidan siempre? ¿Qué es?

   c. ¿Se han roto Uds. (o alguien que conocen) un hueso alguna vez? ¿Cómo
      ocurrió?

   d. ¿Les molesta que no les devuelvan pronto las cosas que han prestado? ¿Tienen
      algo que devolver? ¿Qué es? ¿Devuelven muchas de las cosas que compran?
      ¿Cuándo está mal visto devolverlas?

3. Termina las oraciones de forma original. Después, compara tu respuesta con la de
   un(a) compañero(a).

   a. No volví a casa temprano porque…

   b. Jorge tenía miedo a causa de…

   c. Ayer Gabriel se enfermó porque…

   d. Seguramente mi hermana no comió por causa de…

Antes de leer

10-8 **¡Alto!**

Haz lo indicado a continuación.

1. Fíjate en el título del poema (y en el de este capítulo) un momento, y trata de anticipar el tema y el tono del mismo.

2. Al final de varias estrofas *(stanzas)* del poema aparecen aisladas una palabra o varias. Léelas primero e intenta imaginar lo que contiene la estrofa.

3. ¿Qué sabes del tratamiento de los esclavos africanos traídos a los EE. UU.?

Mujer negra

NANCY MOREJÓN

Todavía huelo la espuma[1] del mar que me hicieron atravesar.
La noche, no puedo recordarla.
Ni el mismo océano podría recordarla.
Pero no olvido al primer alcatraz que divisé.[2]
Altas, las nubes, como inocentes testigos presenciales.
Acaso no he olvidado ni mi costa perdida, ni mi lengua ancestral.
Me dejaron aquí y aquí he vivido.
Y porque trabajé como una bestia,
aquí volví a nacer.
A cuánta epopeya mandinga intenté recurrir.[3]

          Me rebelé.

Su Merced[4] me compró en una plaza.
Bordé la casaca[5] de Su Merced y un hijo macho le parí.
Mi hijo no tuvo nombre.
Y Su Merced, murió a manos de un impecable lord inglés.[6]

          Anduve.

Ésta es la tierra donde padecí bocabajos[7] y azotes.
Bogué[8] a lo largo de todos sus ríos.
Bajo su sol sembré, recolecté[9] y las cosechas no comí.
Por casa tuve un barracón.[10]
Yo misma traje piedras para edificarlo,
pero canté al natural compás[11] de los pájaros nacionales.

          Me sublevé.[12]

---

[1]**espuma** *foam* [2]**alcatraz que divisé** *gannet that I saw* [3]**A cuánta… recurrir** *How many Mandingo (West African) epics did I try to cling to* [4]**Su Merced** *Your Grace (here, her owner), an old form of address* [5]**Bordé la casaca** *I embroidered the overcoat* [6]**lord inglés** = aquí se refiere a piratas [7]**bocabajos** = castigo de azotes *(whippings)* que se daban a los esclavos, haciéndoles tenderse bocabajo *(face down)* [8]**Bogué** *I rowed* [9]**recolecté** *I harvested* [10]**barracón** *ramshackle hut* [11]**compás** = ritmo [12]**Me sublevé** = Me rebelé

En esta misma tierra toqué la sangre húmeda
y los huesos podridos[13] de muchos otros,
traídos a ella, o no, igual que yo.
Ya nunca más imaginé el camino a Guinea.
¿Era a Guinea? ¿A Benín? ¿Era a Madagascar? ¿O a Cabo Verde?

Trabajé mucho más.
Fundé mejor mi canto milenario y mi esperanza.
Aquí construí mi mundo.

canto/humos

Me fui al monte.

Mi real independencia fue el palenque[14]
y cabalgué entre las tropas de Maceo.[15]
Sólo un siglo más tarde,
junto a mis descendientes,
desde una azul montaña,

Lugano Historico/ Familiar

bajé de la Sierra[16]

para acabar con capitales y usureros,
con generales y burgueses.
Ahora soy: sólo hoy tenemos y creamos.

Nosotros

Nada nos es ajeno.
Nuestra la tierra.
Nuestros el mar y el cielo.
Nuestras la magia y la quimera.[17]
Iguales míos, aquí los veo bailar
alrededor del árbol que plantamos para el comunismo.
Su pródiga[18] madera ya resuena.

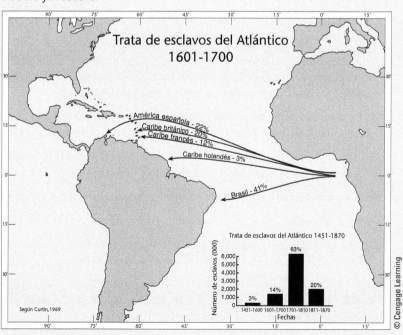

[13]**podridos** *rotten* [14]**el palenque** = lugar alejado y de difícil acceso en el que se refugiaban los esclavos fugitivos
[15]**Maceo** = héroe independentista cubano de descendencia africana (1845–1896) [16]**Sierra** = Sierra Maestra, montañas
al este de Cuba desde las cuales Fidel Castro y otros revolucionarios emprendieron la lucha para derrocar al dictador
Fulgencio Batista (1959) [17]**quimera** = ilusión [18]**pródiga** = generosa

Después de leer

10-9 ¿Entendido?

Contesta las preguntas siguientes de acuerdo con el contenido de la lectura.

1. ¿Por qué dice la mujer "el mar que me hicieron atravesar" y no "atravesé"? ¿A qué mar se refiere?

2. ¿Qué quiere decir con "Aquí volví a nacer"? ¿No deseaba volver a su país natal?

3. ¿Para quién y por qué trabajó "como una bestia"?

4. ¿Cuándo empezó a mejorar su situación? ¿Qué verso o estrofa lo indica?

5. ¿Participó en las luchas por la independencia de Cuba? ¿Cómo lo sabes?

6. Menciona cuatro palabras que indican su ideología política.

7. ¿Qué verso sugiere que la mujer se siente parte del nuevo país?

10-10 En mi opinión 👤👤👤

En grupos de tres o cuatro estudiantes, utilicen las siguientes preguntas como punto de partida para entablar una conversación.

1. Busquen algunas imágenes positivas en el poema y contrástenlas con las negativas. ¿Por qué las incluye Morejón? ¿De dónde saca esas imágenes? Expliquen la mezcla.

2. ¿Cuál es la actitud de la protagonista hacia su amo? Indiquen por qué lo creen así, mencionando ejemplos concretos del poema.

3. ¿Por qué dice "Mi hijo no tuvo nombre"? ¿Qué entienden por **nombre** aquí: el nombre propio o el apellido? ¿Recibirían los hijos de las esclavas el apellido del padre/amo? ¿Es posible no tener nombre ni apellido? ¿Qué creen?

4. En la última parte del poema la voz poética no utiliza la primera persona del singular (yo) sino la del plural (tenemos, nosotros, nuestra). ¿Por qué?

5. ¿Hasta qué punto puede representar la vida de una persona la de todo un pueblo? ¿Y si esa persona es una mujer? Coméntenlo y den otros ejemplos.

6. ¿Qué emociones y sentimientos quiere provocar Morejón en los lectores?

7. ¿Qué piensa la autora del comunismo? ¿Les resulta sorprendente a Uds.?

8. ¿Por qué creía la protagonista que las epopeyas mandingas podían animarla o reconfortarla? ¿Cuál es, por lo general, el contenido de los poemas épicos? Piensen en *La Ilíada* y *La Odisea*.

9. ¿Han oído hablar de la **diáspora** (africana, judía…)? ¿Qué significa exactamente esta palabra? ¿Y **éxodo**?

10. ¿Creen Uds. que el trato recibido por los esclavos durante el período colonial en los EE. UU. fue muy diferente del que recibieron en América Latina? ¿En qué sentido?

11. Relacionen esta lectura con la titulada "La santería: una religión sincrética". Conjeturen por qué Morejón no menciona la religión en su poema.

Estrategias comunicativas para señalar semejanzas y diferencias

Es exactamente lo mismo/igual.	**Hay grandes diferencias entre…**
It's exactly the same.	*There are big differences between . . .*
Más o menos…	**No es tan(to)… como…**
More or less . . .	*It's not as . . . as . . .*
Es parecido(a)/similar a…	**Es muy diferente, distinto(a) de…**
It's similar to/like . . .	*It's very different from . . .*
Lo mismo puede decirse de…	**A se diferencia/se distingue de B en…**
The same can be said of . . .	*The difference between A and B lies in . . .*

10-11 En (inter)acción

Realicen las siguientes actividades según se indica.

 1. **Citas célebres.** En grupos de tres estudiantes, relacionen las citas siguientes con el tema de esta lectura y unidad. Usen algunas de las expresiones de **Estrategias comunicativas.**

    a. "La vida es un viaje experimental hecho involuntariamente". —Fernando Pessoa (escritor/poeta portugués)

    b. "Nada nos destruye más certeramente que el silencio de otro ser humano". —George Steiner (escritor/filósofo francés-estadounidense)

    c. "Los recuerdos nos acuden como la luz de las estrellas apagadas, cuyo resplandor nos sigue llegando mucho después de haberse extinguido". —David Horowitz (escritor/activista estadounidense)

 2. **Porcentajes.** En grupos de tres estudiantes, comenten las siguientes estadísticas sobre la población esclava africana en las plantaciones cubanas.* ¿Se pueden sacar algunas conclusiones de ellas?

Distribución según los sexos:

años	hombres	mujeres
1746–1790	90.38%	9.62%
1791–1822	85.03%	14.97%
1840–1849	69.70%	30.30%
1860–1869	59.80%	40.20%

*Manuel Moreno Fraginals. *África en América Latina*. México, D.F.: Siglo Veintiuno, 1977, pág. 20.

3. **Restitución.** ¿Recuerdan algunos hechos históricos específicos de la esclavitud? ¿Creen que los descendientes merecen ser recompensados por lo mucho que sufrieron sus antepasados? Discútanlo con toda la clase.

 4. **Justicia poética.** En parejas, escriban un poema sobre la vida estudiantil que termine con la expresión "Me rebelé".

10-12 Tu (video)blog

A muchos miembros de las comunidades inmigrantes hispanas les hacen falta apoyos, alianzas o consuelo para sobrellevar la separación de sus países de origen. ¿Cómo y dónde los encuentran?

Repaso gramatical	• Repaso de los tiempos del subjuntivo con **ojalá: Cuaderno**, pág. 216
	• Los posesivos (segundo repaso): **Cuaderno**, pág. 217
Práctica escrita	• **Cuaderno**, págs. 216, 217
Práctica oral	• **Cuaderno**, págs. 217, 218

El Barrio

ARLENE DÁVILA

Los barrios son espacios urbanos con una identidad y un nombre propios, como podemos comprobar si nos fijamos en el plano de cualquier ciudad. Arlene Dávila, profesora de antropología de la Universidad de Nueva York, ha estudiado el caso específico de *East Harlem*, conocido entre sus residentes hispanos como **El Barrio**. Su estudio recoge las diversas reacciones de los puertorriqueños hacia este lugar y la inquietud de algunos ante la revalorización económica de este barrio neoyorquino.

Rick Shupper/PhotoLibrary

Palabra por palabra

a gusto	at ease	inmobiliario(a)	real estate (business, agent)
asequible	affordable	la mayoría	majority, most
barato(a)	cheap	por un lado..., por otro...	on one hand . . ., on the other . . .
el barrio	neighborhood	el (la) recién + participio	recently, newly
disponible	available	el regreso	return
la escasez	shortage		

Mejor dicho

mover(se) (ue)	*to move around (oneself or objects)*	Margarita siempre **está moviendo** los muebles de su casa de un lado para el otro.
		Y nadie **se movió**.
mudar(se)	*to change (move) houses, cities, countries*	Cuando nacieron los gemelos tuvimos que **mudarnos** a una casa más grande.
trasladar(se)	*to transfer for reasons of work*	La compañía lo **ha trasladado** a la sucursal de Bogotá por dos años.

¡**Ojo**! Se usa la forma reflexiva **moverse** cuando el verbo no tiene un complemento directo.

echar de menos	*to miss (something or someone)*	Mari Trini **echaba de menos** la comida de su país.
extrañar	*to miss (something or someone)*	**Extraño** mucho a mi perro.
perderse (ie)	*to miss an event (involuntarily)*	**Me perdí** la boda de mi hermana porque estaba enferma.
	to get lost	No llegamos a la cita porque **nos perdimos**.
faltar a	*to not attend or miss an event (voluntarily)*	No **faltes a** la última reunión del departamento.

10-13 Práctica

Hagan las siguientes actividades, prestando atención a las palabras del vocabulario.

1. En grupos de tres estudiantes, inventen una conversación entre dos personas que buscan apartamento y un agente inmobiliario. Dos estudiantes harán el papel de los clientes y el (la) otro(a) estudiante el del agente.

2. Con un(a) compañero(a), contesta las siguientes preguntas.
   a. ¿Dónde vive la mayoría de los estudiantes: en apartamentos o en residencias estudiantiles? ¿Cuál de los dos tipos de vivienda es más asequible?
   b. ¿Tratan de encontrar cosas rebajadas (con descuento) o no les importa pagar el precio original? Den ejemplos.
   c. ¿Cuántas veces se han mudado en la vida? ¿Por qué tipo de trabajo no les importaría trasladarse a menudo?

3. Comenta lo siguiente con un(a) compañero(a).
   a. dos cosas o personas que extrañan y por qué
   b. dos películas, partidos, conciertos o prácticas deportivas que no quieren perderse
   c. dos actividades a las que han faltado y las repercusiones que tuvo para Uds.

Antes de leer

Haz lo indicado a continuación.

1. ¿Qué sabes de *East Harlem* o *Spanish Harlem*?

2. ¿Qué es lo que más te gusta de tu barrio? ¿Y lo que menos?

3. ¿Qué quiere decir la expresión **por antonomasia**? Si no la conoces, busca su significado y al leer piensa si se podría aplicar a algún aspecto de la lectura.

El Barrio

ARLENE DÁVILA

Quería vivir rodeada de la cultura puertorriqueña porque me recordaba a mis padres. Cuando me mudé para acá, el olor a frijoles o a carne encebollada o a plátanos me hacía sonreír; me conmovían las canciones; la calurosa acogida de las mujeres puertorriqueñas me era familiar; la actitud respetuosa de los hombres me resultaba memorable, al igual que la gente en la calle haciendo la señal de la cruz al pasar frente a una iglesia. (Gladys Rodríguez, *East Harlem Online*, "Where to Live.")

* * *

La inmigración puertorriqueña a los Estados Unidos ha sido constante, además de circular. Desde los años 60, sin embargo, muchos puertorriqueños se han ido de Nueva York, debido a[1] los cambios económicos ocurridos en esta ciudad, por un lado, y, por otro, a la asociación de la prosperidad con el abandono de El Barrio por otros lugares como Puerto Rico, Connecticut, Nueva Jersey, cualquier barrio residencial[2] o incluso el Bronx. Muchos de los que abandonaron El Barrio lo hicieron con la intención de no volver jamás. Por ejemplo, Roberto, un líder sindical[3] nacido y criado en El Barrio que ahora es dueño de una casa en Westchester, cuando le preguntamos si compraría un apartamento en El Barrio si le dieran la oportunidad, contestó que no:

La mayoría de nosotros, me refiero a mis amigos de El Barrio y a mí, que recibimos una educación y ahora tenemos buenos trabajos, no compartimos el sentimentalismo que despierta el lugar. Se siente así sólo la gente que nunca vivió allí. Incluso si pudiera comprar algo allí, no volvería. El Barrio será siempre El Barrio, no El

Andy Davies/Shutterstock.com

---

[1]**debido a** = a causa de [2]**barrio residencial** *suburb* [3]**sindical** *labor union*

"El barrio" translated by authors from "Dreams of Place: Housing, Gentrification, and the Marketing of Space in El Barrio" by Arlene Dávila. Originally published in *CENTRO: Journal of the Center for Puerto Rican Studies*, vol. 15, no. 1, 2003. Reprinted by permission.

Barrio puertorriqueño, sino el de los otros inmigrantes y de los pobres. Lo que echo de menos es a la familia, porque vivíamos muy unidos, pero no echo de menos la violencia, la brutalidad, la oficina de asistencia social,[4] el estigma y la pobreza.

Anna Morales, que se crió en El Barrio y cuya familia decidió quedarse, recuerda cuánto los presionaron para que se fueran y el precio que pagaron por no hacerlo:

> Recuerdo que la gente llamaba a la puerta para decirnos adiós. Los que habían ahorrado un poco se iban. Allí (en Puerto Rico) había fábricas y mamá podía quedarse en casa y cuidar de los niños; las casas eran muy baratas y no tenías que tenerles miedo ni a las pandillas[5] ni a las drogas. Cuando un chico llegaba a la pubertad, hacían las maletas y se iban. No había moho[6] allí, sólo pollos, vacas y animales. Algunos han vuelto a visitarnos y, cuando les muestro los edificios donde solían vivir, no se lo creen. Jamás pensaron que esto adquiriría ningún valor. Estuvieron muchos años sin visitarnos. Nos quedamos aislados. Nos despreciaban. Prosperar significaba volver a Puerto Rico. Le rogaban a mi madre que nos sacara de allí a mi hermana y a mí. Eran incapaces de comprender que ésta era nuestra comunidad.

La huida de El Barrio no fue causada sólo por el tipo de viviendas disponibles sino también por otros factores, como la pobreza o el estigma de vivir en una zona urbana deprimida. De hecho, estas asociaciones fueron reforzadas por el discurso nacionalista puertorriqueño, que veía la vida en Nueva York y al "nuyorican" —un puertorriqueño nacido y criado en El Barrio (East Harlem)— como evidencia de una cultura contaminada, en teoría siempre opuesta a la supuestamente auténtica cultura de la isla. En otras palabras, El Barrio era un lugar que debías abandonar, pues de otra manera tus hijos acabarían contaminados o corrompidos.

Estos puntos de vista están documentados en los estudios recientes sobre la inmigración puertorriqueña. Gina Pérez (2000) ha mostrado que la decisión de emigrar se presenta como una decisión económica y que el regreso (a Puerto Rico) se asocia con "comunidad", "lugar", "hogar" y "nación". Sin embargo, intereses culturales y de clase también han jugado un papel importante en la manera como los puertorriqueños experimentan e interpretan El Barrio. En contraste con la clase trabajadora y pobre, a los intelectuales puertorriqueños que se han mudado a Nueva York siempre les ha atraído El Barrio. Estos consideran que echar raíces[7] en El Barrio muestra su compromiso con la preservación y el crecimiento de esta área urbana. Creen poder contribuir política, cultural o intelectualmente a su desarrollo. Los profesionales recién llegados, por ejemplo, se convierten en el centro de atención, a juzgar por los periódicos locales y los comentarios de los residentes.

Pero no sólo los recién llegados adoran El Barrio. Félix Leo Campos, un director de cine "nuyorican" cuya familia se mudó a West Side cuando él era joven, comenta:

> Para muchos East Harlem era el gueto y la idea era salir de allí. Pero aunque mucha gente se mudó al sur del Bronx y a otras partes de la ciudad, su vida cultural estaba en El Barrio. En el Bronx tienen un desfile y fiestas, pero no son como las de El Barrio, porque El Barrio es la cuna[8] de los puertorriqueños… He vivido en Harlem y en el Bronx, pero nunca me he sentido tan a gusto como en El Barrio.

Así pues, reducir la huida de East Harlem, por parte de los puertorriqueños, exclusivamente a los problemas relacionados con la vivienda es erróneo. Es cierto que la vivienda ha tenido un papel central, pero hay otras variables que han determinado la decisión de los puertorriqueños de quedarse, irse o volver a El Barrio.

Recientemente, la escasez de viviendas a precios asequibles debido al fenómeno llamado en inglés *gentrification* está afectando los sueños de muchos puertorriqueños, sueños que se cifraban en[9] ser dueños de un apartamento en El Barrio. Mark Alexander, director ejecutivo de Hope,[10] es consciente de que las viviendas adquiridas y rehabilitadas por su institución en East Harlem están fuera del alcance[11] de los que ahora residen allí. Él no ve ningún problema en ello,[12] pues mantiene que Hope no es un servicio social para la comunidad sino un negocio inmobiliario. Pero admite que los programas actuales que fomentan la compra de viviendas terminarán por atraer a los "caucásicos" y desplazar a sus residentes actuales. Alexander añadió:

---

[4]**asistencia social** *welfare* [5]**pandillas** *gangs* [6]**moho** *mildew* [7]**echar raíces** = establecerse [8]**cuna** *cradle* [9]**se cifraban en** *were pinned on* [10]**Hope** *a not-for-profit developer in East Harlem* [11]**fuera del alcance** *out of reach* [12]**ello** *it*

Reconozco la importancia que tiene El Barrio para los puertorriqueños, pero no es un lugar que les pertenezca únicamente a ellos. Los mismos puertorriqueños de clase media, cuando han prosperado, se han ido de aquí.

Al igual que otros líderes puertorriqueños y representantes gubernamentales y de organizaciones sin ánimo de lucro,[13] Alexander subraya la necesidad de una clase media y programas que promuevan la compra de bienes raíces[14] en East Harlem. Pero al contrario de los líderes puertorriqueños, cuando Alexander habla de la "gente" que podría comprar o alquilar un apartamento no se refiere a los puertorriqueños sino a inquilinos[15] de cierto nivel social. "Nunca se dice que se prefiere a los blancos, sino simplemente que van a subir el alquiler", reflexiona un agente inmobiliario de East Harlem. Y Erica González cuenta que encontró su apartamento gracias a que unos amigos que se volvían a la isla se lo traspasaron directamente y sin anuncios. Estaban buscando a alguien joven y profesional.

Es evidente que el objetivo de conseguir una comunidad dinámica y multicultural choca con los sueños de muchos puertorriqueños, que ven El Barrio como un espacio predominantemente "latino", y aspiran a preservar su historia y su identidad cultural.

---

[13]**sin ánimo de lucro** *nonprofit* [14]**bienes raíces** *real estate* [15]**inquilinos** *tenants*

Después de leer

10-15 ¿Entendido?

Contesta las preguntas siguientes según el contenido de la lectura.

1. ¿Por qué muchos puertorriqueños que vivían en Nueva York han regresado a Puerto Rico?
2. ¿Por qué no quiere Roberto volver a vivir en El Barrio?
3. ¿Qué decisión tomó la familia de Anna Morales y qué consecuencias tuvo?
4. ¿Quiénes despreciaban a los puertorriqueños que vivían en Nueva York? ¿Por qué?
5. ¿Por qué quieren los intelectuales y artistas mudarse y echar raíces en El Barrio?
6. ¿Para quiénes son los alquileres cada vez menos asequibles?
7. Según Mark Alexander, ¿quiénes deben vivir en El Barrio?

10-16 En mi opinión 👤👤👤

En grupos de tres estudiantes, utilicen las preguntas siguientes como punto de partida para entablar una conversación.

1. ¿Qué otro título pondrían a la lectura? Piensen en dos posibilidades.
2. ¿Cómo era el barrio en que nacieron o crecieron Uds.? ¿En qué tipo de barrio les gustaría vivir en el futuro?

3. ¿Qué saben de algunos barrios famosos de los Estados Unidos como *Little Havana* (Miami), *Haight-Ashbury* (San Francisco), el *French Quarter* (Nueva Orleáns) o el *Upper East Side* de Manhattan? ¿Qué barrios aparecen más a menudo en las películas? ¿Y en las noticias?

4. ¿Qué rasgos y valores definen a una comunidad? Mencionen tres.

5. La composición de los barrios afecta a las escuelas. ¿Cómo se aprende mejor: en un grupo homogéneo o heterogéneo? Justifiquen su respuesta.

6. ¿Cómo es el barrio donde se encuentra la universidad donde estudian? ¿Ofrece su universidad servicios a la comunidad (hispana)? ¿Participan o han participado en alguno de ellos?

Estrategias comunicativas para mostrar desacuerdo

No comparto tu opinión.	**No estoy de acuerdo.**
I don't share your views.	*I disagree.*
Resulta más que discutible que…	**Yo lo veo de manera distinta.**
It's highly debatable that . . .	*I see it differently.*
Estoy en contra de…	**Siento llevarte la contraria, pero…**
I am against . . .	*I'm sorry to differ, but . . .*

10-17 En (inter)acción

Realicen las siguientes actividades según se indica.

 1. **Debate.** En grupos de tres estudiantes, discutan cada una de las afirmaciones siguientes, y luego díganle a la clase si han llegado a un acuerdo o no y por qué. Utilicen algunas expresiones de **Estrategias comunicativas**.

   a. Cualquier barrio puede ser apreciado y valorado si conocemos su historia.

   b. Para no perder su cultura, los inmigrantes deben vivir en el mismo barrio y no desperdigados *(scattered)* por la ciudad.

   c. El atractivo turístico de muchos barrios étnicos reside en su oferta gastronómica.

   d. Realmente hay que hablar de dos culturas puertorriqueñas: la isleña y la continental.

 2. **Espacios que marcan.** Numerosas autoras hispanas han narrado sus vivencias infantiles y juveniles en diferentes barrios y ciudades de los Estados Unidos. Por ejemplo, la puertorriqueña Nicholasa Mohr ha recogido sus experiencias en Nueva York en *Nilda* (1973) y *El Bronx Remembered* (1975); Sandra Cisneros ha captado el ambiente de un barrio latino de Chicago en *La casa en Mango Street* (1984); y en su autobiografía *Calle Hoyt: Recuerdos de una juventud chicana* (1993), Mary Helen Ponce describe minuciosamente Pacoima, un pueblo de California cuyos habitantes eran en su mayoría emigrantes mexicanos. Imaginen que estas tres escritoras (u otras que conozcan) han venido a clase hoy a hablar de sus experiencias y obras. Tres voluntarios representarán los papeles de las escritoras y el resto de la clase, el del público. Las escritoras leerán algunos de sus textos literarios y responderán a las preguntas o a los comentarios del público.

Daniel Korzeniewski/Shutterstock.com

RoxyFer/Shutterstock.com

Hannamariah/Shutterstock.com

 3. **Aire de familia.** Miren las fotos de distintos barrios que aparecen a continuación. ¿Creen que son lugares de América Latina o de los Estados Unidos? Expliquen por qué.

 4. **El Museo del Barrio.** Busquen información sobre El Museo del Barrio en internet. En grupos de tres estudiantes, comenten su historia, sus programas y sus contribuciones a la identidad hispana de Nueva York.

10-18 Tu (video)blog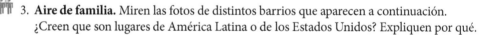

¿Cómo es el barrio hispano que hay cerca de donde tú vives o el que conoces mejor? ¿Lo has visitado? Describe detalladamente sus aspectos más llamativos.

Repaso gramatical	• Las expresiones de comparación (segundo repaso): **Cuaderno**, pág. 220
	• El superlativo absoluto y relativo (segundo repaso): **Cuaderno**, pág. 220
Práctica escrita	• **Cuaderno**, pág. 220
Práctica oral	• **Cuaderno**, pág. 221

Las mujeres que permanecen

V. NELLY SALGADO DE SNYDER Y MARÍA DE JESÚS DÍAZ-PÉREZ

Existen muchos estudios, encuestas y análisis sobre los hombres mexicanos que emigran a los Estados Unidos pero muy pocos sobre las esposas que se quedan en México. Estas mujeres tienen que superar numerosas dificultades en su vida diaria y acostumbrarse a hacerlo sin la ayuda de su compañero.

V. Nelly Salgado de Snyder y María de Jesús Díaz-Pérez. "La salud mental de las mujeres de áreas rurales con alta tradición migratoria a Estados Unidos" en *Hogar, pobreza y bienestar en México*. Tlaquepaque, Jalisco, México: ITESO, Centro de Investigación y Formación Social, 1999, pp. 145–146, 153. Used with permission.

10-19 **Ya lo sabes**

Contesta las preguntas siguientes.

1. ¿Cómo altera la dinámica familiar la ausencia de uno de los padres? ¿Qué impacto puede tener en los hijos?

2. Al regresar la persona que ha estado ausente por algún tiempo, ¿cómo suelen recibirla sus familiares? ¿Cómo será la convivencia a partir del regreso? ¿Recuperará el lugar que ocupaba antes de irse? ¿Qué supones tú?

Narración

Escucha atentamente la narración siguiente. Presta atención al contenido y a la pronunciación. Escúchala tantas veces como lo necesites. Haz los ejercicios a continuación.

Palabras útiles

 hacerse cargo = encargarse de **bienestar** *well-being* **estresantes** *stressful*
cónyuge = esposo(a)

10-20 **¿Te enteraste?**

Escoge la(s) respuesta(s) correcta(s) según lo que acabas de oír.

1. Las mujeres cuyos maridos han emigrado a los EE. UU. se preocupan de si (ellos)…
   - a. comen bien.
   - b. van al médico o no.
   - c. tienen una nueva familia.
   - d. regresarán o no a su lado.

2. Las mujeres que se quedan en México deben afrontar cuestiones como…
   - a. la instrucción religiosa de los hijos.
   - b. la preparación de la comida.
   - c. el manejo del presupuesto doméstico.
   - d. el cuidado de los niños y la casa.

3. Al verse sola, la mujer…
   - a. se siente aislada y desamparada.
   - b. busca apoyo del gobierno.
   - c. se alegra de no estar bajo el control de su marido.
   - d. descubre su fortaleza.

4. Cuando sus esposos piensan en su retorno permanente, las mujeres se enfrentan con…

   a. la pérdida de su independencia.

   b. una nueva dinámica familiar.

   c. la desintegración familiar.

   d. nuevas responsabilidades.

5. Cuando los maridos vuelven a casa, las mujeres…

   a. pierden el control que tenían.

   b. no pueden tomar decisiones.

   c. ya no tienen preocupaciones.

   d. los reciben orgullosas.

10-21 Un paso más

En grupos de tres estudiantes, respondan a las preguntas siguientes.

1. ¿Se mudaron ya de su casa familiar o viven todavía con sus padres? Si todavía están con sus padres, ¿cómo sería diferente su vida si no vivieran con ellos?

2. Describan cómo ha cambiado su relación con los miembros de su familia al volver a casa después de haber pasado un semestre en la universidad.

3. ¿Qué otros eventos alteran la estructura y el equilibrio de las familias? ¿La muerte? ¿El desempleo? ¿Una relación extramarital? Comenten basándose en su propia experiencia y en la de la gente que conocen.

4. Un fenómeno que se ha venido observando en los últimos años es el creciente aumento de mujeres dispuestas a emigrar. ¿A qué creen que se podría deber este aumento?

5. ¿Cómo interpretan las famosas palabras del autor norteamericano Thomas Wolfe: "No se puede volver a casa"?

María llena eres de gracia (COLOMBIA/EE. UU., 2004)

Película   **Director:** Joshua Marston   **Duración:** 101 minutos   **Clasificación:** R

María tiene diecisiete años y vive en un pueblo colombiano cerca de la capital, Bogotá. Su situación económica es precaria, sus recursos mínimos. La película nos cuenta lo que hace para salir adelante cuando se entera de que se encuentra embarazada y no cuenta con el apoyo del padre del bebé.

Slavoljub Pantelic/
Shutterstock.com

Antes de ver la película

Contesta estas preguntas.

1. Hoy día, ¿qué puede hacer una muchacha sin educación para ganarse la vida? ¿Y en otras épocas?

2. ¿Conoces a alguien a quien le gusten los riesgos? Da un ejemplo de su comportamiento arriesgado.

3. Reflexiona sobre el título de la película y explica a qué se refiere.

Durante la película

Haz lo indicado a continuación.

1. Pon atención para ver si captas las siguientes oraciones y entiendes su significado y sus implicaciones.

   a. "Un hombre viviendo en casa de su novia no puede ser".

   b. "Donde comen dos, comen tres".

   c. "Te puedo conseguir un camellito, un trabajo de mula".

   d. "—¿Cómo es eso por allá?

   —Demasiado perfecto".

2. Escribe por lo menos cuatro adjetivos que sirvan para describir a María a medida que la vas conociendo a lo largo de la película.

Después de ver la película

A. Comenta la importancia y el impacto de las siguientes escenas:

   1. subirse al techo sin el novio

   2. la entrevista de trabajo

   3. el viaje en avión

   4. el paso por la aduana en el aeropuerto de Nueva York

   5. en el motel, entregando la mercancía

   6. en casa de Carla

B. Contesten estas preguntas con un(a) compañero(a).

   1. ¿Qué creen que pasa al final: María se queda o se va y por qué? ¿Qué harían Uds. si estuvieran en su situación?

   2. ¿Creen que la protagonista es una buena persona? ¿Buena hija? ¿Hermana? ¿Amiga? ¿Novia? Usen ejemplos para apoyar su opinión.

   3. ¿Qué imagen de los agentes de aduana estadounidenses nos ofrece la película?

   4. ¿Por qué creen que los agentes detuvieron a María en la aduana?

   5. ¿De qué modo cambia la protagonista a lo largo del film?

C. En grupos de tres estudiantes, elijan uno de los siguientes temas presentes en la película y discútanlo. Luego, compartan sus reflexiones con el resto de la clase.

   1. las ventajas y desventajas de la inmigración de los latinoamericanos a los Estados Unidos

   2. el papel de la religión y las imágenes religiosas

   3. las relaciones familiares y entre amigas

   4. las dimensiones morales y legales de importar drogas prohibidas a los Estados Unidos y sus implicaciones

   5. las condiciones laborales en las procesadoras de flores y otras fábricas del mismo tipo

Heinle Grammar Tutorial:
- The preterit versus the imperfect
- Time expressions
- *If* clauses
- **Por** versus **para**

Geografías 🔊

MARIO BENEDETTI

Mario Benedetti (1920–2009, Uruguay) es uno de los poetas y novelistas más importantes de Latinoamérica. Su libro *Geografías* (1984) recoge poemas y cuentos escritos durante el exilio, tema de gran resonancia en la literatura latinoamericana. En los textos literarios de los años 70 y 80 predomina el tono pesimista y amargo de los escritores que vivían exiliados, ya que tenían pocas esperanzas de poder regresar algún día a su país. Al marcharse, habían perdido parte de él pero lo que más temían era seguir perdiéndolo con el paso del tiempo, a medida que olvidaban muchas cosas. En esta audición, el narrador nos habla de un ingenioso juego para mantener viva la memoria.

Mario Benedetti, *Geografías* © Fundación Mario Benedetti c/o Guillermo Schavelzon & Asociados, Agencia Literaria www.schavelzon.com. Used with permission.

11-1 **Ya lo sabes**

Contesta las preguntas siguientes.

1. Menciona tres detalles que recuerdas claramente de tu niñez.

2. ¿Cuáles son algunos de tus juegos favoritos?

3. ¿Qué recuerdas con facilidad? ¿Los nombres de la gente? ¿Los números? ¿Los olores?

Narración

Escucha atentamente la narración siguiente. Presta atención al contenido y a la pronunciación. Escúchala tantas veces como lo necesites. Después, haz los ejercicios que aparecen a continuación.

Palabras útiles

pavadas = tonterías   **darse por vencido** *to give up*   **perdedor** *loser*   **trampas** *dirty tricks*
andamios *scaffolding*   **escombros** *rubble*

11-2 ¿Te enteraste?

Escoge la respuesta correcta según lo que acabas de oír.

1. Los dos amigos juegan a las geografías…
   a. todos los días.
   b. todas las semanas.
   c. una vez al mes.
   d. rara vez.

2. Ambos son originarios de…
   a. Ecuador.
   b. Colombia.
   c. Paraguay.
   d. Uruguay.

3. Ahora viven en…
   a. París.
   b. Roma.
   c. Madrid.
   d. Londres.

4. Una categoría que no es válida en el juego son…
   a. los monumentos.
   b. los detalles personales.
   c. los hechos históricos.
   d. las figuras públicas.

5. El amigo del narrador…
   a. es Aries.
   b. siempre pierde.
   c. es mal perdedor.
   d. hace trampas.

6. La amiga de los jugadores…
   a. no quiere jugar.
   b. dice que todo ha cambiado.
   c. lleva muchos años en París.
   d. dice que ella les ganaría si jugara con ellos.

7. Al oír lo que la amiga dice de Montevideo, los jugadores…
   a. celebran el progreso.
   b. critican los cambios.
   c. se deprimen.
   d. se alegran de no estar allí.

11-3 Un paso más

En grupos, contesten las preguntas siguientes.

1. ¿Es normal que los adultos jueguen con sus amigos? ¿A qué tipo de juegos suelen jugar los adultos? ¿Cuál es el propósito de estos juegos? Expliquen.

2. ¿Se han mudado alguna vez a un lugar nuevo? ¿Cómo reaccionaron al cambio? ¿Qué recuerdan de la(s) casa(s) donde han vivido o de algún lugar donde han pasado mucho tiempo?

3. ¿Les parece bueno o malo olvidar? ¿Cómo sería la vida si no existiera el olvido? ¿Y sin recuerdos?

El Palacio Salvo, Montevideo, Uruguay

Tumonis/Big Stock Photo

Usted estuvo en San Diego

EDUARDO GONZÁLEZ VIAÑA

Eduardo González Viaña nació en 1942 en Perú, donde se crió y estudió derecho y literatura. Más tarde se mudó a Europa y estudió literatura en Francia y España. Actualmente reside en los Estados Unidos y es profesor de la Universidad de Western Oregon. Entre sus obras literarias se encuentran *Sarita Colonia viene volando* (1990), *Sombras y las mujeres* (1996), *Vallejo en los infiernos* (2008), *El corrido de Dante* (2008) y *El amor de Carmela me va a matar* (2011).

En este cuento, que forma parte de su libro *Los sueños de América* (2001), uno de los personajes tiene que tomar una decisión importantísima sin tiempo para reflexionar sobre sus posibles consecuencias.

Palabra por palabra

adivinar	*to guess*	estacionar	*to park*
la cobardía	*cowardice*	el (la) jefe(a)	*boss, person in charge*
desafiar	*to challenge*	los papeles	*papers, identification documents*
el destino	*fate*	perseguir (i, i)	*to persecute*
esconder(se)	*to hide*		

Mejor dicho

dejar	*to leave (someone or something)*	No me **dejes** nunca.
		Dejé mis papeles en tu casa.
dejar + infinitivo	*to allow, let (someone do something)*	Alfredo nos **deja** usar su carro mientras está de vacaciones.
dejar de + infinitivo	*to stop doing something*	¡**Deja** ya **de** hacer tanto ruido con esos tambores!
salir (de)	*to leave an enclosed space*	**Saldremos** muy temprano **de** casa.
irse	*to leave, go away*	¿**Nos vamos** con ellos?

el personaje	*character in a novel, story, film, TV show, play*	Carla quería representar a un **personaje** sofisticado.
el carácter	*temperament, personality*	Mis vecinos tienen muy mal **carácter**.

11-4 Práctica

Hagan las siguientes actividades, prestando atención a las palabras del vocabulario.

 1. En parejas, deduzcan el significado de los términos siguientes. Luego, con la ayuda de su profesor(a) o de un diccionario, comprueben si sus deducciones son correctas o no.

a. cobardes	c. la adivinanza	e. el estacionamiento	g. la jefatura
b. a escondidas	d. el perseguidor	f. la salida	h. el papeleo

2. En grupos de tres estudiantes, contesten las preguntas siguientes.

    a. ¿Creen Uds. que tenemos un destino predeterminado? ¿Hacen caso de las predicciones que ven en los horóscopos? Expliquen.

    b. ¿Están intentando dejar de hacer algo? ¿Qué es y por qué quieren dejar de hacerlo?

    c. ¿Hay algún personaje del cine, de la televisión o de la literatura con el que se identifiquen? Expliquen por qué.

    d. ¿Qué grupos de personas han sido perseguidos a lo largo de la historia? Mencionen dos y digan las razones de su persecución.

Antes de leer

11-5 ¡Alto!

Haz lo indicado a continuación.

1. ¿Por qué han venido tantos inmigrantes hispanos a los Estados Unidos?

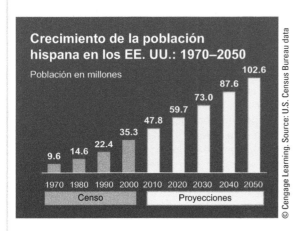

Crecimiento de la población hispana en los EE. UU.: 1970–2050
Población en millones

1970: 9.6
1980: 14.6
1990: 22.4
2000: 35.3
2010: 47.8
2020: 59.7
2030: 73.0
2040: 87.6
2050: 102.6

Censo   Proyecciones

© Cengage Learning. Source: U.S. Census Bureau data

Origen de la población hispana de los EE. UU., 2006
Porcentaje del total

México 64%
Otros 7.7%
Centro y Sudamérica 13.1%
Cuba 3.4%
Puerto Rico 9.0%
República Dominicana 2.8%

© Cengage Learning. Source: U.S. Census Bureau data

2. Busca en la lectura palabras con estos sufijos y adivina su significado.

sufijo	parte de la oración	significado	inglés	ejemplos
-ción	sustantivos (femeninos)	acción, efecto	-tion	atender → la atención intentar → la intención
-ista	sustantivos (masculinos o femeninos) y adjetivos	partido, profesión, cualidad	-ist	social → el (la) socialista masaje → el (la) masajista impresión → impresionista
-mente	adverbios	modo	-ly	fácil → fácilmente

3. En el cuento hay párrafos que interrumpen la narración de los hechos. Al leer, préstales atención. ¿De qué tratan?

Colman Lerner Gerardo/Shutterstock.com

Usted estuvo en San Diego

EDUARDO GONZÁLEZ VIAÑA

Usted estuvo allí, ¿se acuerda? Era una de esas tardes gloriosas del otoño en las que un color rojo invade lentamente el mundo. Había hojas rojas y amarillas en el cielo y en la tierra, y el ómnibus avanzaba indolente[1] por las calles de San Diego en la California púrpura y soñolienta[2] de octubre. Era como una gira[3] por el otoño. El carro iba lento como flotando para que los turistas observaran el vuelo de las hojas, exploraran recuerdos en el aire y se extraviaran[4] buscando el sentido de sus propias vidas.

Usted estuvo allí. No diga que no. El otoño es una estación de la memoria, aquí y allá y en cualquier parte, bien sea en un París amarillo de los setenta, en un San Francisco de fin de siglo, en algún puerto del Pacífico en Sudamérica, en un pueblo cercano al Escorial, en una estancia[5] próxima a Buenos Aires, o si no estuvo en ninguno de esos lugares, aun en una casa sin ventanas donde de todas formas se cuelan[6] las evocaciones y el otoño. Por eso, de todas maneras, usted tiene que recordar.

Para Hortensia Sierra, aquél era el día más resplandeciente[7] de su vida. Había llegado esa misma mañana a California, y después de mucho tiempo pensaba que era feliz. Era un día que la hacía sentirse leve[8] y libre como cuando uno es un niño, o como cuando uno se va a morir, aunque tan sólo se tengan veintiséis años. Cuando entraba en una de las calles principales de la ciudad, el bus súbitamente[9] se detuvo y la puerta inmediata al chofer se abrió para dejar pasar a un grupo de seis individuos uniformados.

Era gente del Servicio de Inmigración, y andaba buscando extranjeros ilegales.

—Que todo el mundo saque sus papeles. Sus papeles, por favor —dijo el que parecía ser el jefe.

Resultaba fácil reconocer a los foráneos[10] porque eran los mejor vestidos. Las señoras se habían hecho peinados de moda y los caballeros[11] se habían comprado ropa nueva para confundir a los "americanos", quienes suponen siempre que los "hispanos" son sucios y pobres. Pero los agentes sabían esto y,

---

[1]**indolente** = sin prisa [2]**soñolienta** = tranquila [3]**gira** = viaje [4]**se extraviaran** = se perdieran [5]**estancia** = hacienda
[6]**se cuelan** = entran [7]**resplandeciente** = brillante [8]**leve** *carefree* [9]**súbitamente** = de repente [10]**foráneos** = extranjeros
[11]**caballeros** = hombres

Del libro *Los sueños de América* de Eduardo González Viaña. Used with permission.

aunque el carro estaba colmado[12] de personas de pelo negro, únicamente solicitaban documentos a los mejor vestidos y a los que posaban[13] los pies en el suelo. Por su forma de sentarse, los que lo hacían a la manera de yogas con los pies sobre el asiento o apoyándolos contra el respaldar delantero[14] podían ser chicanos o latinos poseedores de un visado legal que ya estaban adecuados[15] a los modales de los gringos, y no había por qué molestarlos.

Los policías no habían llegado todavía hasta Hortensia y no podían notar que la muchacha estaba temblando[16] y que las lágrimas se le salían sin que pudiera contenerse, pero el caballero sentado junto a ella sí lo advirtió. La miró un instante extrañado,[17] pero no se decidió a preguntarle por qué lloraba.

No la habría creído ilegal porque la chica era rubia y desafiaba el estereotipo norteamericano según el cual todos los hispanos son "personas de color". Además, en el caso improbable de adivinar que estaba en problemas y de querer ayudarla, eso le habría resultado peligroso.

Por su parte, cuando Hortensia fuera aprehendida, no iba a ser enviada solamente a su tierra, sino a encontrarse con su destino.[...] La muerte estaba cerca de ella por motivos que ahora desfilaban velozmente por su memoria.

Unos meses atrás, en su país, un pelotón[18] de soldados había forzado la puerta de su casa a medianoche. Buscaban a un terrorista, según dijeron después, pero la verdad era que estaban interesados en repartirse la bien surtida[19] tienda que Hortensia y su esposo poseían. Se acercaba la Navidad y los militares querían llevar algunos regalos a sus familias. El marido fue asesinado de un balazo,[20] pero a la muchacha no la vieron al comienzo. Cuando terminaron de desvalijar[21] todo lo que encontraron, movieron un mueble y apareció la joven.

—¿Y esta gringuita? ¿De dónde ha salido? … No estaba en el inventario pero no está nadita mal. Vamos a tirar una moneda al aire para ver a quién le toca primero.[22]

En su desesperación por escapar, Hortensia había levantado el fierro[23] de la puerta y había dado con él en la cabeza del comandante, que cayó pesadamente. … Después todo en su vida había sido correr y esconderse, esconderse y correr a lo largo de un

continente largo y colmado de fronteras, arruinado, espacioso y maldito. Había llegado a México con documentos falsos, pero en la última ciudad de ese país, la más próxima a Estados Unidos, tiró a un basurero los papeles y pasó hacia una calle de San Diego, vestida con blusa y jeans, y parecida a cualquier otra joven de su edad nacida en el norte. En la esquina de las calles Maple y Main abordó[24] el bus y fue a sentarse cerca de usted.

La joven seguía llorando y el señor sentado a su lado no pudo contener la pregunta sobre su estado de salud.

—No es eso. Lo que pasa es que no tengo papeles. Soy ilegal y los agentes van a detenerme.

¿Qué hizo usted entonces? Usted sabe que, según las leyes de inmigración, a los ilegales se les envía a su país de origen, pero quienes los ayudan pueden ser considerados contrabandistas[25] de seres humanos y enviados a prisión por algunos años.

El hombre miró alternativamente a los soldados y a la mujer que estaba a su lado, y luego no pudo contenerse. Una mueca[26] de cólera se dibujó en su cara. Se puso extrañamente rojo, tan rojo como aquella tarde de otoño en San Diego.

—¡Y qué piensas, estúpida! ¡Qué estás pensando, perra! ¡Cómo se te ocurre seguir sentada a mi lado!

Tal vez me equivoco y de veras[27] usted que me lee no estuvo allí. Quizás tampoco yo estuve. Es posible que esta historia la haya leído en alguna parte, lejos de aquí, pero no la estoy inventando.

Cuando usted va hacia algún lado, no tiene por qué preocuparse porque no pertenece a ninguno de los grupos humanos que sufren o han sufrido persecución y odio. Y, sin embargo, usted comparte el mismo mundo, o acaso el mismo bus, y hay siempre una opción o una tarea que lo está esperando. Y usted y yo estábamos en ese bus, aunque tratemos de negarlo.

A veces la tarea requiere sacrificio personal y riesgo, y entonces usted camina hacia delante y se encuentra con su destino, lo cual no significa que usted tenga que asumirlo. Significa solamente que usted va a saber exactamente en qué mundo está viviendo y quién es usted de veras.

Creo recordar a un rabino de Berkeley que nos decía que uno no ejercita la libertad solamente

---

[12]**colmado** = lleno [13]**posaban** = ponían [14]**respaldar delantero** *back of the seat in front* [15]**adecuados** = acostumbrados [16]**temblando** *shaking* [17]**extrañado** = sorprendido [18]**pelotón** = grupo [19]**surtida** *stocked* [20]**balazo** *shot* [21]**desvalijar** *ransacking* [22]**le toca primero** *gets the first turn* [23]**fierro** *(piece of) iron* [24]**abordó** = subió [25]**contrabandistas** *smugglers* [26]**mueca** *grimace* [27]**de veras** = verdaderamente

haciendo lo que uno quiere. La cobardía, por ejemplo, no es un ejercicio de la libertad. Pero cuando usted acepta la tarea que el destino le ha puesto delante, entonces usted se convierte en una persona libre. Quizás ésa sea la única forma de ejercer la libertad. Puede ocurrir en… cualquier lado y momento en que por cualquier motivo se odie o se torture, se maltrate o se viole, se insulte o se persiga, se encarcele o se asesine a alguien que viene al costado[28] de usted, sentado dentro del mismo mundo.

—¡Estúpida! ¡Y se te ocurre decírmelo a estas horas![29]

El hombre no podía contener la ira[30] y, cuando los agentes de inmigración se acercaron a preguntarle por qué armaba tanto escándalo,[31] levantó sus papeles de identidad norteamericanos con la mano derecha mientras seguía gritando:

—¡Llévensela! Mi mujer ha olvidado sus papeles otra vez… y otra vez vamos a perder el tiempo en la oficina de ustedes… y yo estoy que me muero de hambre. Ella siempre hace esto… ¡Ustedes deberían llevársela para que yo vuelva a ser soltero!

Los agentes se rieron, hicieron una broma, mascaron más chicle y bajaron del carro. Años después, en Oregón, Hortensia Sierra contaba que nunca más había vuelto a ver a su benefactor. Ni siquiera supo alguna vez su nombre. Se lo contó a alguien que me relató la historia con algunos detalles adicionales, y por eso conozco algunos secretos de usted y le pregunto de nuevo: ¿Está seguro de que nunca ha estado en San Diego?

Sus papeles, por favor.

Todd Heisler/The New York Times/Redux Pictures

---

[28]**al costado** = muy cerca   [29]**a… horas** = en este momento   [30]**ira** = enojo   [31]**armaba… escándalo** *was making such a fuss*

Después de leer

11-6 ¿Entendido?

Completa las frases siguientes según el contenido de la lectura.

1. La acción del cuento tuvo lugar en…

2. Hortensia Sierra pensaba que era feliz porque…

3. Ella vino a los Estados Unidos después de que…

4. En México, Hortensia…

5. Los individuos que subieron al bus estaban…

6. Los ilegales eran fáciles de reconocer porque…

7. Cuando Hortensia se echó a llorar…

8. El hombre le gritó a Hortensia porque…

9. Al final del cuento…

10. Ese **usted** a quien va dirigida la lectura se refiere a…

11-7 En mi opinión

En grupos de tres estudiantes, utilicen las preguntas siguientes como punto de partida para entablar una conversación.

1. ¿Cuál creen Uds. que fue el propósito del autor al escribir el cuento? Hagan referencias a párrafos o frases específicas de la lectura para apoyar sus ideas. ¿Qué implica la afirmación que sirve de título al cuento: "Usted estuvo en San Diego"?

2. Según el texto, ¿qué quiere decir **ser libre**? Relaciónenlo con lo que decía José Martí sobre la libertad en "Tres héroes" (páginas p. 128–130).

3. ¿Qué sugieren estas palabras: "alguien sentado dentro del mismo mundo"? ¿Qué tienen en común un autobús y el mundo?

4. ¿Qué valores culturales o éticos están en juego en la acción/reacción del hombre? ¿De dónde suponen Uds. que es el hombre?

5. La palabra **gringuita** aparece en el texto referida a Hortensia. El término **gringo(a)** se usa en algunos lugares de Latinoamérica para referirse a alguien que parece extranjero. ¿Creen que el hecho de que la protagonista del cuento no parezca latina influye en el desenlace (*outcome*) de la historia? Comenten.

 6. ¿Saben de dónde proceden los términos **hispano** y **latino**? ¿Cuál creen que es el preferido actualmente por la población proveniente de países hispanohablantes que vive en los Estados Unidos? Si no lo saben, busquen esta información en internet y discútanla en grupos.

7. Mencionen y debatan las ventajas o desventajas de la inmigración para el país que acoge a los inmigrantes. Den ejemplos concretos.

8. ¿Cómo se puede saber si alguien está ilegalmente en los Estados Unidos?

Estrategias comunicativas para tranquilizar a alguien

¡Anda! Sólo tienes que…	*Come on! You only have to . . .*
No te preocupes.	*Don't worry.*
¡Venga! No te va a pasar nada.	*Go ahead! Nothing's going to happen to you.*
Ya verás que todo sale bien.	*You'll see that it will be okay.*
Tranquilo(a). No tengas miedo.	*Calm down. Don't be afraid.*

11-8 En (inter)acción

Realicen en grupos de tres o cuatro estudiantes las siguientes actividades según se indica.

1. **¡Qué nervios!** Imagínense que están en una sala de espera de un hospital pendientes de que salga del quirófano un familiar suyo (o en un aeropuerto, en un barco durante una tormenta u otra situación similar). Uno(a) de Uds. se encuentra muy

nervioso(a) y los demás tratarán de calmarlo(a) usando las expresiones de **Estrategias comunicativas.**

2. **Sin esperar recompensa.** ¿Ha salido alguien en su ayuda inesperadamente (o al revés, Uds. en ayuda de alguien), llevando a cabo lo que en inglés se conoce como *random acts of kindness*? Expliquen y den detalles.

3. **Nocturno chicano.** Lean el siguiente poema "Nocturno chicano" de Margarita Cota-Cárdenas y relaciónenlo con "Ud. estuvo en San Diego".

NOCTURNO CHICANO

cuando éramos niños

el plonquito° y yo   mi hermano

no había

sirenas

por la noche

por el día

de bomberos°   *firefighters*

de ambulancias

de la policía

aterrorizando asustando

a los grandes

a los jóvenes

y a los hermanitos

sólo había bastaba

"LA MIGRA"°   Depto. de Inmigración de los EE. UU.

"Nocturno chicano" by Margarita Cota-Cárdenas. Reprinted by permission from the author.

Paul Matthew Photography/Shutterstock.com

Norteamericanos de nacimiento

4. **¿Ético o legal?** En ocasiones la (re)acción moral va en contra de la ley. Discutan lo que harían Uds. en las situaciones siguientes, y luego presenten dos situaciones conflictivas más.

a. Eres gerente de un supermercado y ves a una mujer muy pobre acompañada de varios niños pequeños robando comida.

b. Eres médico(a) y, en la sala de urgencias de un hospital, tienes que atender a un criminal muy peligroso, herido gravemente.

c. Un amigo buscado por la policía te pide que lo escondas en tu casa.

d. Eres periodista y acabas de encontrar documentos que incriminan al candidato de tu partido político.

11-9 Tu (video)blog

Imagínate que hace unos días tuviste que ayudar a unos hispanos que no hablaban inglés en un hospital o una clínica. Cuéntanos tu experiencia.

Repaso gramatical	• Usos del pretérito y del imperfecto (segundo repaso): **Cuaderno**, pág. 223
	• Las expresiones temporales con **hace** (segundo repaso): **Cuaderno**, pág. 224
Práctica escrita	• **Cuaderno**, págs. 223, 224
Práctica oral	• **Cuaderno**, págs. 224, 225

Los extranjeros

ANTONIO MUÑOZ MOLINA

Antonio Muñoz Molina (n. 1956, España), escritor de novelas y ensayos periodísticos, ha merecido numerosos premios literarios que incluyen el prestigioso Premio Nacional de Literatura (dos veces), así como el Premio Planeta y el de la Crítica. Desde 1995 es miembro de la Real Academia Española. También ha sido director del Instituto Cervantes de Nueva York (2004–2005). El artículo que sigue forma parte de su libro *La vida por delante* (2008), donde recopiló sus contribuciones al periódico *El País*.

Palabra por palabra

la añoranza	*longing, homesickness*	**la frontera**	*border (with another country)*
el bolsillo	*pocket*	**el rasgo**	*feature*
cruzar(se)	*to cross*	**el recelo**	*misgiving, distrust*
exigir	*to demand*	**rodeado(a)**	*surrounded*

Mejor dicho

parecer	*to seem, look*	**Parecía** que íbamos a ganar.
aparecer	*to appear, show up*	¿Cuándo irá a **aparecer** el anestesista?
parecerse a	*to look like, resemble*	No sé **a** quién **me parezco.** Y tú, ¿lo sabes?

Barsik/Big Stock Photo

¿A quién se parece la hija?

el (la) desconocido(a)	*stranger*	Un **desconocido/extraño** nos regaló unas entradas.
el (la) extraño(a)		
el (la) extranjero(a)	*foreigner*	El número de **extranjeros** en España ha aumentado considerablemente.
extranjero(a)	*foreign*	Una película **extranjera** recibió el premio al mejor guión.
extraño(a)	*strange, odd, weird*	¡A qué sitio más **extraño** me has traído!

11-10 Práctica

Hagan las siguientes actividades, prestando atención a las palabras del vocabulario.

 1. En parejas inventen un incidente ocurrido al cruzar la frontera de un país a otro. Debe tener al menos seis frases, y cada frase debe contener una palabra del vocabulario. Empiecen, por ejemplo, diciendo "Creía haber guardado el pasaporte en el bolsillo, pero cuando lo busqué, no estaba allí". Luego, háganle el cuento a toda la clase.

 2. ¿Quiénes eran muy exigentes con Uds. antes de venir a la universidad: sus padres, sus maestros, sus entrenadores? Escriban una lista de las cosas que ellos les exigían, y coméntenla con su pareja.

 3. ¿Cómo notamos que una persona siente añoranza por alguien o algo muy querido? ¿Cómo muestra su añoranza? ¿Qué dice o hace?

 4. Busquen en la clase parecidos entre sus compañeros y gente conocida. Utilicen el verbo **parecerse a**.

 5. ¿Cómo saben si una persona es un extraño o un extranjero? ¿En qué radica la diferencia? ¿Hay muchos estudiantes extraños en la universidad? ¿Y extranjeros? Intercambien sus impresiones con toda la clase.

Antes de leer

11-11 ¡Alto!

Haz lo indicado a continuación

1. ¿Puedes imaginarte cómo se siente un extranjero al llegar a un país desconocido? ¿Te has sentido así alguna vez? ¿Cuándo y por qué fue?

2. Presta atención al punto de vista del artículo. ¿Cuál es y qué implicaciones tiene para el lector?

3. ¿En qué tipo de personas te fijas cuando vas por la calle? ¿Qué rasgos de estas personas te llaman la atención?

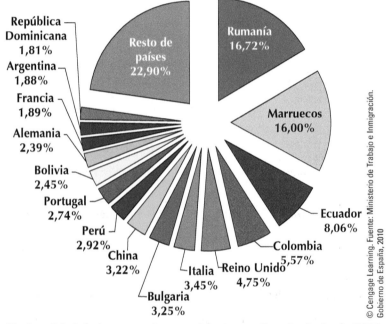

República Dominicana 1,81%
Argentina 1,88%
Francia 1,89%
Alemania 2,39%
Bolivia 2,45%
Portugal 2,74%
Perú 2,92%
China 3,22%
Bulgaria 3,25%
Italia 3,45%
Reino Unido 4,75%
Colombia 5,57%
Ecuador 8,06%
Resto de países 22,90%
Rumanía 16,72%
Marruecos 16,00%

© Cengage Learning. Fuente: Ministerio de Trabajo e Inmigración. Gobierno de España, 2010

Nacionalidad de los extranjeros residentes en España, junio de 2010

Los extranjeros

ANTONIO MUÑOZ MOLINA

Los veo lentos y pacientes, en la cola muy larga, ocupando la acera de la calle donde está la comisaría,[1] apoyándose en las fachadas[2] o en los coches, sentados algunos en los escalones, aguardando no sé qué, casi todos con carpetas en las que deben de guardar los preciados documentos que se les exigen, las credenciales, los certificados, las identificaciones, las fotografías, conversando en grupos donde se escuchan lenguas y acentos de lugares muy lejanos, callados muchos de ellos, severos, solitarios, con la soledad

---

[1]**comisaría** = estación de policía   [2]**fachadas** = paredes

Cannaregio/Shutterstock.com

El arte de la espera

tan grande del extranjero o del refugiado, con la desconfianza del que conoce la persecución, del que posee una experiencia triste de calabozos[3] y fronteras.

Voy calle abajo, por la acera contraria, y al verlos me descubro de pronto en mi condición tan confortable de ciudadano del país donde vivo, de portador[4] de una cara y de una identidad en las que nunca pienso, pero que constituyen un privilegio al que esos hombres y esas mujeres aspiran, muchos de ellos inalcanzablemente, porque cuando la cola avance por fin y les llegue su turno y enseñen todos los papeles que llevan no se sabe cuánto tiempo atesorando,[5] habrá alguien que los mire moviendo negativamente la cabeza y que estampe algo con un sello de caucho al pie de un formulario y los condene de nuevo a ser lo que son ahora mismo, extranjeros o apátridas,[6] gente que aguarda[7] desde el amanecer junto a las puertas de la comisaría, en una calle que para mí es diaria y conocida y para ellos tiene toda la hostilidad de lo definitivamente extraño, acaso la misma que tuvo para mí, hace muchos años, la primera estación del otro lado de la frontera en que me vi perdido a medianoche al bajar de un tren.

Pero no, no puedo comparar, entonces yo era un estudiante con mi pasaporte en regla[8] aunque con mis bolsillos casi vacíos, tenía un país, una casa y una vida a las que volver; esta gente a la que veo en la cola, desde la otra acera, desde el otro lado de la realidad, procede de países muy lejanos, de otros climas, de otras lenguas que no se parecen nada a la mía, igual que no se me parecen los rasgos de sus caras, ni tampoco su color de piel, más oscuro

o más claro que el mío: asiáticos, africanos, indios, marroquíes, eslavos de caras y ojos traslúcidos, cada uno con su pasado y su vida, cada uno aguardando en la cola con la esperanza o el deseo de otra vida por delante.

A quienes se parecen es a los emigrantes de la generación de mis padres y de mis abuelos, a los campesinos que escapaban del hambre y de la esclavitud de la tierra con sus trajes oscuros y sus maletas de cartón, que miran en las fotos con los mismos ojos profundos de expectativa y desamparo[9] que ahora se quedan mirándome cuando paso junto a la cola de la comisaría. Con esa misma paciencia viajaron en bodegas de barcos[10] y en vagones eternos, con la misma mezcla de obstinación y añoranza hicieron cola para solicitar una credencial o un puesto de trabajo, sobrevivieron rodeados por gentes pálidas y frías que los miraban con desdén o con hostilidad, se habituaron a vivir en ciudades con cielos bajos y oscuros, aprendieron a distinguir una por una las palabras de idiomas que al principio les habían parecido tan impenetrables como los trazados de las calles o de los andenes de las estaciones a las que habían llegado muertos de frío y sueño en amaneceres invernales.

En esa calle que para mí no tiene nada de exótica, en la mañana ordinaria y laboral, los extranjeros son una presencia populosa, una invasión tranquila y plural de caras, de idiomas, de biografías originadas muy lejos y llegadas aquí en un trance de huida o de aventura. Cuando paso junto a ellos mis ojos se cruzan con otros ojos mucho más claros o más oscuros que los míos, ojos de una paciencia sin expresión o de ansiedad o de indiferencia o de recelo: durante un instante puede que yo sea para cada uno ese individuo abstracto y ajeno al que ve siempre el emigrante recién llegado a una tierra extranjera; soy el nativo, el que tiene los papeles en regla, el que no será parado por la policía aunque camine de noche por una calle oscura. Les doy la bienvenida en silencio, les deseo que se queden, que su presencia haga más plural y más abierto el mundo en que vivo. Cualquiera de ellos, íntimamente, es mi compatriota.[11] Cualquier día también yo puedo verme convertido en un extranjero.

---

[3]**calabozos** = prisiones [4]**portador** *bearer, carrier* [5]**atesorando** = coleccionando como tesoros [6]**apátridas** = sin país [7]**aguarda** = espera [8]**en regla** *in order* [9]**desamparo** = vulnerabilidad [10]**bodegas de barcos** *hulls of ships* [11]**compatriota** *fellow countryman*

Después de leer

11-12 ¿Entendido?

Resume el contraste entre los ciudadanos y los extranjeros que presenta la lectura, utilizando tantas palabras de la lista de abajo como puedas.

desconfianza	compatriota	exótico	hostilidad	escapar
paciencia	comisaría	rasgos	privilegio	turno

11-13 En mi opinión

En grupos de tres estudiantes, utilicen las siguientes preguntas como punto de partida para entablar una conversación.

1. ¿Cuál es la actitud del escritor hacia los extranjeros que ve delante de la comisaría? Discútanlo y señalen las frases del texto que así lo indican. ¿Por qué nunca los identifica como "inmigrantes"?

2. Mencionen tres razones para emigrar y tres aspiraciones de los emigrantes.

3. Comenten alguna película o un programa de televisión que trate directa o indirectamente el tema de la inmigración (*El Norte*, *Flores de otro mundo*, *Cosas que dejé en La Habana*, etcétera).

4. Preparen al menos tres preguntas que les gustaría hacerle a un(a) inmigrante sobre su situación actual y sobre la diferencia o coincidencia entre sus expectativas y la realidad de la vida en el nuevo país. Después, utilicen esas preguntas para realizar una entrevista. Dos de los estudiantes hacen el papel de los entrevistadores y el (la) otro(a), el del (de la) inmigrante.

Estrategias comunicativas para aclarar algo

Perdone, no lo (la) entendí.	*Sorry, I did not understand you.*
¿Cómo ha dicho?	*What did you say?*
¿Qué dice?	*What are you saying?*
¿Cómo?	*How's that?*
¿Puede repetírmelo por favor?	*Can you repeat that please?*

11-14 En (inter)acción

Realicen las siguientes actividades según se indica.

1. **¿Aló?** Hablar por teléfono es una de las cosas más difíciles de hacer para alguien que está aprendiendo una nueva lengua. Mantengan una conversación telefónica en español entre dos personas que no se entienden. Por ejemplo, un(a) estudiante puede hacer el papel de un(a) vendedor(a) y el (la) otro(a), de un(a) posible cliente(a). Usen algunas de las expresiones de **Estrategias comunicativas**.

2. **En marcha.** Alguien ha observado que el ser humano tiene dos modos básicos de vivir: nómada o sedentario. Parece que cada vez practicamos más el primero. ¿Estarían de acuerdo con esta afirmación? ¿En qué dirección han ido las grandes migraciones humanas de los últimos 50 años: hacia el norte, el sur, el este o el oeste? ¿Cuáles son algunos de sus resultados?

VIDA NUEVA, INC.
SERVICIOS ESPECIALIZADOS DE
ASESORÍA SOBRE ASUNTOS DE
INMIGRACIÓN

Te asesoramos exhaustivamente en todos los aspectos del proceso: permiso de residencia, traducción de documentos, mudanzas internacionales, reagrupación familiar, búsqueda de empleo…
Consulta inicial gratuita.
Contáctanos hoy: vidanuevainc@gmail.com
¡Deja tu futuro en manos de profesionales!

LHF Graphics/Shutterstock.com/© Cengage Learning

 3. **¿Pro o contra?** La multiculturalidad ha planteado numerosos debates en las universidades norteamericanas. ¿Saben por qué?

 4. **¡Qué viva la mezcla!** Los Estados Unidos es un país multicultural por excelencia, en el sentido de que representa una impresionante mezcla de grupos étnicos y nacionales. ¿Cuáles creen Uds. que son algunos componentes perdurables de esa mezcla? Es decir, ¿qué grupos han influido más decisivamente en lo que son los Estados Unidos hoy?

11-15 **Tu (video)blog**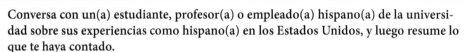

Conversa con un(a) estudiante, profesor(a) o empleado(a) hispano(a) de la universidad sobre sus experiencias como hispano(a) en los Estados Unidos, y luego resume lo que te haya contado.

Repaso gramatical
- El estilo indirecto: **Cuaderno**, pág. 228
- Las oraciones condicionales (segundo repaso): **Cuaderno**, pág. 230
- **Para** y **por** (segundo repaso): **Cuaderno**, pág. 231

Práctica escrita
- **Cuaderno**, págs. 229, 230, 231

Práctica oral
- **Cuaderno**, págs. 230, 231, 232

Al otro lado (MÉXICO, 2004)

Película   **Director:** Gustavo Loza   **Duración:** 90 minutos   **Clasificación:** PG-13

Slavoljub Pantelic/Shutterstock.com

Tres niños —Prisciliano (de México), Ángel (de Cuba) y Fátima (de Marruecos)— quieren encontrar a sus padres. Hace mucho tiempo que no los ven porque Rafael, el padre de Prisciliano, se marchó para el Norte, el de Ángel ha desaparecido y el de Fátima reside en Málaga. Además de mostrarnos cómo es la vida familiar de cada uno y las cosas extraordinarias que les han pasado, la película nos relata los esfuerzos enormes que realizan los niños para intentar lograr su objetivo.

Antes de ver la película

Contesta las preguntas siguientes.

1. ¿Qué hiciste de pequeño(a) que se podría considerar extraordinario?

2. ¿Cómo te sientes al ver u oír la noticia de un(a) niño(a) desaparecido(a)?

3. ¿Perdiste algo o a alguien importante de niño(a): una mascota, un(a) amigo(a) que se cambió de casa o ciudad, por ejemplo? ¿Recuerdas cómo te sentiste en esa ocasión?

Durante la película

Haz lo indicado a continuación.

1. El cineasta ha dividido cada historia en dos partes. Fíjate en esos cortes y conjetura por qué ha decidido pasar a otra narración en ese preciso momento.

2. Describe los distintos ritos religiosos que presentan las tres narraciones.

3. Identifica por lo menos dos momentos mágicos o milagrosos del film.

Después de ver la película

A. Contesta las preguntas a continuación.

1. Resume la leyenda de Eréndira. ¿Por qué es importante? ¿Por qué le relató Rafael esta historia a Prisciliano?

2. ¿Qué simboliza el sombrero de Rafael? Describe la escena en que vemos a Prisciliano comportándose como el hombre de la casa.

3. Describe al personaje de Caridad, la madre de Ángel. ¿Era una buena madre? Explica.

4. ¿Cómo era la relación entre Ángel y Walter? Comenta.

5. Al final de la película, ¿qué le explicó a Ángel su madre?

6. ¿Cómo llegó Fátima a España?

7. ¿Quién la rescató de lo que habría sido una vida espantosa? ¿Por qué lo hizo?

8. Comenta la vida que llevaba Abdulatil, el padre de Fátima, en España.

B. En grupos de tres estudiantes, hagan lo indicado a continuación.

1. Túrnense para relatar la historia de cada uno(a) de los protagonistas. Mientras un(a) estudiante narra la historia, los otros dos añaden detalles omitidos o corrigen la narración.

2. Determinen si acaban bien o no las historias. Compartan sus opiniones con la clase.

3. La película trata el tema de la inmigración desde la perspectiva de unos niños. Discutan si este punto de vista tiene algún impacto especial en los espectadores.

CAPÍTULO **12**

EN PRIMERA PERSONA

Heinle Grammar Tutorial:
- Uses of the infinitive
- The subjunctive vs. the indicative in adjective clauses

¡Ay, papi, no seas coca-colero! ◀))

LUIS FERNÁNDEZ CAUBÍ

Cubano de nacimiento y corresponsal del periódico de Miami *El Diario de las Américas*, Luis Fernández Caubí relata en esta selección una anécdota personal que le sucedió durante los primeros meses como exiliado político en los Estados Unidos. El proceso de integración de cada inmigrante a una nueva cultura es siempre muy personal. A continuación se presentan las reacciones de dos personas de distintas edades.

"¡Ay, papi, no seas coca-colero!" by Luis Fernández Caubí. Reprinted by permission from the author.

12-1 Ya lo sabes

Contesta las preguntas siguientes.

 1. Usa internet para averiguar más sobre los cubanos que viven en los Estados Unidos. ¿Dónde viven principalmente? ¿Cuándo y por qué se fueron de Cuba?

2. Según sugiere el título, ¿quiénes van a ser los protagonistas de este cuento?

3. El sufijo -**ero(a)** se añade a ciertos sustantivos para indicar el trabajo que realiza una persona. Por ejemplo, el (la) **cartero(a)** es la persona que nos trae las cartas y el (la) **peluquero(a)** es la que nos corta el pelo. De acuerdo con esta regla, ¿qué quiere decir **coca-colero** en la lectura?

Narración

Escucha atentamente la siguiente narración. Presta atención al contenido y a la pronunciación. Escúchala tantas veces como lo necesites. Después, haz los ejercicios que aparecen a continuación.

Palabras útiles

embotelladora *bottling plant* **capataz** *foreman* **color tierra** *khaki* **ingenios (de azúcar)** *sugar refineries and plantations* **ingenio** *wit* **cuello y corbata** *shirt and tie* **me estremeció** *it made me shudder* **tesorito** *little treasure (here, sweetheart)* **carcajada** *burst of laughter*

230

12-2 ¿Te enteraste?

Escoge la(s) respuesta(s) correcta(s) según lo que acabas de oír.

Image Point Photo/Big Stock Photo

1. En Miami, Luis Fernández Caubí encontró trabajo fácilmente…

   a. gracias a un amigo suyo.

   b. debido a que tenía estudios superiores.

   c. porque convenció al capataz de la fábrica.

   d. por ser un refugiado político.

2. El autor consiguió un puesto de…

   a. abogado.

   b. capataz.

   c. ayudante en un camión que reparte refrescos.

   d. oficinista.

3. Los cilindros metálicos a los que se refiere el autor podrían ser…

   a. las latas de Coca-Cola.

   b. las monedas (coins) en el bolsillo.

   c. los barriles de Coca-Cola.

   d. las ruedas del camión.

4. A la niña no le gustó…

   a. el color del uniforme de su papá.

   b. que él no llevara cuello y corbata.

   c. que su papá trabajara para la Coca-Cola.

   d. el antiguo traje fino de su papá.

5. Al darse cuenta de la razón del malentendido, el papá…

   a. se puso a llorar al igual que su hija.

   b. decidió dejar su trabajo.

   c. empezó a reírse.

   d. se bebió una Coca-Cola.

12-3 Un paso más

 A. En grupos de tres estudiantes, expresen su opinión al contestar las preguntas siguientes.

1. ¿Es el concepto norteamericano del éxito diferente del de otras naciones? Den algunos ejemplos. ¿Y el fracaso? ¿Qué es para Uds.?

2. Como el padre cree que le ocurre a la niña, ¿se han avergonzado alguna vez de alguno de sus familiares? Expliquen. ¿Hay problemas de comunicación entre las distintas generaciones de su familia? Comenten.

3. ¿Quién tarda más, generalmente, en adaptarse a las nuevas circunstancias: un adulto, un joven o un niño? ¿Qué factores aceleran o retrasan el proceso de adaptación?

4. ¿Hasta qué punto deben los inmigrantes mantener su cultura y su lengua?

 5. Si un(a) extranjero(a) quiere venir a trabajar a los EE. UU., ¿qué documentos necesita hoy día para poder hacerlo legalmente? ¿Basta con pasar por la oficina de la Seguridad Social? ¿Tendrá que pasar un reconocimiento médico? ¿Deberá presentar un título universitario? Busquen la información en internet y discútanla en su grupo.

B. Realicen las siguientes actividades según se indica.

 1. En la sección de anuncios del periódico, busquen en grupos de tres estudiantes un empleo para el protagonista del cuento, y expliquen por qué sería bueno para él.

$$$$
Distribuidores. Línea exclusiva. Productos de ZABILA. 305-884-3410

Instituto técnico. Solicita encuestadoras. Salario más comisión. 305-553-2748

Hombre con experiencia en mantenimiento de edificios. Debe hablar y escribir inglés. 786-756-0769

¿NECESITA TRABAJO? Llámenos al 786-538-6606. No es agencia.

Compañía Nacional
Busca personas capacitadas en Relaciones Públicas. Oportunidad para vendedores y ejecutivos. Llame al 305-888-4255; 3-9 pm.

Chapistero y pintor experto para hacerse cargo de taller en funcionamiento. Referencias. 786-856-6930

Guardias de seguridad. Edificio de aptos. No requiere armas. Llamar 305-823-0000, 10am a 2pm. Lun. a vier.

Chofer para grúa. Se entrenará. 786-532-3672

Empresa hispana solicita persona para promover programa educativo. Formación universitaria. Inglés NO necesario, carro SI. 305-649-4600

Mecánicos de autos. Hasta $30 la hora más beneficios. Inmediato. 305-976-9675

Aprendices para reparadores de TV/radio. $21,000 año. 305-641-2928

Profesionales universitarios para posiciones ejecutivas. Llamar 786-598-9099.

2. En grupos de tres o cuatro estudiantes, imaginen que es su primer día en el trabajo. Un(a) estudiante hace el papel del nuevo trabajador o de la nueva trabajadora, y otros dos estudiantes, de empleados que llevan bastante tiempo en ese lugar. Entre los tres, preparen un diálogo y luego representen la escena delante de la clase.

3. Supongan que quieren trabajar de niñera(o) *(au pair)* en un país hispano y hoy tienen una entrevista con la familia que los piensa contratar. Un(a) estudiante debe hacer el papel del padre o de la madre de familia y otro(a), el del interesado o de la interesada en el puesto. Discutan el sueldo, las condiciones, los días libres, etcétera.

La historia de mi cuerpo

JUDITH ORTIZ COFER

Judith Ortiz Cofer (n. 1952, Puerto Rico) es una de las escritoras latinas más conocidas de los Estados Unidos. Su obra, que incluye las novelas *The Line of the Sun* (1989), *The Meaning of Consuelo* (2003) y *Call Me María* (2004), así como poemas, ensayos y cuentos, ha merecido numerosos premios literarios. Desde hace muchos años se desempeña como profesora de inglés en la Universidad de Georgia.

El color de la piel es uno de los aspectos fundamentales por los que todavía se juzga a las personas en muchas sociedades. En la selección siguiente, aparecida en su antología *The Latin Deli: Telling the Lives of Barrio Women* (1993), Ortiz Cofer recoge las impresiones de una joven de Puerto Rico que se muda a Nueva Jersey y se da cuenta de que las diferencias entre los dos lugares son más profundas que simplemente el idioma y la temperatura.

Palabra por palabra

asombrado(a)	*amazed, astonished, stunned*	**moreno(a)**	*tanned, dark skinned*
el cutis	*complexion, facial skin*	**la muñeca**	*doll*
escoger	*to choose*	**la piel**	*skin*
flaco(a)	*thin*	**quemar(se)**	*to burn, sunburn*
lo de siempre	*the usual*	**el tamaño**	*size*
medir (i, i)	*to be . . . tall, measure*		

Mejor dicho

hacer(se) daño	*to harm/hurt someone or oneself*	Se ha caído esquiando y **se ha hecho** mucho **daño**.
lastimar(se)	*to harm/hurt someone or oneself*	**Me lastimé** la mano derecha jugando al voleibol.
doler (ue)*	*to hurt*	Después del maratón **les dolían** muchísimo las piernas.

¡Ojo! *Observa que el sujeto del verbo **doler** es una parte del cuerpo y la persona es el objeto indirecto.

hacer falta	*to need*	No veo bien. Creo que me **hacen falta** gafas.
faltar*	*to lack, be missing, be short of something*	Estaba bien preparado para el puesto, pero le **faltaba** experiencia.
	to have distance/time still to go	Les **faltan** aún dos años para poder votar.

¡**Ojo!** *La estructura de **faltar** es como la de **gustar**: objeto indirecto + verbo + sujeto.

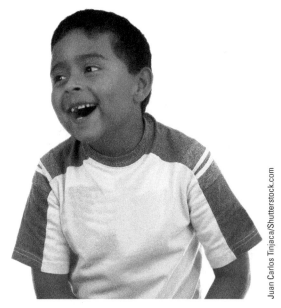

Al niño le falta un diente.

A este reloj le faltan algunas piezas.

Faltan dos horas para que salga su vuelo.

12-4 Práctica

Hagan las siguientes actividades, prestando atención a las palabras del vocabulario.

1. Escriban las palabras del vocabulario en unas hojas pequeñas de papel, dóblenlas y pónganlas en una caja. Túrnense para sacarlas una a una de la caja y expresar con mímica el significado de la palabra escrita en el papel. El resto de la clase debe adivinarla como en el juego de las charadas.

2. **¿Son hipocondríacos?** En grupos de cuatro estudiantes, describan sus síntomas más enigmáticos y preocupantes a los miembros de su grupo. Los otros deben sugerir remedios, usando las palabras del vocabulario.

   Ejemplo: —A mí me duele mucho la espalda y a veces escupo *(spit out)* pelos.
   —Está clarísimo. Lo que te hace falta es nadar todos los días y tomar tranquilizantes.

3. Con un(a) compañero(a), describan los dibujos de abajo, utilizando **hacer(se) daño**, **lastimar(se)** o **doler**.

Davi Sales Batista/Shutterstock.com

4. Para cada situación, digan qué les **falta** y **hace falta**. Trabajen con un(a) compañero(a).

   Ejemplos: la boda de mi hermano
   Faltan tres semanas para que se celebre la boda de mi hermano.
   Me hace falta un vestido elegante porque seré la madrina.

   a. durante un invierno muy frío
   b. la ceremonia de graduación
   c. un viaje con unos amigos durante el fin de semana
   d. una búsqueda de trabajo

Antes de leer

12-5 ¡Alto!

Haz lo indicado a continuación.

1. ¿Qué te sugieren el título y las divisiones del texto?

2. ¿Te habría gustado cambiar algo de ti mismo(a) o de tu vida cuando eras niño(a)? ¿Y ahora?

3. Apunta en una lista las partes del cuerpo que se mencionan en la lectura.

4. ¿Qué ha cambiado en tu vida desde tu llegada a la universidad?

© José B. Rivera

La historia de mi cuerpo

JUDITH ORTIZ COFER

La migración es la historia de mi cuerpo.
Víctor Hernández Cruz

Nací blanca en Puerto Rico pero me volví trigueña[1] cuando vine a vivir a Estados Unidos. Mis parientes puertorriqueños decían que yo era alta; en el colegio norteamericano algunos de los compañeros más brutos me llamaban la Huesos o la Enana[2] porque, durante toda la escuela primaria, yo fui la más pequeña de todas mis clases. En el sexto grado alcancé mi altura adulta de cinco pies.

Color

En el mundo animal indica peligro: los animales de colores muy vivos con frecuencia son los más venenosos.[3] El color es además un modo de atraer y seducir a una pareja de su misma especie. En nuestro mundo, el de los seres humanos, el color desencadena[4] reacciones más variadas y complejas, a menudo mortales. Como puertorriqueña de padres "blancos", pasé los primeros años de mi vida oyendo a la gente llamarme blanca. Mi madre insistía en que me protegiera del intenso sol isleño porque yo tenía tendencia a quemarme, mucho más que mis amigos más trigueños. Todo el mundo comentaba el bonito contraste que hacía mi pelo tan negro con mi piel tan pálida. Yo nunca pensaba conscientemente en el color de mi

---

[1]**trigueña** = morena [2]**Enana** *Midget (here, shrimp)* [3]**venenosos** *poisonous* [4]**desencadena** = causa

piel, a menos que oyera a los adultos hablando del cutis. Este tema parece ser mucho más frecuente en las conversaciones de gente de raza mixta que en la sociedad dominante norteamericana, donde hablar de esto es difícil y embarazoso, excepto en un contexto político. En Puerto Rico se oyen muchas conversaciones sobre el color de la piel. Yo soy una mezcla de dos tonos, ya que soy aceitunada,[5] más clara que mi madre pero más oscura que mi padre. En América me consideran una persona de color, evidentemente latina. En la isla me llamaban la gringa.

Tamaño

Mi madre mide apenas cuatro pies y once pulgadas, lo normal en las mujeres de su familia. Cuando, a los doce años, yo llegué a los cinco pies, ella se quedó asombrada y empezó a usar la palabra "alta" para referirse a mí. Igual que con el color de mi piel, yo no pensaba conscientemente en mi tamaño hasta que otros lo mencionaban. En América los divertidos juegos infantiles se vuelven ferozmente competitivos un poco antes de la adolescencia. Hay que probar que uno es mejor que los demás. Fue en relación con los deportes que mi tamaño empezó a causarme problemas. Es lo de siempre, el tormento del niño o la niña a quien escogen el (la) último(a) para un equipo. En las escuelas públicas de Patterson, Nueva Jersey, a las que asistí, los partidos de voleibol o sófbol eran para los niños el campo de batalla que es la vida. Los negros contra los puertorriqueños, los blancos contra los negros contra los puertorriqueños. Yo era flaquita,

pequeña, llevaba espejuelos y me resultaba indiferente la avidez[6] de muchos de mis compañeros de clase a jugar como si en eso les fuera la vida. Yo prefería leer un libro a sudar, gruñir[7] y correr el riesgo de hacerme daño. Mi ejercicio favorito en esa época era ir caminando a la biblioteca que quedaba[8] a muchas cuadras del barrio.

Belleza

Mis primeras fotos muestran una niña sana y hermosa. Yo era toda ojos, ya que siempre fui flaca y de huesos pequeños. En las fotos veo, y también recuerdo, que siempre estaba bien vestida. Mi madre me encontraba bonita, lo cual la enorgullecía,[9] y me vestía como a una muñeca para que todos me vieran en misa o en casa de los parientes. ¿Cómo iba yo a saber que ella, y todos los que me encontraban tan linda, representaban una estética[10] que no tendría vigencia cuando yo fuera a la escuela en los Estados Unidos?

En la universidad me volví una mujer "exótica". Durante algunos años salí muchísimo con mis compañeros, pero después me cansé y me casé. Necesitaba estabilidad más que vida social. Era lista, desde luego, y tenía talento para escribir. Éstos sí son los hechos constantes de mi vida. En cambio el color de mi piel, mi tamaño y mi aspecto físico han sido variables, cosas que se juzgaban de acuerdo con mi imagen del momento, los valores estéticos de la época, el lugar donde estaba, la gente a quien conocía.

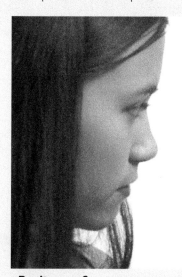

Stuart Miles/Shutterstock.com

¿Bonita o no?

---

[5]**aceitunada** *olive skinned* [6]**avidez** *eagerness* [7]**sudar, gruñir** *to sweat, grunt* [8]**quedaba** = estaba situada [9]**la enorgullecía** = la hacía sentirse orgullosa [10]**estética** *beauty type, look*

Después de leer

12-6 ¿Entendido?

Haz asociaciones con los siguientes términos según el contenido de la lectura.

Ejemplo: belleza = chica flaca, joven, exotismo, elogios

    a. Patterson, Nueva Jersey   f. imagen

    b. fotos   g. la isla

    c. colegio   h. tamaño

    d. exótica   i. constantes

    e. gringa   j. color

12-7 En mi opinión

En grupos de tres estudiantes, usen los temas siguientes para entablar una conversación.

1. ¿Saben Uds. cómo se define a alguien "de color" en los Estados Unidos? ¿De dónde viene esta manera de definir o clasificar a la gente? ¿Es así en todos los países?

2. En la ciudad, en la universidad o en los empleos, ¿han notado Uds. diferencias en el tratamiento de la gente de otras razas, procedencia geográfica, religión o lengua? ¿Ha cambiado esto en la última década?

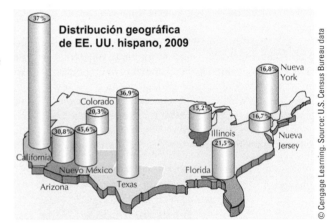

Los nueve estados con mayor población hispana en EE. UU. en 2009

3. ¿Cómo podemos saber quiénes somos si siempre estamos cambiando (de peso, de peinado, de ideas)? ¿De qué factores depende nuestro verdadero "ser"? En términos psicológicos, ¿es saludable intentar ser lo que no se es, como, por ejemplo, con la ayuda de la cirugía estética o los esteroides?

4. Explíquenles a sus compañeros qué aspectos de su identidad son los más importantes (origen étnico o geográfico, sexo, religión, creencias, familia, profesión, físico, etcétera).

5. Los jóvenes sufren múltiples presiones por parte de sus padres, de sus compañeros (lo que en inglés se conoce como *peer pressure*), de los medios de comunicación (el ideal de belleza, la moda, etcétera). Expliquen cuál le afecta más a cada uno(a) de Uds. y por qué.

Estrategias comunicativas para expresar sorpresa o incredulidad

¡No me lo puedo creer!	*I can't believe it!*
¡Qué (me) dices!	*What are you saying!*
¡Qué barbaridad!	*That's outrageous!*
¡Qué raro!	*That's weird!*
¡No me digas!	*No way!*
¿En serio?	*Are you serious?*
Nunca había visto/oído una cosa igual.	*I had never seen/heard such a thing.*
Nunca me lo habría podido imaginar.	*I would never have imagined that.*

12-8 En (inter)acción

Realicen las siguientes actividades según se indica.

 1. **Traumas escolares.** En grupos de cuatro estudiantes, hagan una lista de situaciones que los horrorizaban en la escuela. Luego, compárenla con la de otro grupo y reaccionen con sorpresa o desconcierto, usando las expresiones de **Estrategias comunicativas**.

   Ejemplo: —Me horrorizaba que se burlaran de mi nombre o apellido.
   —¿En serio?

 2. **A primera vista.** Hagan una encuesta para averiguar qué es lo que más (o menos) les impresiona a los estudiantes cuando conocen a alguien por primera vez. Para realizar la encuesta, elijan un factor de abajo (el pelo, la ropa, etcétera). A continuación, vayan por la clase preguntando a sus compañeros si ese es un factor crucial, importante, etcétera, y tomando nota de sus respuestas. Al final, se escriben los resultados en la pizarra y se comentan entre todos.

el pelo	la cara
las joyas	la higiene
la altura	los ojos
la ropa	el auto
el cuerpo	la casa
la conducta	la voz
los dientes	

crucial	importante	no me importa	no sé

3. **Posturas enfrentadas.** Con dos compañeros, comenten las siguientes afirmaciones y den ejemplos para ilustrar su postura.

	Sí	No	Ejemplos
Lo hermoso es hermoso siempre y en todo lugar.			
Es posible definir lo que es una **raza**.			
La idea del hombre perfecto y de la mujer perfecta ha cambiado mucho a través de los años.			
Es difícil apreciar la belleza de alguien que es muy distinto de nosotros.			

 4. **Todo es relativo.** Mencionen algo que Uds. creyeron por mucho tiempo y que luego resultó no ser cierto. Coméntenlo entre todos.

12-9 Tu (video)blog

Elige a alguien famoso(a) de origen hispano tal como Shakira, Ricky Martin o Sofía Vergara, y busca fotos suyas a través de los años. Comenta sus transformaciones y si crees que obedecen al deseo de conformarse al modelo de belleza anglosajón o no.

Repaso gramatical	• Resumen de los usos del infinitivo: **Cuaderno**, pág. 233
	• Resumen de los usos del gerundio: **Cuaderno**, pág. 235
Práctica escrita	• **Cuaderno**, págs. 234, 236
Práctica oral	• **Cuaderno**, págs. 234, 237

In between

MIRTA TOLEDO

Mirta Toledo, hija de padre guaraní y madre española, nació en Argentina en 1952. Después de pasar más de dos décadas en los Estados Unidos, regresó a Buenos Aires en el 2007. Toledo es una artista reconocida tanto por sus dibujos, pinturas y esculturas como por su obra literaria. Hasta la fecha ha publicado dos novelas, *La semilla elemental* (1993) y *Dulce de leche* (1996). En el siguiente relato autobiográfico, la autora nos habla de la extrañeza, nostalgia y tristeza que sintió tras abandonar su tierra natal. Estos sentimientos son comunes a muchos emigrantes.

Palabra por palabra

abrazar	*to embrace, hug*	**el fantasma**	*ghost*
la caricia	*caress*	**pertenecer a**	*to belong (to)*
la certeza	*certainty*	**el recuerdo**	*memory*
coqueto(a)	*flirtatious*	**soltar (ue)**	*to let go (of something one is*
deshacerse de	*to get rid of*		*holding)*
distraerse	*to get distracted, pass the time*		

Mejor dicho

suponer	*to assume, presuppose*	**Supongo** que ese señor será su suegro.
asumir	*to take on/over*	La hija mayor **asumió** la dirección de la empresa al morir su padre.
	to accept responsibility, come to terms with	No quieren **asumir** que tienen un problema con el alcohol.
la simpatía	*charm, warm and friendly personality*	La **simpatía** es un don envidiable.
la compasión	*pity, sympathy**	Esa gente no siente **compasión** por nadie.

¡Ojo! *No todas las expresiones con *sympathy* en inglés se traducen al español con la palabra **compasión**. Por ejemplo, *to express one's sympathy (or sympathies)* se dice en español **dar el pésame**.

12-10 **Práctica**

Hagan las siguientes actividades, prestando atención a las palabras del vocabulario.

 1. En parejas, completen las frases siguientes de modo original.

   a. Para distraerme, yo muchas veces…

   b. Ella es muy coqueta y…

   c. Mis mejores recuerdos son…

   d. Durante las vacaciones voy a deshacerme de…

   e. Él nunca abrazaría a…

   f. A mí los fantasmas…

 2. Dile a tu compañero(a) lo siguiente y explica por qué.

   a. dos organizaciones a las que deseas pertenecer

   b. dos cosas que sabes con certeza

   c. dos situaciones que te inspiran compasión

   d. dos personas a quienes consideras simpáticas

   e. dos responsabilidades que asumirás al graduarte de la universidad

Antes de leer

12-11 **¡Alto!**

Haz lo indicado a continuación.

1. Fíjate en el título del cuento. ¿Por qué estará en inglés?

2. Recuerda que en inglés siempre se expresa el sujeto pronominal de la oración (*he*, *she*, *it*, etcétera) y en español no es necesario. Lee los dos primeros párrafos y después escribe en el espacio en blanco el sujeto gramatical que corresponde a cada uno de los verbos siguientes.

   a. _____ sé   g. _____ veo

   b. _____ duerme   h. _____ llevo

   c. _____ salgo   i. _____ es

   d. _____ hiciera   j. _____ recuerda

   e. _____ está   k. _____ tiene

   f. _____ sería   l. _____ distraigo

3. Mientras lees, presta atención al voseo (explicado en "El hipnotizador personal", página 91). Busca ejemplos de esta forma verbal.

 4. En el cuento aparecen intercalados versos de la canción de Celia Cruz (1926–2003) **Latinos en Estados Unidos**. Busca la letra en internet, léela y trata de anticipar el contenido del cuento y su relación con la canción.

5. Presta atención a los diálogos. ¿Quiénes son los interlocutores?

© Francisco Fernández

¿Qué se puede hacer en este locutorio telefónico?

In between

MIRTA TOLEDO

No sé si duerme allí, debajo del banco, porque después de las seis de la tarde no salgo ni loca. Además, aunque lo hiciera, esa calle no está iluminada, así que me sería muy difícil comprobarlo.

La veo todas las mañanas cuando llevo a los nenes al colegio. Es menuda[1] y algo coqueta, siempre aferrada a[2] esa cartera negra. Me recuerda a mi tía Ángela, porque tiene como un halo de dignidad que la rodea y es precisamente por mirar ese halo que me distraigo y me gano un bocinazo,[3] cosa rara en estos pagos.[4]

¿Qué la llevó a esa vida? No lo sé… ¿Qué sentirá tan aislada de la presencia humana? Porque aquí sólo hay coches. Autos de todo tipo que van y vienen, que pasan sin parar a su lado. ¡Qué extraña esta sociedad llamada "móvil"! De automóvil, claro está… Un auto por individuo y los garajes atiborrados[5] de ellos; de coches que van y vienen, que pasan sin siquiera rozarse.[6]

Cuando llegué a esta ciudad, no entendía nada. Parecía desierta, con sus calles solitarias y sin veredas.[7] ¡Claro, para qué, si acá nadie camina! Como no salía de mi asombro[8] y encima lo pregonaba,[9] alguien me explicó lo de la sociedad móvil y, entonces claro, ya no dije más.

—¿Está loca, mami? —me preguntó Ángel al verla, más de una vez.

—Abandonada solamente —le contesté siempre, sin quitarle los ojos de encima a ella, que estaba sacudiendo[10] el banco, o pateando[11] las piedritas que lo rodean, o arrancando el pastito[12] que crece alrededor de las patas en primavera.

—¿Entonces por qué vive así, en la calle? —reflexionó Santiago con angustia.

—Porque no tiene coche —le dije muy segura de mí misma.

Salgo todos los días porque tengo que hacerlo, pero aquí salir también es diferente. Del patio de atrás directamente al auto y, una vez adentro, a la calle. Nada de respirar tormentas, mucho menos mojarse de improviso, y ¡ni que hablar de las caricias de las hojas en otoño! No, nada de eso.

Tengo siempre la certeza de que no me voy a encontrar con nadie. Esa ficción de doblar una esquina y tropezarse[13] con una cara conocida se transformó en una mentira para mí. Me ajusto el cinturón porque ahora me gusta la velocidad y después pongo algo de música, ya no sólo por placer, sino para sentirme acompañada.

Latinos en Estados Unidos / ya casi somos una nación…

Cada día la misma rutina: antes de las ocho llevo a los chicos a la escuela y después a mi marido a su trabajo. Les digo chau[14] a los tres sin salir del coche, no sé si será porque allí los besos son más íntimos.

… Venimos de la América india / del negro y del español…

Algunas veces bajo, como cuando voy al supermercado o a una librería para saber qué hay de nuevo, o si dicen algo de "allá", de mi Argentina.

… En nuestra mente emigrante / a veces hay confusión…

Otras veces voy a la biblioteca. Y, por supuesto, al correo, que sigue siendo un lugar de citas sagrado, a pesar de las respuestas que no llegan.

… No dejes que te convenzan / que no se pierda el idioma español…

Cuando salgo de cada lugar, nuestro autito azul siempre me está esperando. Ya no sé qué haría sin él, porque ni bien[15] pongo la llave me abraza con la voz de Celia Cruz que no para de cantarme:

América Latina vives en mí / quiero que este mensaje / llegue hacia ti…

Invariablemente a eso de las diez de la mañana llego a casa. Pero, aunque tenga varios caminos para elegir, siempre que puedo paso por Trail Lake para ver a la mujer del banco. Siento que hay algo que nos une además de la curiosidad que me provoca, con su cartera negra y el hecho de que no la suelte nunca.

—¿Qué llevará adentro, mami? —preguntaron mis hijos, porque están en esa edad en la que aún creen que yo lo sé todo.

---

[1]**menuda** = pequeña [2]**aferrada a** *hanging on to* [3]**bocinazo** = protesta de otros conductores [4]**pagos** = lugares
[5]**atiborrados** = llenos [6]**rozarse** = tocarse [7]**veredas** *sidewalks* [8]**no… asombro** *I was thoroughly bewildered*
[9]**pregonaba** = decía [10]**sacudiendo** = limpiando [11]**pateando** = moviendo con el pie [12]**arrancando el pastito** *tearing out the grass* [13]**tropezarse** = encontrarse [14]**chau** = chao, adiós [15]**ni bien** = tan pronto como

—A mí también me intriga —les dije. —¡La abraza con tanta fuerza!

Cuando salgo del coche, lo cierro con llave y ya estoy "a salvo"[16] en el patio de atrás, en casa. Me preparo un café y me meto en el cuartito del fondo, mi lugar de trabajo…

—¡Este lugar podría estar en la China, en Italia, en Australia o en Japón! —me comentó una vez mi esposo. —Total, es lo mismo, porque este lugar sos vos. Este cuartito no está aquí sino en Buenos Aires…

—Es verdad, lo admito. Y para colmo ¡cada vez se me nota[17] más! Pero, entonces, ¿dónde estoy, si no es ni aquí ni allá?

—¡*In between*, mami! ¡En inglés se dice "*in between*"!

Sí, "*in between*", ¡tan lejos de Fort Worth como de Buenos Aires, tan anclada[18] *in between* que no sé cómo pegar el salto[19] para ninguno de los dos lados! ¿Será éste mi lugar definitivo? *In between*…

¡Y las cartas que no llegan! Es porque no escriben, porque para mis familiares y amigos yo soy sólo una ausencia, un recuerdo que ya no pertenece a Buenos Aires, una desconocida que habla inglés y vive en un país del "Primer Mundo". Pero para mí ellos son una presencia continua, los fantasmas de los afectos verdaderos, los que hablan mi idioma, los únicos que pueden llegar a conocerme: los que sueñan mis sueños.

Con los recuerdos de mis seres queridos llené las valijas[20] cuando me fui, las mismas que cargué en aduanas y aeropuertos cada vez que nos mudábamos de ciudad…

—¡Tirá algo, mami! —me decían inocentes los nenes. Pero yo no, yo me aferraba aún más a esas valijas tan pesadas.

—¡Pero che[21]! ¿Me vas a decir que no podés deshacerte de algo? —porque a mi esposo le gustaba viajar liviano.[22]

—¡Calmate! ¡Reflexioná! —además mi marido se quejaba.

—¿Para qué te puede servir lo que hay adentro? ¡Ya pasaron tantos años!

Y yo le contestaba con mis manos convertidas en garras,[23] y ellos viajando siempre conmigo, aún sin saberlo, adentro de mis valijas.

—¿Llevará un tesoro en la cartera, mami? —me preguntaron ayer al verla.

—Sí, queridos. Y en castellano se dice "recuerdos".

© Mirta Toledo

---

[16]**a salvo** = fuera de peligro [17]**se me nota** *it shows* [18]**anclada** *anchored* [19]**pegar el salto** = saltar [20]**valijas** *suitcases* [21]**che** *look, hey, come on* (expresión argentina) [22]**liviano** = sin mucho equipaje [23]**garras** *claws*

Después de leer

12-12 ¿Entendido?

Selecciona la(s) respuesta(s) correcta(s) según el contenido del cuento.

1. La mujer del banco era…
    a. una tía de la narradora.
    b. una mujer argentina.
    c. una desconocida.

2. La narradora iba en coche a todas partes porque…
    a. le gustaba la velocidad.
    b. no tenía más remedio.
    c. detestaba el transporte público.

3. Algo que hacía la protagonista todas las mañanas en Fort Worth era…
    a. llevar a sus hijos al colegio.
    b. pasar por la calle donde estaba la mujer del banco.
    c. escuchar la misma canción.

4. La narradora se comunicaba con su familia en Argentina…
    a. por carta.
    b. por teléfono.
    c. por internet.

5. Santiago y Ángel eran los nombres de…
    a. dos cantantes argentinos famosos.
    b. los parientes de Celia Cruz.
    c. los hijos de la narradora.

Colman Lemer Gerardo/Shutterstock.com

Un mural de Buenos Aires

6. La narradora echaba de menos a…

    a. sus seres queridos.

    b. los fantasmas.

    c. la mujer del banco.

7. El marido quería que su esposa se deshiciera de…

    a. las cartas.

    b. las valijas.

    c. los recuerdos de sus familiares.

8. La protagonista suponía que la mujer del banco no soltaba la cartera porque…

    a. contenía un tesoro.

    b. tenía un gran valor sentimental para ella.

    c. no tenía otra.

Goran Cakmazovic/Shutterstock.com

¿Qué hará ahí?

12-13 En mi opinión 👤👤👤

En grupos de tres estudiantes, usen las preguntas siguientes como punto de partida para entablar una conversación.

1. ¿Qué creen Uds. que contienen las valijas? Si fueran suyas, ¿qué tendrían dentro?

2. ¿Por qué se identifica la narradora con la mujer del banco? Mencionen algunas cosas que tienen en común.

3. Miren el grabado de Mirta Toledo y presten atención al título. ¿Pueden relacionarlo con el cuento?

4. ¿Tienen Uds. la costumbre de guardar o coleccionar muchas cosas? ¿De qué tipo? ¿Por qué?

5. Un tipo de música y canción característico de Argentina es el tango. ¿Por qué la autora "se siente acompañada" por la música cubana y no tanto por la argentina? ¿Hay alguna música o canción que personalmente les trae recuerdos felices de su casa, de su infancia, de su país? ¿Cuál es?

6. ¿Se han sentido marginados alguna vez o que no pertenecían a ningún sitio? Comenten.

Deseo volver algún día

Estrategias comunicativas para expresar nostalgia

¿Te acuerdas de lo bonito que…?	*Do you remember how beautiful . . . ?*
No puedo dejar de pensar en…	*I can't stop thinking about . . .*
Cuánto quisiera volver a (ver)…	*How I wish I could again (see) . . .*
Ojalá pudiera…	*I wish I could . . .*

12-14 En (inter)acción

Realicen las siguientes actividades según se indica.

1. **El túnel de los recuerdos.** En grupos de tres estudiantes, mencionen cosas que recuerdan de su antiguo barrio, de la escuela secundaria, etcétera, y comenten cómo han cambiado desde que Uds. vinieron a la universidad. Reaccionen a estos cambios, utilizando las expresiones de **Estrategias comunicativas**.

   Ejemplo: Me acuerdo de cuando iba a jugar al parque de la esquina todos los días. Ojalá pudiera volver a hacerlo, pero lo han convertido en un banco.

2. **¿Cuándo, cuándo?** Los Estados Unidos es un país de inmigrantes. Con sus compañeros decidan cuándo se llega a ser *realmente* estadounidense. ¿Después de cierto tiempo de vivir aquí? ¿Tras hacer los trámites de ciudadanía y jurar fidelidad a la bandera? ¿Al adquirir el pasaporte? ¿Al adoptar la lengua y las costumbres norteamericanas? ¿Tras tener hijos aquí o casarse con alguien del país? ¿Al servir en las fuerzas armadas?

WireImage/Getty Images

3. **Adaptación cultural.** Dicen que hay cuatro etapas principales en el proceso de aclimatación a una nueva cultura: la luna de miel, la hostilidad, el humor y la aceptación. Decidan en qué etapa creen que están la narradora de esta lectura y la de la anterior.

4. **Hispanos por el mundo.** Busquen otras canciones (además de **"Latinos en Estados Unidos"** de Celia Cruz) sobre los inmigrantes hispanos. En grupos de cuatro estudiantes, presenten lo que hayan averiguado.

12-15 Tu (video) blog

Recuerda los (video)blogs que preparaste para la Unidad I. Ya que has vuelto de tus estudios en un país extranjero, ¿te sientes a veces *in between* dos culturas distintas o te has adaptado completamente a tu vida aquí? ¿Qué echas de menos de tu experiencia en el extranjero?

Repaso gramatical	• Repaso del subjuntivo y del indicativo: **Cuaderno**, pág. 240
	• La concordancia de los tiempos verbales: **Cuaderno**, pág. 242
Práctica escrita	• **Cuaderno**, págs. 241, 243
Práctica oral	• **Cuaderno**, págs. 241, 244

Sleep Dealer (EE. UU./MÉXICO, 2008)

Película **Director:** Alex Rivera **Duración:** 90 minutos **Clasificación:** PG-13

En esta película futurista, Memo Cruz, un joven aficionado a la electrónica, vive con su familia en Santa Ana del Río, Oaxaca. Tras la muerte de su padre, abandona su pueblo natal en busca de trabajo. En el viaje a Tijuana conoce a Luz Martínez, quien dice ser escritora. Debido a las nuevas tecnologías y a la ayuda de su amiga Luz, el trabajo que encuentra Memo en esa ciudad le permite trabajar en los Estados Unidos sin cruzar la frontera. Un piloto que trabaja en San Diego, Rudy Ramírez, irá a buscarlo a Tijuana y juntos lograrán realizar el sueño del padre.

Antes de ver la película

Contesta estas preguntas.

1. ¿A veces sientes que vives conectado(a) a una máquina (o a varias)? ¿Cuál(es)?

2. ¿Qué trabajos se pueden realizar hoy día sin moverse de casa gracias a la tecnología?

 3. ¿Has oído hablar de las **maquiladoras**? ¿Qué son? Si no lo sabes, busca información sobre ellas en internet.

Durante la película

Haz lo indicado a continuación.

1. Escribe el significado de las siguientes palabras según vayas oyéndolas o viéndolas.

sleep dealers	hackear	coyotek	nodos	drones
TruNode	Cybracero	milpa	carnal	¡híjole!

2. Presta atención a los efectos especiales. ¿Qué sugieren?

Después de ver la película

A. **Contesta estas preguntas.**

1. ¿Por qué arrojó el padre una piedra contra la presa?

2. ¿Quién fue responsable de la muerte del padre de Memo?

3. ¿Era realmente una escritora Luz María? Explica. ¿Cómo se ganaba la vida?

4. Describe el trabajo que realizaba Memo en la fábrica. ¿Qué tuvo que hacer para poder trabajar allí?

5. ¿Sufrió Memo algún accidente laboral o algún deterioro físico? Explica.

6. ¿Cómo se enteró Rudy de la existencia de Memo? ¿Cómo sabía dónde encontrarlo?

7. ¿Fueron Rudy y Memo juntos a Santa Ana del Río o fue sólo virtualmente? ¿Qué destruyeron allí?

8. ¿Por qué no puede volver Rudy a los Estados Unidos?

9. ¿Qué significa el nombre del protagonista?

B. **En grupos de tres estudiantes, elijan uno de estos temas presentes en la película y discútanlo. Luego, presenten a la clase sus reflexiones.**

1. el control de los recursos naturales

2. las tradiciones mexicanas

3. la vida en las ciudades fronterizas

4. las fronteras visibles e invisibles

5. los avances tecnológicos

6. el sueño americano

7. los lazos familiares

Cortometraje

Victoria para Chino (ESTADOS UNIDOS Y MÉXICO, 2004)

Director: Cary Fukunaga   **Duración:** 12:51 minutos

La historia —basada en un hecho real— de un grupo de inmigrantes que cruza ilegalmente la frontera de los Estados Unidos y sufre consecuencias trágicas.

Antes de ver

Vocabulario del corto

¡Calladito(a)!	*Be quiet!*	el lío	*mess*
un chingo	*a lot (vulg.)*	m'ijito(a)	*son/daughter (Mex.)*
la frontera	*border*	regresar	*to send back*
el intento	*attempt*	el retén	*checkpoint*

1. **Práctica de vocabulario.** Completa las siguientes oraciones con términos del **Vocabulario**. No repitas ningún término.

   1. El criminal se metió en un _____ con la policía.

   2. _____. El concierto está por comenzar, así que no hagas ruido.

   3. En ese _____ controlan que nadie cruce la _____ con objetos ilegales.

   4. ¿Estás bien, _____? ¿Ya no te duele el estómago?

   5. Si encuentran a los indocumentados en el camión *(truck)*, los van a _____ a su país de origen.

2. **La inmigración.** Busca información en Internet para contestar las siguientes preguntas.

¿Cuántos inmigrantes indocumentados se calcula que hay en los Estados Unidos? ¿Qué porcentaje de esos inmigrantes son latinoamericanos? ¿Cómo entra a los Estados Unidos la mayoría de los inmigrantes indocumentados? ¿Cuáles son los beneficios de otorgar una amnistía a los inmigrantes indocumentados que están viviendo en los Estados Unidos?

3. **Reflexión.** Trabaja con un compañero. Imaginen que son inmigrantes indocumentados y reflexionen acerca de cómo sería su vida.

¿Cómo entraron a los Estados Unidos? ¿Por qué vinieron a este país? ¿Por qué dejaron su país de origen? ¿A qué se dedican ahora que están en los Estados Unidos? ¿Qué dificultades tienen para trabajar? ¿Dónde viven? ¿Dónde está su familia? ¿Qué se siente vivir lejos de su lugar de origen? ¿Es fácil su vida en los Estados Unidos?

4. **Predicciones.** Trabaja con un compañero. Observen las tres imágenes de la sección **Durante la proyección** e intenten hacer predicciones sobre el corto. ¿Qué creen que está sucediendo en cada una de las imágenes?

Durante la proyección

Mira las imágenes y contesta las preguntas referidas a cada escena del corto.

1.

© Cengage Learning 2015

Coyote: «Van a pasar un retén, así que calladitos, ¿entendieron?»

1. ¿Quién es la persona que habla? ¿A qué se dedican los **coyotes**?

2. ¿A quiénes se dirige el coyote? ¿Cuánta gente hay en el camión?

2.

Hombre: «Vas a estar bien, m'ijito. Vamos a llegar y te voy a dar agua, vas a comer».

1. ¿Qué le pasa al hijo del señor que habla?

2. ¿Cómo reaccionan los pasajeros del camión cuando el niño hace ruido?

3.

Hombre: «Hay muchos de nosotros que nos regresan más allá de su México, ¿me entiende? Hay muchos que nos morimos en el intento».

1. ¿Qué quiere decir el hombre cuando dice «más allá de su México»? ¿De dónde será el hombre?

2. ¿Qué le dice el hombre a Chino? ¿Qué riesgo (*risk*) está dispuesto (*willing*) a correr?

1. **Cronología.** Ordena cronológicamente (con números del 1 al 7) las siguientes expresiones de los personajes del corto.

_____ a. «Señor, calle al niño... o se lo mato».

_____ b. «Oiga, es que somos un chingo, no vamos a caber ahí adentro».

_____ c. «¡Abran la puerta, por favor!»

_____ d. «Aquí no es el pinche Greyhound. ¡Súbete, güey!»

_____ e. «Calladitos, ¿entendieron? En un rato llegan a Houston».

_____ f. «Si nos morimos, nos morimos. Pero estamos aquí, mi hermano».

_____ g. «Vamos a llegar y te voy a dar agüita».

2. **Comprensión.** Contesta las siguientes preguntas sobre el corto.

1. ¿Dónde están los personajes cuando empieza el corto? ¿Adónde quieren ir?

2. ¿Por qué uno de los hombres no quiere subir al camión? ¿Qué le contesta el coyote?

3. Aproximadamente, ¿cuántas personas suben al camión? ¿En qué condiciones viajan?

4. ¿Por qué estado ingresa el camión a los Estados Unidos? ¿Qué tiempo hace?

5. ¿Qué hacen los pasajeros del camión para poder respirar aire fresco?

6. Cuando están en el retén, ¿por qué discuten los pasajeros? ¿Qué quieren hacer unos y qué quieren hacer los otros?

7. ¿Qué hace el chofer del camión después de abrir la puerta?

8. Según el epílogo, ¿cuántas personas iban en el camión y cuántas murieron?

3. **Interpretación.** En grupos pequeños, discutan las siguientes preguntas e intenten lograr un consenso.

1. Miren el segmento del corto que empieza en el minuto 2:44 y que dura (lasts) casi un minuto completo. ¿Qué ocurre en esa escena? ¿Qué ruidos se escuchan? ¿Cuál es la intención del director?

2. En el minuto 8:45, el chofer del camión enciende la radio para escuchar música. ¿Cómo contrasta esa música con lo que ocurre en la parte trasera (back) del camión?

3. Miren la imagen (screenshot) de la página 13, tomada del minuto 11:07 del corto. ¿Qué está haciendo Chino? ¿Por qué está haciendo eso? ¿Qué representa la luz en esta imagen?

4. ¿Por qué creen que el título del corto es *Victoria para Chino*? ¿A qué victoria se refiere? ¿Piensan que el título es irónico o que en verdad Chino salió victorioso?

5. Este corto, que está basado en una historia real, ¿ha cambiado su opinión sobre la inmigración ilegal en este país? ¿Por qué? ¿Aprendieron algo nuevo?

GLOSARIO

The definitions in this glossary pertain to the texts; therefore, not every known definition is provided for each entry. Masculine nouns not ending in **-o** are indicated as (m) and feminine nouns not ending in **-a, ión,** or **-dad** are indicated as (f).

A vowel in parentheses after a verb indicates that there is a vocalic change in all the persons of the present indicative and the subjunctive (except **nosotros** and **vosotros**). A second vowel in parentheses indicates a vocalic change in the third person (singular and plural) of the preterit.

A preposition in parentheses after the infinitive is the one that most often accompanies that verb.

a

a cambio (de) *in exchange (for), in return*
a causa de *because, due to*
a duras penas *hardly, with great difficulty*
a gusto *at ease*
a la derecha *on (to) the right*
a lo largo de + tiempo *throughout*
abrazar *to embrace, hug*
abstenerse (ie) *to abstain, refrain from*
aburrirse *to get bored*
abusar (de) *to take advantage of, make unfair demands on, abuse sexually*
acera *sidewalk*
acercarse (a) *to approach, come near*
acogida *welcome*
acompañante (m, f) *date (referring to a person)*
aconsejar *to give advice, counsel*
acordarse (ue) (de) *to remember*
acosar *to harass*
acostarse (ue) *to lie down, go to bed*
actuación *performance*
actualidad *the present time*
actualmente *presently*
acudir (a) *to come to*
adivinar *to guess*
adorno *decoration*
advertencia *warning*
afán (m) *enthusiasm, eagerness, ardor*
aficionado(a) *fan*
aguantar *to tolerate, put up with*
agujero *hole*
ahorrar *to save up, set aside, conserve*
aislado(a) *isolated*
ajeno(a) *foreign*
al + infinitivo *when/on + gerund*
al cabo de *at the end of*

al final *at the end*
al parecer *apparently*
al principio *at the beginning*
alcanzar (a) *to reach, attain, manage to, achieve, be sufficient*
alimento *food item*
alquilar *to rent, hire*
alto(a) *high, tall*
amanecer (m) *dawn*
amanecer *to dawn*
amar *to love a person or thing (formal)*
amigo(a) *date (referring to a person)*
andén (m) *train station platform*
animarse *to cheer up*
anochecer (m) *dusk, nightfall*
antepasado(a) *ancestor*
anuncio *advertisement*
añoranza *longing, homesickness*
aparecer *to appear, show up*
apetecible *tempting, appetizing, mouthwatering*
apoderarse (de) *to seize, get control of, take over*
apostar (ue) *to bet*
apoyar *to support (emotionally or ideologically), back (up)*
apoyo *moral support, backing*
apresar *to catch, capture, seize*
aprobar (ue) *to pass*
argumento *plot, reason for support*
arma (f) *weapon*
arreglarse *to manage, fix oneself up*
asegurar(se) *to assure, make sure*
asequible *affordable*
así *thus, like this/that*
así como *as well as*
asistir (a) *to attend*
asombrado(a) *amazed, astonished, stunned*
asumir *to accept responsibility, take over*
asunto *matter*

asustar *to frighten*
atender (ie) a *to pay attention to*
atento(a) *attentive, cordial*
aterrado(a) *terrified*
atravesar (ie) *to cross*
atreverse (a) *to dare to*
aumento *raise, increase (in salary, price . . .)*
avergonzado(a) *ashamed, embarrassed (people)*
avisar *to inform, warn, notify*
azote (m) *beating*

b

banco *bench, bank*
bandera *flag*
barato(a) *cheap*
barbaridad *atrocity, cruelty*
barbilla *chin*
barrio *neighborhood*
basura *garbage, trash*
bien (el) y el mal (m) *good and evil*
bienes (m, pl.) *property*
bienvenida *welcome*
bobo(a) *silly*
bolígrafo *ballpoint pen*
bolsa *bag*
bolsillo *pocket*
borracho(a) *drunk*
brazo *arm*
brindar *to offer*
burgués/burguesa *pertaining to the middle class*
burlarse de *to make fun of*

c

calle abajo *down the street*
campo *field*
cansarse *to get tired*
carácter (m) *temperament, personality*
carcajada *burst of laughter*
cárcel (f) *jail, prison*
carga *load*
caricia *caress*
cariñoso(a) *affectionate*
carpeta *file folder*
cartel (m) *sign, poster*
cazar *to hunt*
cercano(a) *nearby, close to*
certeza *certainty*
cerveza *beer*
chicle (m) *chewing gum*

chismoso(a) *gossipy, a gossip (person)*
chocante *shocking*
chocar (con) *to clash with*
choque (m) *traffic accident*
cita *appointment*
ciudadano(a) *citizen*
cobardía *cowardice*
cobrar *to charge*
colgar (ue) *to hang*
combate (m) *fight (combat)*
combatir *to fight*
comida *meal*
como *since (cause), because*
compartir *to share*
compasión *sympathy, pity*
complejo(a) *complex*
comprobar (ue) *to check, verify*
confiar (en) *to trust*
conocer *to be familiar with something or someone; to know by experience*
conocer (en el pretérito) *to meet for the first time*
conocimiento *knowledge*
conseguir (e, i) *to attain, obtain, get, achieve*
contar (ue) con *to be equipped with, have*
convertirse (ie, i) a *to become, change one's religion*
convertirse (ie, i) en + sustantivo *to become (result of a physical or fantastic change)*
coqueto(a) *flirtatious*
correcto(a) *correct, right (answer)*
corrida de toros *bullfight*
cosecha *harvest, crop*
coser *to sew*
costado *side*
costar (ue) + infinitivo *to be hard to do something*
crear *to create*
creencia *belief*
crepúsculo *twilight*
creyente (m, f) *believer*
criar *to rear, nurse, nourish, breed*
crimen (m) *(attempted) murder, (attempted) homicide*
criminal (m, f) *person who commits a murder or attempts it*
cruzar(se) *to cross*
cuenta *bill (at a restaurant, for example)*
cuento *short story, tale*
cuestión *theme, subject, matter*
cuestionar *to question, put in question*
cuidar *to take care of someone or something*
cumpleaños (m, sing.) *birthday*

cumplir con *to fulfill, carry out, do one's duty*
cutis (m) *complexion, facial skin*

d

dar a luz *to give birth*
dar vueltas (por un lugar) *to go/walk around (somewhere)*
darle lo mismo a alguien *to make no difference, be the same thing, not matter to somebody*
darle vueltas (a un asunto) *to think a matter over, turn a matter over in one's mind*
darse cuenta (de/que) *to notice, realize*
dato *piece of information, datum, figure*
deber (de) + infinitivo *ought to, should*
débil *weak*
defraudado(a) *disappointed*
dejar *to leave (someone or something)*
dejar + infinitivo *to allow, let (someone do something)*
dejar de + infinitivo *to stop doing something*
delincuente (m, f) *person who commits a misdemeanor*
delito *offense, misdemeanor, crime*
demás (los, las) *the others, the rest, everybody else*
demasiado(a) *too much*
derecho (sustantivo) *right, law*
derecho(a) *right, straight*
derrotar *to defeat*
desafiar *to challenge*
descalzo(a) *barefoot*
descansar *to rest*
desconocido(a) *stranger*
desde *since (time), from (space)*
desde luego *of course, certainly*
desdén (m) *disdain, contempt*
desear *to desire a person*
desempeñar un papel *to play a role, part*
desfasado(a) *out of sync*
desgarrador(a) *heartbreaking*
deshacerse (de) *to get rid of*
desnudo(a) *nude, naked*
despedir (i, i) *to fire (from a job)*
despedirse (i, i) (de) *to say goodbye*
desperdicio *waste*
despreciar *to disdain, look down on*
destacar *to point out, emphasize, stand out*
destino *fate*
detener (ie) *to stop*
detrás de *behind*
devolver (ue) *to return, give back (things)*

diario *newspaper*
digno(a) *worthy*
dirigirse (a) *to address, speak to*
disculpar *to excuse, pardon*
discusión *discussion, argument*
disfrazarse de *to disguise oneself, dress up as*
disfrutar (de) *to enjoy*
disponible *available*
distraerse *to get distracted, pass the time*
divertirse (ie, i) *to have a good time, amuse oneself*
doblar una esquina *to turn a corner*
doler (ue) *to hurt*
dueño(a) *owner*

e

echar *to throw out*
echar de menos *to miss (something or someone)*
educar *to raise, rear, bring up*
eje (m) *axis*
ejército *army*
embarazada *pregnant*
embarazoso(a) *embarrassing (situation)*
emborracharse *to get drunk*
emocionarse *to be moved (emotionally)*
empujar *to push*
en efecto *in fact*
en realidad *actually, in reality*
encantar *to like a lot, love, be delighted by*
encargarse de *to be in charge of*
encontrarse (ue) con *to come across, run into*
encontrarse (ue) en *to be located, situated*
engañar *to deceive, fool*
enterarse de *to find out, hear, learn about*
entero(a) *whole, entire*
entrada *ticket, entrance*
entrañable *very endearing*
envidioso(a) *envious*
equipo *team*
eregir (i, i) *to erect, build*
escalofrío *chill, shudder*
escasez (f) *shortage*
escoger *to choose*
esconder(se) *to hide*
esmerado(a) *very careful, meticulous*
espejuelos (pl.) *glasses*
esquina *street corner*
estacionar *to park*
estar confundido(a) *to be confused, mixed up (animate subjects)*

estar confuso(a) *to be confused, mixed up (animate subjects)*

estar dispuesto(a) a + infinitivo *to be prepared/willing to do something*

estar libre *free (unoccupied, out of prison)*

estrecho(a) *narrow*

evitar *to avoid*

exigir *to demand*

experimentar *to experience*

explicación *explanation*

exponer *to put forward (a proposal), expound, set forth*

extranjero(a) (adjetivo) *foreign*

extranjero(a) (sustantivo) *foreigner*

extrañar *to miss (something or someone)*

extraño(a) (adjetivo) *strange, odd, weird*

extraño(a) (sustantivo) *stranger*

f

faltar *to lack, be missing, be short of something, have distance/time still to go*

faltar a *to not attend, miss an event (voluntarily)*

fantasma (m) *ghost*

fastidiar *to bother, pester*

fecha *date*

fiesta *holiday, celebration, party*

fijarse en *to notice*

fingir *to pretend, feign, fake*

firma *signature*

firmar *to sign*

flaco(a) *thin*

fosa *grave*

fraile (m) *friar*

frontera *border (with another country)*

fuente (f) *fountain, source*

g

ganar *to earn, win*

gastar *to spend (money)*

gitano(a) *gypsy*

gozar de *to enjoy*

gratis *free (does not cost money)*

gritar *to shout, yell, scream*

guardar *to keep, put aside*

guerra *war*

h

haber que + infinitivo *one must, has to, needs to*

hacer (la) cola *to wait in line*

hacer caso *to pay attention, obey*

hacer falta *to need*

hacer la compra *to go grocery shopping*

hacer un papel *to play a role, part*

hacerse + adjetivo o sustantivo *to become (due to one's personal efforts)*

hacer(se) daño *to harm/hurt someone or oneself*

hasta *even, until (time), up to (place)*

hecho *fact*

herida *wound*

hermoso(a) *beautiful*

historia *story*

hogar (m) *home*

hondo(a) *deep*

honrado(a) *honest, honorable*

hora *clock time, hour, moment for*

horario *schedule*

huelga *strike*

hueso *bone*

huir *to flee, escape*

humilde *humble*

hurgar *to dig into, poke around in*

i

ileso(a) *unhurt, unharmed, unscathed*

ilimitado(a) *unlimited*

imagen (f) *image*

importar *to care about something or someone, matter*

inmobiliario(a) *real estate (business, agent)*

irse *to leave, go away*

j

jactarse *to boast*

jefe(a) *boss, person in charge*

joya *jewel*

jugar *to play a game, specific sports*

juzgar *to judge*

l

lastimar(se) *to harm/hurt someone or oneself*

lejano(a) *distant*

lejos de *far from*

levantar *to lift (up), raise*

ley (f) *law*

leyenda *legend*

librería *bookstore*

limosna *alms*

llanto *crying*

llegar a ser + adjetivo o sustantivo *to become (after a period of time)*

llevar *to carry, take (someone or something somewhere)*

llevarse bien/mal *to get along well/badly*

lo de siempre *the usual*

lograr + infinitivo *to succeed in, manage to do something*

lograr + sustantivo *to attain, get*

lucha *struggle*

luchar *to struggle*

lujo *luxury*

luna de miel *honeymoon*

m

maloliente *smelly*

maltratar *to treat badly, abuse physically, batter*

manejar *to drive, manage*

manso(a) *tame, docile*

mantener *to support economically*

marca *brand, trademark*

marco *frame, framework*

más bien *rather*

matanza *killing*

mayoría *majority, most*

medida *measure, step*

medio *middle, environment, surroundings, medium*

medio(a) *half (adjective)*

medir (i, i) *to be . . . (feet, inches) tall/high, measure*

mejor dicho *rather, better said*

mendigo(a) *beggar*

menor (m, f) *minor (underage person)*

mensaje (m) *message*

mercado *market*

mestizaje (m) *mixture of races*

meter *to put in, introduce*

mezcla *mixture*

mimar *to spoil, pamper*

mitad (f) *half*

mojarse *to get wet*

molestar *to bother, annoy*

montar (a caballo) *to ride (horseback)*

montón (m) *heap, pile*

moreno(a) *tanned, dark skinned*

mostrar (ue) *to show, display*

mover(se) (ue) *to move around (oneself or objects)*

mudar(se) *to change houses, cities, countries*

muerte (f) *death*

muñeca *doll*

n

nacer *to be born*

necesitar + sustantivo *to need*

negarse (a) + infinitivo *to refuse to do something*

no obstante *nevertheless*

no querer (ie) (en pretérito) + infinitivo *to refuse to do something*

no tener (ie) más remedio que *to have no choice but*

novedad *novelty*

novio(a) *boyfriend, girlfriend, fiancé(e), bride, groom, date (referring to a person)*

o

ocultar(se) *to hide, conceal*

odio *hatred*

oficio *job, work*

ofrenda *offering*

oler (ue) *to smell*

olor (m) *smell*

olvidar/olvidarse (de) *to forget (about)*

oración *prayer*

orfebrería *craftsmanship in precious metals*

orgullo *pride*

p

padecer *to suffer*

padre (m) *father*

padres (m, pl) *fathers, parents*

pañal (m) *diaper*

papel (m) *paper, role*

papeles (m) *papers, identification documents*

paradero *whereabouts*

parecer *to seem, look*

parecerse (a) *to look like, resemble*

parecido(a) *similar to, alike, like*

pariente (m, f) *relative*

parir *to give birth*

parto *childbirth*

pasarlo bien *to have a good time*

patria *homeland*

pavimentar *to pave*

pecado *sin*

pedazo *piece*

pedir (i, i) *to ask for, order something, request*

pedir (i, i) prestado *to borrow*
pegar *to hit*
pelea *fight (quarrel)*
pelear *to fight*
peligro *danger*
peligroso(a) *dangerous*
pensar (ie) *to think, believe*
pensar (ie) + infinitivo *to intend, plan to do something*
pensar (ie) de *to have an opinion about*
pensar (ie) en *to have something or someone in mind, think about*
perderse (ie) *to miss an event (involuntarily), get lost*
periódico *newspaper*
perseguir (i, i) *to persecute*
personaje (m) *character in a novel, story, film, TV show, play*
pertenecer a *to belong to*
pesar *to weigh*
pese a *in spite of, despite*
piel (f) *skin*
piso *floor*
plaza de toros *bullring*
población *population, city, town*
pobreza *poverty*
poderoso(a) *powerful*
política *policy*
polvo *dust*
poner *to play records/music, turn on appliances*
ponerse + adjetivo *to become (temporary physical or emotional changes)*
ponerse de acuerdo *to reach (or come to) an agreement, agree to*
por completo *completely*
por culpa de *because of, due to (blame intended)*
por lo tanto *therefore*
por lo visto *apparently*
por un lado... por otro... *on one hand . . . on the other . . .*
porque *because*
portarse bien/mal *to behave well/badly*
pregunta *question*
preguntar *to ask, request information from someone*
preguntar por *to inquire about someone or something*
preguntarse *to wonder*
prestar *to lend*
pretender *to intend, try*
prisa *haste, hurry*
privaciones (pl.) *hardships, deprivation*

probar (ue) *to try, test, prove, taste*
probarse (ue) *to try on*
proceder *to come from*
producir *to cause, produce*
prometer *to promise*
promover (ue) *to promote*
prueba *proof*
puesto que *since (cause), because*

q

quedar(le) a uno(a) *to have left*
quedarse en *to stay, remain somewhere*
quedarse + adjetivo o participio *to turn, end up, become*
quemar(se) *to burn, sunburn*
querer (ie) *to love a person or animal (informal)*
querer (ie) decir *to mean*
queso *cheese*
quizás *perhaps*

r

raíz (f) *root*
rasgo *feature*
rato *short time*
realizar *to carry out, do, make, fulfill, accomplish*
realmente *truly, really, actually*
rebelarse *to rebel*
recelo *misgiving, distrust*
recién (m, f) + participio *recently, newly*
recoger *to pick up*
recordar (ue) *to remember*
recuerdo *memory*
recurso *resource*
rechazar + sustantivo *to reject something*
redondo(a) *round*
reforzado(a) *strengthened*
refugio *shelter*
regalar *to give a gift*
regañar *to scold, reprimand*
regresar *to return, go back (to/from a place)*
regreso *return*
represalia *reprisal, retaliation*
representar *to represent, depict*
requerir (ie, i) *to require*
respirar *to breathe*
resultado *result*
resultar + adjetivo *to find, seem, be*
reunirse *to have a meeting, get together*
revisar *to go over, review*

revuelta *revolt, rebellion*
rezar *to pray*
riesgo *risk*
rincón (m) *corner of a room*
riqueza *wealth*
risa *laughter*
rodeado(a) *surrounded*
rodear *to surround*
rodilla *knee*
ruido *noise*

S

saber *to know*
sabor (m) *taste, flavor*
salir de *to leave an enclosed space*
salir con *to go out with, have a date*
salud (f) *health*
saludar *to greet*
salvar *to rescue, save*
sangre (f) *blood*
sano(a) *healthy*
secuestro *kidnapping*
selva *jungle*
sello de caucho *rubber seal (official)*
semejanza *likeness, resemblance*
sencillo(a) *simple*
sensación *physical feeling*
sensato(a) *sensible, reasonable*
sensibilidad *sensitivity*
sensible *sensitive*
sentar(se) (ie) *to sit down*
sentido *meaning, sense, consciousness*
sentimiento *emotional feeling*
sentir (ie, i) *to be sorry, regret*
sentir (ie, i) + sustantivo *to feel*
sentirse (ie, i) + adjetivo o adverbio *to feel*
señalar *to point to, indicate, point out*
ser capaz de + infinitivo *to be capable of*
ser confuso(a) *to be unclear, confusing (inanimate subjects)*
ser libre *to be free (to choose your actions and be responsible for them)*
seriedad *seriousness*
servilleta *napkin*
sicario(a) *hired assassin*
sierra *mountain range, mountains*
significar *to mean (only with inanimate subjects)*
simpatía *charm, warm and friendly personality*
sitio *place*

soledad *loneliness*
soler (ue) *to be accustomed to, be in the habit of*
soltar (ue) *to let go (of something one is holding)*
soltero(a) *single (unmarried)*
sonarle a alguien *to be familiar, ring a bell to somebody*
sonreír (i, i) *to smile*
soportar *to tolerate, support physically*
sordo(a) *deaf*
sostener (ie) *to support physically*
subir (a) *to get into, climb up into*
subrayar *to underline*
suceder *to happen*
sueldo *salary*
suerte (f) *luck, bullfighter's maneuver*
suponer *to assume, presuppose*

t

tamaño *size*
techo *ceiling*
tender (ie) una trampa *to set a trap*
tener (ie) cuidado *to be careful*
tener (ie) en cuenta *to take into account, keep in mind*
tener (ie) éxito en + cosas, **con** + personas *to be successful*
tener (ie) ganas de + infinitivo *to look forward to, feel like doing something*
tener (ie) que + infinitivo *to have, need to do something*
tener (ie) que ver (con) *to have to do (with something)*
tener (ie) sentido *to make sense*
tener (ie) razón *to be right*
ternura *tenderness*
testigo (m, f) *witness*
tiempo *weather, measurable time*
tierra *land, ground, earth, soil*
timbre (m) *doorbell*
tinto *red wine*
tocar *to touch, play a musical instrument*
todavía *still*
todavía no *not yet*
tolerar *to tolerate, put up with*
tomar *to take (a form of transportation)*
tomar(se) *to drink, intake*
tomar conciencia *to become aware*
tos (f) *cough*
trabajo (escrito) *a written (research) paper*

traer *to bring (someone or something somewhere)*
traicionar *to betray*
traidor(a) *traitor*
trasladar(se) *to transfer for reasons of work*
tratar a alguien *to treat someone*
tratar de + infinitivo *to try to*
tratar de + sustantivo *to deal with*
tratarse de *to be a question of, be about, be*

u

uña *fingernail*
usuario(a) *client, customer, user*

v

vagón (m) *subway, train car*
valioso(a) *valuable*
valor (m) *value, worth*

varios(as) *several*
vecino(a) *neighbor*
vencer *to conquer, defeat*
vergonzoso(a) *shy (people), shameful, indecent (things or situations)*
vez (f) *time as instance, repeatable*
vidrio *glass*
vivienda *housing, home, dwelling*
volante (m) *steering wheel*
voluntad (f) *will*
volver (ue) *to return, go back (to/from a place)*
volver (ue) + **a** + infinitivo *to do something again*
volverse (ue) + adjetivo *to become (sudden or gradual personal changes that become permanent)*

y

ya que *since (cause), because*

NOTAS

NOTAS

NOTAS

NOTAS

NOTAS